ビジネス実務法務検定試験®3級

テキスト&問題集

2024年度版

成美堂出版

ビジネス実務法務検定試験®と本書の特長

そもそも、ビジネス実務法務とは、広くビジネスに関連する法律のことなんです。
フムフム
仕事の法律入門！…ってところですね。
例えば、取引先との契約締結なら、法律を知っていることで、
契約
契約内容の不備等を発見できれば、トラブルを未然に防ぐことができますよね！
つまり、この資格を持つ人は会社にとってありがたい！　キャリアアップになるし、昇進・昇級に近づけるってわけです！
わ〜そうなんだ〜。
でも、私の部署で必要とされるのかなぁ？
…………
ビジ法（長いので略します…）の勉強は、別に法務部門に限らず、営業・販売・総務・人事等々、あらゆる職種で必要とされる法律知識が習得できますよ。
販売
営業
人事
総務
ねぇねぇ！　私にも受けられるのかな？受験資格とかある？（キャリアアップしたい！）

受験資格に学歴・年齢などの制限はないから大丈夫です。しかも1年に2回試験シーズン※があるから、受けやすいですよ。
※受験は1シーズンにつき1回限り
学歴
年齢
年2回
自宅のパソコンからも試験が受けられて、確か年間1万3千人くらいの受験者がいます。飯塚さんも合格しちゃいましょう！
そんなに受験者がいるんだ…（知らなかった）。
ねぇ…合格したんでしょ？　勉強するためにはどんなテキストを選んだらいいの？　練習問題や試験に出る問題も載っているような便利な本はない？
う～ん、そうですねぇ～。
ちょっと待ったぁ!!
えぇ!?　…何者!?

私はビジネス実務法務検定試験®
の講師よ！（各地で講座を行っているわ）
エッヘン!
わ〜〜なんて偶然!!
この1冊でラクラク受かる!
ビジネス実務法務検定試験®
3
テキスト&問題集
ビジネス実務法務検定試験®
なら、この本が絶対におススメ！
詳しい解説は次のページよ！
一緒に行きましょう！
行きます！
いきなりだけど！

ビジネス実務法務検定試験®3 級の試験は東京商工会議所発行の『公式テキスト』から出題されるんだけど、この本は公式テキストの中から試験によく出る部分を中心にわかりやすくまとめてあるの。
本文の理解を助けるために、いろいろな工夫がされているのよ。
詳しくは p.10、11 を見てね
予想問
それから、各節の最後には、**予想問題**と詳しい解説も載っているの。巻末には 1 回分の**予想模試**もあるわ。
詳しくは p.11 を見てね
つまり、本書は、**1 冊でテキストと問題集の両方として使える**の！
1 粒で 2 度おいしい!!
それに**図版**もたくさん載っているからわかりやすいね！
これなら難しい法律も理解しやすいわ！
さらに、本書は試験範囲に含まれる**最新の法改正にも対応**した内容になっているのよ。
法改正の対応もバッチリですね！

それでは、本書のいろいろな工夫について見てみましょう。
高い順からA～Cで出題頻度がわかる
モレのないよう、学習日を記入しましょう
★～★★★で重要度がわかる
★が多いほど重要なのね。
第７章　法人とその従業員の関係
第2節　派遣労働の関係
学習日
頻出度 C
Ⅰ　労働者派遣の基本構造
重要度 ★
POINT
1　労働者派遣の基本構造
用語
雇用（関係）
CHECK
覚えよう！
POINT
各節の中でまず押さえておきたいポイントだからしっかりチェックしてね！
覚えよう！
《覚えよう！》の囲みの中に書かれていることは、そのまま覚えてしまうのがベスト！
本書の本文や図表は付属の赤シート対応になっているから、効果的な学習ができるのよ。
赤シートで覆うと赤い字が消える必須アイテムだね！

テキストには、学習を助ける工夫が盛りだくさん！
本文の右欄外には、3つのお役立ちアイテムがあるのよ。
プラスα
2022年6月1日に成立した改正消費者契約法では、事業者の債務不履行に
《プラスα》法改正や変更があったこと、本文に関連する周辺情報などは、ここでチェックしておきましょう。
ニュース等で目にした改正法もここで確認できるのね。
用 語
貞操義務と不貞行為
貞操義務とは、夫婦が配偶者以外の相手と性的関係を持た
《用語》本文に出てきた用語について解説しています。解説が付いている本文中の用語には、赤アミが付いています。重要な用語をしっかり覚えましょう。
その場でわかるのがイイね！
CHECK
内縁関係に婚姻に近い効果を与える傾向とはいっても、相
《CHECK》ここでは、もう一歩踏み込んだ解説や間違えやすい事柄を載せています。理解を深めることで実力が確実にアップします。

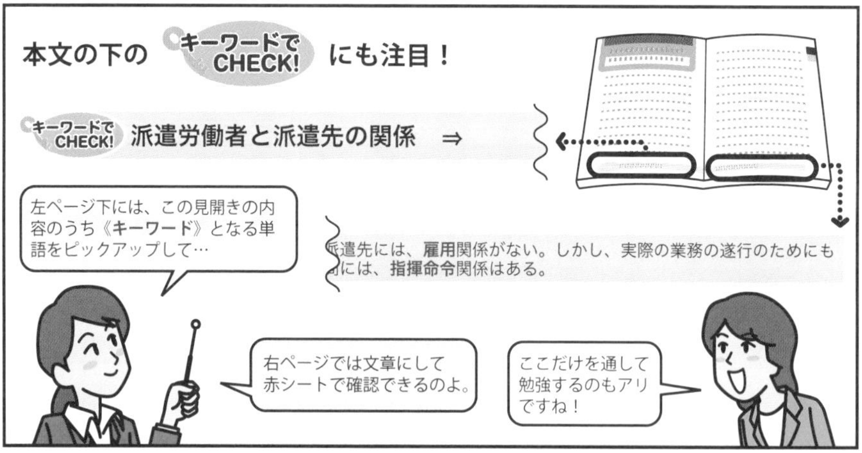

本文の下の キーワードでCHECK! にも注目！
キーワードでCHECK! 派遣労働者と派遣先の関係 ⇒
左ページ下には、この見開きの内容のうち《キーワード》となる単語をピックアップして…
派遣先には、雇用関係がない。しかし、実際の業務の遂行のためにも
には、指揮命令関係はある。
右ページでは文章にして赤シートで確認できるのよ。
ここだけを通して勉強するのもアリですね！

＊ここに掲載しているページは見本で、本文と一致しないものもあります。

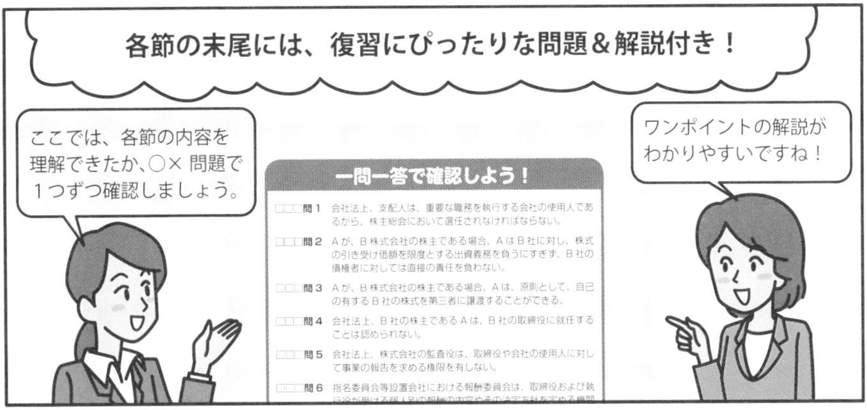

次ページの「本書の特長と使い方（早見版）」でおさらいを⇒

早見版 本書の特長と使い方

A
各章のタイトルと各節のタイトルです。今、自分が全体の中のどこを学習しているかの確認をしましょう。

B
学習した日を記入し、モレのないように注意しましょう。

C
その節のテーマが試験に出る頻度です。**高い順にA、B、C**となっています注が、出題傾向が変わることもあるのでまんべんなく学習しましょう。

D
★～★★★まで、★の数が多いほど重要な内容です。3つ星（★★★）の項目は念入りに学習し、マスターしましょう。

E
初めに押さえておきたいポイントです。しっかりチェックしてから次に進みましょう。

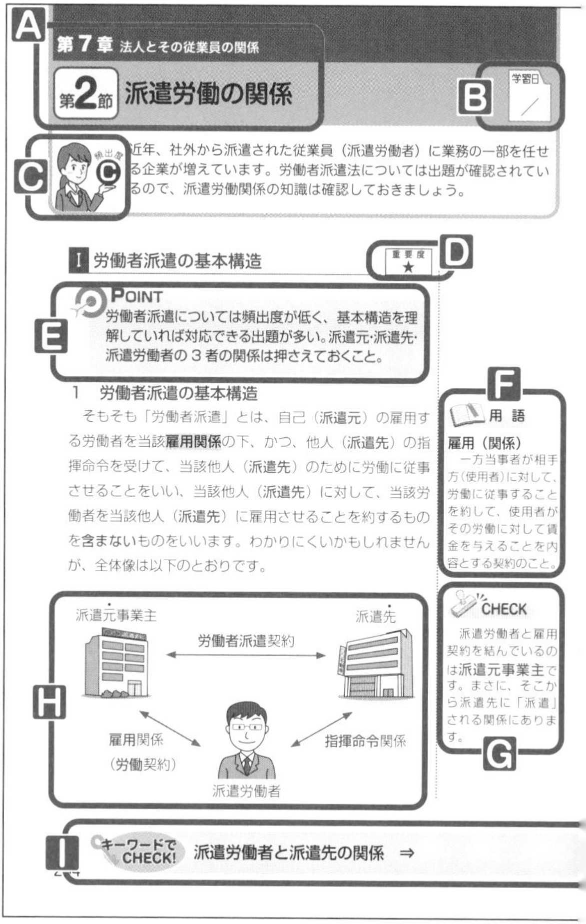
A
第7章 法人とその従業員の関係
第2節 派遣労働の関係
B 学習日 ／
C 頻出度 C
近年、社外から派遣された従業員（派遣労働者）に業務の一部を任せる企業が増えています。労働者派遣法については出題が確認されているので、派遣労働関係の知識は確認しておきましょう。

Ⅰ 労働者派遣の基本構造 重要度 ★ D

E POINT
労働者派遣については頻出度が低く、基本構造を理解していれば対応できる出題が多い。派遣元・派遣先・派遣労働者の3者の関係は押さえておくこと。

1　労働者派遣の基本構造
そもそも「労働者派遣」とは、自己（派遣元）の雇用する労働者を当該**雇用関係**の下、かつ、他人（派遣先）の指揮命令を受けて、当該他人（派遣先）のために労働に従事させることをいい、当該他人（派遣先）に対して、当該労働者を当該他人（派遣先）に雇用させることを約するものを**含まない**ものをいいます。わかりにくいかもしれませんが、全体像は以下のとおりです。

F 用語
雇用（関係）
一方当事者が相手方（使用者）に対して、労働に従事することを約して、使用者がその労働に対して賃金を与えることを内容とする契約のこと。

H

CHECK
派遣労働者と雇用契約を結んでいるのは**派遣元事業主**です。まさに、そこから派遣先に「派遣」される関係にあります。
G

I キーワードでCHECK! 派遣労働者と派遣先の関係 ⇒

F
本文中の用語（太い文字に赤アミが付いているもの）について解説しています。重要な用語はしっかり覚えましょう。

G
もう一歩踏み込んだ解説や、間違えやすい事柄などは、ここでチェックしておきましょう。

H
文章だけでは理解しにくい部分には、理解を助けるイラストも付いています。イメージをつかむことで、記憶の定着にも役立ちます。

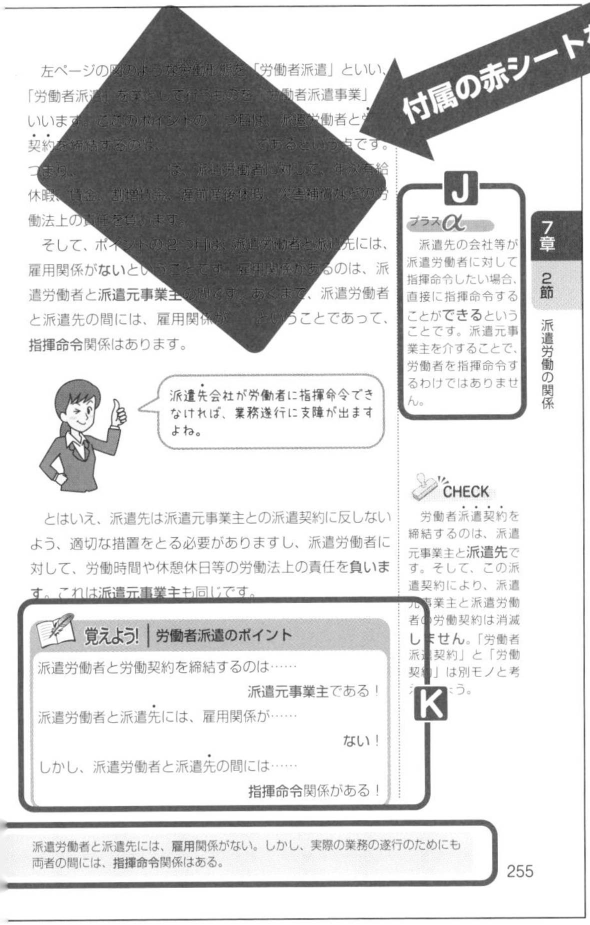

付属の赤シートを活用！

左ページの[redacted]「労働者派遣」といい、「労働者派[redacted]労働者派遣事業」[redacted]いいます[redacted]契約[redacted]点です。つ[redacted]休暇[redacted]働法上の[redacted]

そして、ポ[redacted]先には、雇用関係が**ない**とい[redacted]るのは、派遣労働者と**派遣元事業主**[redacted]、派遣労働者と派遣先の間には、雇用関係[redacted]いうことであって、**指揮命令**関係はあります。

派遣先会社が労働者に指揮命令できなければ、業務遂行に支障が出ますよね。

とはいえ、派遣先は派遣元事業主との派遣契約に反しないよう、適切な措置をとる必要がありますし、派遣労働者に対して、労働時間や休憩休日等の労働法上の責任を**負います**。これは**派遣元事業主**も同じです。

覚えよう!｜労働者派遣のポイント

派遣労働者と労働契約を締結するのは……

派遣元事業主である！

派遣労働者と派遣先には、雇用関係が……

ない！

しかし、派遣労働者と派遣先の間には……

指揮命令関係がある！

J

プラスα

派遣先の会社等が派遣労働者に対して指揮命令したい場合、直接に指揮命令することが**できる**ということです。派遣元事業主を介することで、労働者を指揮命令するわけではありません。

7章　2節　派遣労働の関係

CHECK

労働者派遣契約を締結するのは、派遣元事業主と**派遣先**です。そして、この派遣契約により、派遣元事業主と派遣労働者の労働契約は消滅**しません**。「労働者派遣契約」と「労働契約」は別モノと考えましょう。

K

派遣労働者と派遣先には、**雇用**関係がない。しかし、実際の業務の遂行のためにも両者の間には、**指揮命令**関係はある。

255

J

法改正や東京商工会議所発行の『3級公式テキスト』の変更点などの周辺情報の解説です。理解を深めて実力をアップさせましょう。

K

覚えておきたいことをまとめています。囲みの中の内容をそのまま覚えましょう。

I

この見開きの内容から《キーワード》をピックアップしています。

注：試験問題が公表されていた時期のものに加えて、IBT・CBT試験で出題された情報に基づきランク付けしています。

＊本書は原則として、東京商工会議所発行の『3級公式テキスト2024年度版』と同じ2023年12月1日現在成立している法律に基づいて編集しています。

充実の問題＆解説

■一問一答・予想問題

内容を理解できたか、各節の末尾にある一問一答と予想問題で確認しましょう。

■予想模試にチャレンジ！

本試験の形式をとりながら出題されそうな問題を掲載しています。

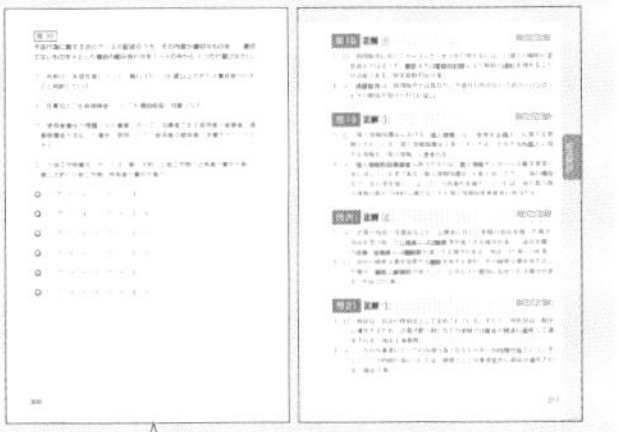

最新の出題形式にも対応！

『ビジネス実務法務検定試験® 3級テキスト&問題集 2024年度版』目次

※章立てについては、公式テキストと異なり、本書独自の内容になっています。

ビジネス実務法務検定試験® 3級　試験ガイダンス

試験に関しては、**必ずご自身で下記の試験実施機関が発表する最新情報をご確認ください。**

■**試験期間**　＊第55回：2024年6月21日（金）～7月8日（月）
＊第56回：2024年10月25日（金）～11月11日（月）

■**試験日**　試験期間中から選択できます。

■**受験資格**　学歴・年齢・性別・国籍による制限はありません。

■**受験地**　IBT：受験者本人のコンピュータで受験します。プライバシーが配慮され、受験に適した環境であれば、どこでも受験できます（公共スペースは不可）。
CBT：テストセンターのコンピュータで受験します。

■ **3級のレベル・合格基準・出題範囲**

ビジネスパーソンとしての業務上理解しておくべき基礎的法律知識を有し、問題点の発見ができる。（ビジネスパーソンとして最低限知っているべき法律実務基礎知識を想定）

◎ IBT方式・CBT方式 **（試験の内容に差はありません）**
◎ 100点満点とし、70点以上をもって合格とします。
◎合格者には「ビジネス法務リーダー®」の称号が与えられます。

《出題範囲》

3級公式テキスト（2024年度版）の基礎知識と、それを理解した上での応用力が問われます。

2024年度試験の出題法令基準日は、2023年12月1日現在で成立している法令です。

■**試験に関する問合せ先**

東京商工会議所　検定センター

TEL：050-3150-8559（土日・祝休日・年末年始を除く10:00～18:00）
https://kentei.tokyo-cci.or.jp
〒100-0005 東京都千代田区丸の内3-2-2（丸の内二重橋ビル）

第１章

ビジネス実務法務の法体系

第１節　ビジネスにおけるリスクと法律

第２節　企業活動における法理念

第３節　法律に関する基礎的な知識

第1節 ビジネスにおけるリスクと法律

学習日 ／

営利（利益）を目的とする資本主義経済社会に生きる私たちは、様々な財産やサービスについて取引を行っています。特に企業では多くの取引先との間でビジネスを展開するため、利害関係者（**ステークホルダー**）が多く存在し、そこには様々なリスクも潜んでいます。

I ビジネスとリスク

重要度 ★

POINT
この項目は頻出ではないが、リスクマネジメントの理解を中心に出題が確認されているので、出てくる用語を理解しておこう。

1　企業を取り巻く様々なリスク

一般に何らかの損失・損害が生じる可能性のある不確定な要素を**リスク**（risk）と呼びます。**企業**活動に関連するリスクには様々なものがあり、取引の当事者同士の法的紛争、第三者との関係で発生する法的紛争、労使間の紛争によるリスクなどの**訴訟リスク**、投資の失敗による**経済的損失**（**投機リスク**）、また、風水害や地震などの**自然災害や火災によるリスク**（**災害リスク**）もあります。

このような様々な**リスクの発生**について、可能な限り事前に**予測**し、必要な準備を怠らないように適切に**管理**することを**リスク管理**といいます。このリスク管理が適切に行われていない場合、企業はその処理のために予想外の費用負担を強いられることがあるだけではなく、業務停止などの行政処分や、さらには刑事処分を受けることもありえます。こういった点で重要なリスクの管理について、これから確認していきます。

用語

ステークホルダー（利害関係者）
企業について、何らかの利害関係を有する者。具体的には、従業員、消費者、得意先、出資者、債権者、債務者、仕入先などがある。

用語

企業
営利を目的として経済活動を行う主体。

プラスα
この他、企業活動が法令に違反したことで罰則を適用されたり、契約違反により損害賠償責任が発生してしまうといった、罰則や損害賠償請求等により企業が被るリスクとして、**法務リスク**というものもあります。

キーワードでCHECK!　「企業活動」におけるリスク　⇒

2　リスクマネジメントの考え方について

（1）リスクマネジメントとは？

　リスクマネジメントとは、リスクの**発生予防**のための対策と、リスクが現実のものとなったときの**対処方法**をあらかじめ講じておくことです。企業活動には様々な行為が含まれ、発生するリスクも様々なものがあります。そのため、すべてのリスクを完全に取り除くことはできません。企業活動は広範囲に及び、多数の利害関係人とのかかわりもあります。また、ビジネスには、リスクの存在を認識したうえで、あえて行動しなければならない場合もあるのです。

　このように、リスクを完全に取り除くことはできない以上、企業活動を可能な限り円滑に行っていくために、リスクの**発生予防**のための対策と、リスクが**現実**のものとなったときの**対処方法**をあらかじめ講じておく、**リスクマネジメント**が重要になるのです。

（2）リスクマネジメントのプロセスについて

　適切なリスクマネジメントは、まず、①自社の活動の中に潜むリスクを的確に**把握**することから始まります。そして次に、②そのリスクがどのようなものなのか、発生の確率や損害の規模を**分析**しなければなりません。そして、③リスクを回避し、除去するための**処理**を行います。

　最後に、④処理のために実行した方策とその結果を**検証**するという手順を踏むのです。

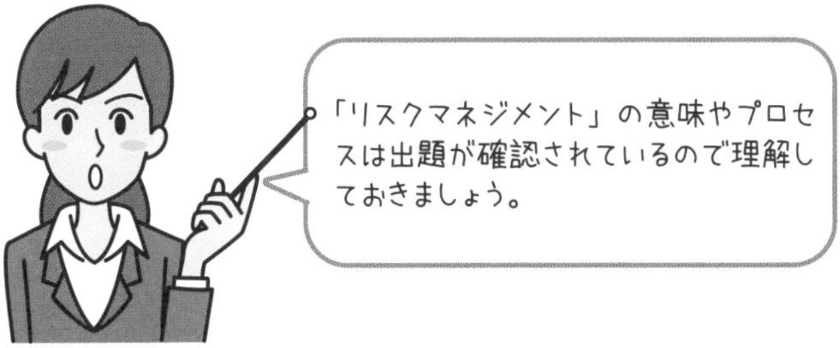

CHECK

　リスクについての評価や分析、損失の回避のための計画や調整などを事前に、適切に行う必要があります。

CHECK

　リスクを最小限に抑えるためには、契約に関する法令の知識を充実させ、取引相手の信用状況などの調査を綿密に行うことが必要です。

プラスα

　p.16で述べた法務リスクには、**契約**に関するリスク（契約締結**前**の**交渉**段階で生じるものも含む）、いわゆるパワハラやセクハラ、業務上の災害により死傷者が出るなど「人」に関する**労務管理**に関するリスク、顧客情報等が漏れるといった**情報管理**に関するリスクなどがあります。

法的紛争に基づく**訴訟リスク**、投資の失敗による**投機リスク**、自然災害や火災による**災害リスク**、罰則や損害賠償責任を負う**法務リスク**などがある。

Ⅱ ビジネスと法律のかかわり

重要度 ★

POINT

この項目はほとんど出題が確認されていない。ビジネスパーソンを中心に見た、各種法令とのかかわりを意識できれば、試験対策としては十分だ。

1　ビジネスパーソンと法令の関係

現代の社会では、企業活動も個人活動と同様に法令によって細かい規制がなされています。**法令**に違反する行為が行われた場合、取引行為であれば無効となるなど、その行為の効力が否定されることもあります。それだけではなく、損害賠償責任が発生することもあり、また、刑事罰を受けることもありえます。法令の規定は、ある程度常識で判断できるものも多いですが、すべてがそうとは限りません。**法令**の規定を知らずに企業活動を行うことは、その企業の**存在**を危うくすることにつながります。

そして、ビジネスパーソンは、所属する企業や企業内の人々とかかわりを持つのは当然として、取引を通して取引相手ともかかわりを持ちます。また、それだけではなく取引の当事者ではない者（第三者）とも、さらに社会ともかかわりを持ちます。

複数の者が互いにかかわりを持つ場合、未然に紛争を防止すべく、そこにはルールが必要になってきます。企業や人々、そして社会とのかかわりを円滑・適切に行っていくためには「ルール」に従って、手順を踏んだ活動が求められるのです。

(1) ビジネスパーソンと取引先の関係について

ビジネスパーソンと取引先の間では、様々な行為が行われ、これらの行為のほぼすべての場面で法令がかかわって

用語

法令

「法令」という場合、国会が制定する「法律」と行政機関が制定する規範である「命令」を併せた呼称となる。

CHECK

ビジネスパーソンは、企業活動にかかわる法令に関する知識の修得を怠ってはなりません。

キーワードでCHECK!　使用者責任 ⇒

きます。取引相手の信用調査（個人情報保護法など）に始まり、申込み・承諾による契約の締結（民法、商法）、契約により生じた**債務**の履行や**債権**の管理・回収（民法、商法、民事執行法、民事訴訟法など）などです。

また、これらに付随して、必要な資金の調達を行い（民法）、債務の履行がない場合に備えて保険に加入（保険法）するなどの行為もあります。

(2) ビジネスパーソンと第三者の関係について

ビジネスパーソンが活動する際は、取引先だけではなく、その取引とは直接かかわりのない**第三者**との間でも法令の規定が関係してきます。

例えば、メーカーであれば直接の取引相手は卸売業者や小売店ですが、製品に問題があり、消費者が損害を被った場合には、小売店を通さずに消費者から直接に苦情が持ち込まれることもあります。製品の製造に使われた技術や手法が**第三者の特許権**を侵害していることもあれば、製品の名称が他者の**商標権**を侵害する場合もあります。さらに、従業員が製品の運送を行う際に事故を起こせば、**被害者である第三者**との関係で**損害賠償責任**（**使用者責任**）が生じることもありうるのです。

用語

債務
特定の人（債務者）が、別の特定の人（債権者）に対して、一定の財産上の行為（給付）をする義務。

債権
特定の人（債権者）が、別の特定の人（債務者）に対して、特定の財産上の行為を請求する権利のこと。「特定の財産上の行為」を請求する権利なので、歌を歌う行為を請求するなど、お金の請求権だけに限られない。

用語

第三者
法律用語としては、特定の法律関係における当事者以外の者のことを意味する。

用語

使用者責任
事業のために他人を使用する者（使用者）が、その他人（被用者という・従業員）が事業の執行に関連して、第三者の権利を侵害した場合、生じた損害を負担する責任。従業員の行為について、会社や上司が責任を負うイメージでよい。

この責任は行為者の責任を使用者がいわば肩代わりするような責任である（代位責任）。肩代わりなので、使用者は負担した分を**行為者**に**請求**することができる。

Ⅲ コンプライアンスについて

重要度 ★

POINT

コンプライアンスという言葉はビジネスシーンで日常的に使われている。この用語の意味はしっかり理解しておこう。

1　一言でいえば、法令を守ること

コンプライアンス（compliance）とは、法令等の社会規範に反することなく、公正に、そして公平に業務を遂行することを意味する語です。短く「**法令等の遵守**」と訳されることもあります。

資本主義経済の初期の段階では、いかにしてより多くの利潤を追求するかが企業活動の中心目的とされました。この時期には、企業の社会性はほとんど着目されませんでしたが、資本主義経済も成熟期に入ると、それまでに行われた企業活動による弊害が指摘されるようになり、企業活動の適正さや公正さが求められるようになってきたのです。

2　コンプライアンス違反の影響

(1) 法令違反

法令違反は、その結果として様々なマイナス効果を伴います。法令自体がその違反に対して**罰則**を定めている場合には、その罰則が適用されます。違反行為を行った従業員や行為を指示した役員は当然として、**両罰規定**の定めがあれば、違反行為者が所属する**企業**にも罰則が及びます。

企業に対する罰則は、人間に対するように懲役刑などは科せられないため、罰金などの金銭罰となります。行政法規違反の場合には、まず違反行為者や企業に対して監督官庁からの勧告や命令などの行政処分が行われ、これに従わなかったときに罰則の適用を受けることになります。

用 語

罰則

違反を行った者に対して、一定の負担を科す決まり。

用 語

両罰規定

業務に関連して違反行為が行われた場合に、直接に違反行為を行った者だけでなく、業務の主体である使用者や**法人**（**企業**）も罰する旨の規定。

キーワードで CHECK!　コンプライアンス　⇒

また、罰則が定められていない場合でも、法令違反の行為によって損害を被った者があったときは、その者から損害賠償の請求を受けることがあります。さらに、業種によっては行政処分として**業務**の停止、**登録**の停止や取消し、**免許取消し**などの処分があります。

(2) 内規違反

各企業内での内規に違反した役員や従業員がいる場合、その者が**懲戒処分**を受けることがあります。

懲戒処分には、減給、停職、降任、解雇などがあります。**懲戒処分**の内容については、**公序良俗**に反しない限り、各企業が定めることができますが、客観的に合理的な理由を欠き、社会通念上相当であると認められない場合は、**権利の濫用**にあたり、その懲戒は無効となることもあります。

3 CSRについて

CSR（Corporate Social Responsibility）は、企業の**社会的責任**と訳されています。企業は利益を追求することのみならず、**ステークホルダー**（利害関係者）に目配せしつつ行動規範（ルール）を策定し、これに従った行動を行うべきという考え方です。先ほど述べたように、企業には、**法令等の遵守**、つまりコンプライアンスが求められますが、これが適切に行われていない限り、その企業はCSR（**企業の社会的責任**）を果たしているとはいえません。

覚えよう! | 3つの用語のキーワード

リスクマネジメント … 損失の**予防**
コンプライアンス …… **法令等の遵守**
CSR …………………… 企業の**社会的責任**

CHECK

左の法令違反等のほか、各業界内における自主ルール違反もありえます。この場合、その業界団体への所属が取り消されることもあります。

用語

公序良俗
公の秩序、善良の風俗の略語。民法90条は、公序良俗に反する法律行為（契約など）は無効とする旨を定めている。

用語

権利の濫用
一見、正当な権利行使と見える行為でも、行為が行われた状況や、その行為により発生した結果が権利行使として許容できない場合に、その法律上の効力が認められなくなること。ある土地の所有権を有しているからといって、周囲に迷惑をかける使用方法が許されないようなケース。

企業が**法令等のルール**に反することなく、公正・公平に業務を遂行すること。一般的に「**法令等の遵守**」ともいわれている。

一問一答で確認しよう！

□□□**問 1**　企業活動に関連するリスクには、取引の当事者同士の法的紛争、第三者との関係で発生する法的紛争、労使間の紛争によるリスクなどの訴訟リスクなどがあるが、風水害や地震などの自然災害によるリスクはこれに含まれない。

□□□**問 2**　リスクマネジメントとは、リスクの発生予防のための対策と、リスクが顕在化して現実のものとなったときの対処方法をあらかじめ講じておくことである。

□□□**問 3**　企業活動におけるステークホルダーとは、企業の利害と活動について直接的あるいは間接的な利害関係を有する者であり、従業員、消費者、得意先、出資者、債権者、債務者、仕入先などがある。

□□□**問 4**　契約に関するリスクとは、契約の内容についての解釈やその効力に関して見解の違いがあることから生じるリスクをいい、契約締結に至る前の段階でのリスクは含まれない。

□□□**問 5**　上司が企業内での優位な立場を利用して部下に対して行うパワーハラスメントやセクシャルハラスメントなどが発生した場合のリスクは労務管理にまつわるリスクの一例である。

□□□**問 6**　CSR とは、日本語に訳すと企業の社会的責任のことである。

正解　1×　2○　3○　4×　5○　6○

1：風水害や地震などの自然災害のリスクは、**企業活動**に関連する**リスク**である。

2：リスクの**発生予防**のための対策と、リスクが顕在化して**現実**のものとなったときの**対処方法**をあらかじめ講じておくことをリスクマネジメントと呼ぶ。

3：企業の利害と活動について直接的・間接的な利害関係を有する者を企業活動の**ステークホルダー**という。従業員、消費者、得意先、出資者、債権者、債務者、仕入先などがある。

4：契約締結前の交渉段階で生じるリスク**もある**。

5：**労務管理**にまつわる**リスク**として、企業内でのパワーハラスメントやセクシャルハラスメントなどが発生した場合**がある**。

6：CSR（Corporate Social Responsibility）は、**企業の社会的責任**と訳される。

予想問題にチャレンジ！

問題 ビジネスにおけるリスクと法律に関する次の①および②の記述のうち、その内容が適切なものを１つだけ選びなさい。

① 企業は取引先とだけ法律的な関係を持っているのであり、取引先以外と損害賠償責任が生じることはない。

② 企業の従業員や役員の立場で違法行為を行った場合、違法行為を行った従業員や役員だけでなく、企業も罰せられる可能性がある。

解答	

正解	②

① ×　例えば、従業員が製品の運送を行う際に事故を起こせば、被害者である第三者との関係で**損害賠償責任（使用者責任）**が生じることもありうる。

② ○　業務に関連して違法行為が行われた場合に、直接違法行為を行った者だけでなく、業務の主体である使用者や法人も罰する規定を**両罰規定**といい、両罰規定の定めがあると**企業も罰せられる**。

予想問題にチャレンジ！

問題　コンプライアンスに関する次の①～④の記述のうち、その内容が適切なものを１つだけ選びなさい。

① コンプライアンスとは、法令などの社会規範に反することなく、公正に、そして公平に業務を遂行することを意味する語である。

② 各企業内での内規に違反した役員や従業員がいる場合、懲戒処分を受けるのみならず、常に刑法上の刑罰を受ける。

③ 企業は株主のために利益のみを追求しなければならない。

④ 企業活動においては、あらかじめリスクを完全に取り除かなければならない。

解答	

正解	①

① ○　コンプライアンス（compliance）とは、法令などの**社会規範**に反することなく、**公正**に、そして**公平**に業務を遂行することを意味する語で、資本主義経済の成熟期以降に求められるようになってきた。

② ×　各企業内での内規に違反した場合であっても、同じ規制が法律に存在しないこともあり、常に刑法上の刑罰を**受けるわけではない**。

③ ×　企業は利益を追求することのみならず、法令等を遵守し、**企業の社会的責任**（CSR）を果たす必要がある。

④ ×　リスクをあらかじめすべて取り除くことは不可能なので、発生予防のための対策や対処方法をあらかじめ講じておく**リスクマネジメント**が重要になる。

第2節 企業活動における法理念

学習日 ／

ビジネスと法律とのかかわりには様々なものがあります。その中で最も重要なのは、**契約**による法律関係の形成です。ここでは契約というものの意味を確認しておきましょう。

Ⅰ ビジネスにおける契約の重要性

重要度 ★

POINT
この項目の話は、この先の項目の前提理解となる。試験で直接的に問われる可能性は低いので、読んで理解できればよいだろう。

1 契約（取引）と法律問題

契約（取引）と聞くと、誰でもすぐに思い浮かぶのは売買契約（取引）でしょう。売買契約は、我々の日常で頻繁に行われる契約（取引）です。

それこそ夕飯のおかずを売ったり買ったりするのも売買契約であり、土地や建物を売り買いするのも売買契約です。このように誰でもなじみのある売買契約に関しても、いくつもの法律上の問題があります。

詳細はこの先に述べるとして、契約にあたって、実際にどのような法律上の問題があるかといえば、①そもそも、どのような契約（取引）内容にするのか、②同じ当事者間で反復・継続して行ういくつもの契約（取引）に対して、共通して適用される条件をまとめて取り決めることができるか、③商品の品質や数量、引渡しの時期が、定めた内容どおりに履行されるかどうか、④商品の代金が約束どおりに支払われるかどうか、⑤取引相手の資産状態が悪化した場合（破産、倒産）の債権回収をどうするか（緊急時の債

用語

契約
契約とは、法律により守られる約束と考えればよい。ただの約束ではなく、法律に守られるという点がポイントである。また、契約は相対立する複数の当事者が合意して、権利義務の関係をつくり出す行為ともいえる。

権回収）…といったように、そこには数多くの問題が横たわっています。

2　契約（取引）を法律から考える

（1）有償と無償の２つの契約

　契約には様々な問題がつきまとう可能性がありますが、一口に契約といっても様々な性質のものがあります。

　まず、契約は、当事者双方が経済的な負担をする**有償**《ゆうしょう》の契約と、一方だけが経済的な負担をする**無償**《むしょう》の契約という２つの性質から分類することができます。

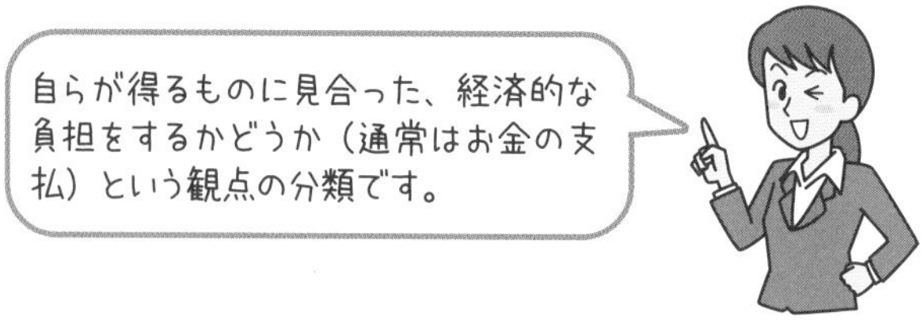

　企業が取引として行う契約（取引）は、特殊なものは別として、通常は**有償**契約です。この場合の当事者双方の経済的負担は、均衡したものであることが原則となります（**対価的関係**）。**有償**契約の典型である売買契約を例にとると、売主が引き渡す商品と、買主が支払う代金とが同等の価値（**対価的関係**）にあるのが通常でしょう。対価的なバランスが取れているからこそ、そのモノを買う人はお金を支払うともいえます。

CHECK

　対価的なバランスといっても、必ずしも金銭を支払うことに限りません。同等の価値を有する物と物を交換する契約もあります。

　ただし、その経済的負担が**対価的関係**にあるかどうかは、世間一般の客観的な評価で決まるのではなく、当事者の主観によって決まります。同じモノでも、人によってその価値は異なるからです。例えば、他の人にとってはガラクタ同然のモノであっても、コレクターなど、ある人にとっては高額な対価を支払ってでも欲しいモノがあります。つまり、当事者にとって、**対価的関係**があれば**有償**契約である

キーワードでCHECK!　**有償契約／無償契約**　⇒

といえるのです。

一方、**無償**の契約とは、契約当事者の一方だけが経済的負担を負うことを内容とする契約です。**無償**契約には、**贈与**、無利息**消費貸借契約**などがあります。

覚えよう！｜有償契約と無償契約

①**有償**契約は、当事者双方が経済的な負担をする契約。
②**無償**契約は、当事者の一方だけが、経済的負担を負う契約。

(2) 契約が成立するタイミング

あまり考えたことがないかもしれませんが、契約はいつ、どの時点で成立したといえるのでしょうか。実はこれは重要な問題です。契約が成立したとなれば、契約をした当事者間には、契約の拘束力が発生します。しかし、そもそも契約が成立していなかったとするならば、そのような拘束を受ける理由がなくなるからです。

この点、民法は原則として、**申込み**に対して相手方が**承諾**したときに、契約は成立するとしています。

例えば、売買契約であれば、売主と買主の間で、契約の相手方が誰であるか、契約の目的物が何か、そして数量や代金といった契約の主要な内容が確定して、これについて売ろうまたは買おうという**申込み**に対して、相手方が買おうまたは売ろうという**承諾**をした時、つまり、当事者が互いに契約内容に**合意**した時に、契約（取引）が成立します。

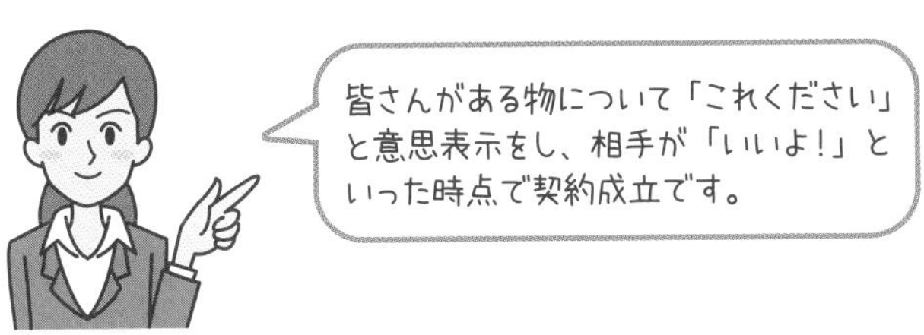

用語

贈与（契約）
当事者間の合意で、一方が他方に財産を無償で与える契約。

消費貸借契約
「消費貸借」とは、当事者の一方（借主）が種類、品質および数量の同じ物をもって返還をすることを約して、相手方（貸主）から金銭その他の物を受け取ること。「金銭」消費貸借をイメージすればわかりやすい。借りた物（お金）自体は、借主が消費する。この消費貸借が「無利息」となると貸主だけが経済的負担を負うので、無償契約となる。
なお、消費貸借契約は当事者の合意とともに物の引渡しが必要とされる**要物契約**だが、**書面**でする消費貸借契約は当事者の合意のみで成立する**諾成契約**（p.79）となる。

当事者双方が対価的関係に立つ経済的な負担を負う契約を**有償**契約といい、当事者の一方だけが、経済的負担を負う契約を**無償**契約という。

Ⅱ 私法の基本原理・原則

重要度 ★★

POINT
毎回出題されるわけではないが、私法（民法）の原理・原則は、いつ出題されてもおかしくない。ここで紹介する原理・原則は、必ず覚えておこう。

1　民法の基本原則が中心となる

様々な法規範のうち、私人間の関係を規律するものを私法と呼びます。この私法の中でビジネスにかかわる主な法律は、民法と商法、そして会社法です。中でも民法は、私法の基本となる法律であり、この民法の基本にある考え方は、商法や会社法の中にも生かされています。

民法の基本原則は様々な場面で重要な指針となるため、確認しておくべき事項です。民法の基本原則は、次の４つです。

（1）権利能力平等の原則

私法上の権利を得たり、義務を負ったりすることができる能力・資格を**権利能力**と呼びます。この**権利能力**は、私たち人間（自然人）や、会社などの**法人**について認められます。そして、権利能力平等の原則とは、**すべての個人**が、**平等**に**権利主体**として扱われなければならないという原則です。

用語

法人
様々な便宜（べんぎ）のため、法律上、自然人以外で、権利能力が認められた存在。

（2）私的自治の原則

私的自治の原則とは、権利の主体である個人も法人も、私的な法律関係を**自分の意思**に基づいて**自由に形成**することができるとする原則です。

この私的自治の原則は、**契約**の場面では、**契約自由**の原則として現れます。**契約自由**の原則とは、**契約をするかし**

CHECK
私的自治の原則と、契約自由の原則の関係は把握しましょう。私的自治の原則が「契約」の場面で現れると「**契約自由**の原則」となります。

キーワードでCHECK!　**権利能力平等の原則　⇒**

ないか、**誰と契約**をするか、また、その**内容**をどうするかなどを当事者が**自由**に決定できるとする考え方です。

私的自治の原則は、能力的に平等な者同士の間では健全に機能しますが、当事者間に力の差がある場合には、弱者に対する配慮が必要となり、当事者が合意した場合でも修正できない規定（強行規定）が設けられる場合があります。

（3）所有権絶対の原則（所有権の絶対性）

物を全面的に支配する私有の権利である**所有権**は、**不可侵**で**絶対**のものとして尊重されなければならないとする原則です。特に国家などとの関係について、憲法29条1項は、「財産権は、これを**侵してはならない**」として、この原則を規定しています。所有権は人によってはもちろん、国家によっても侵害されては**ならない**という原則ともいえます。

ただし、この所有権の絶対性も「財産権の内容は、公共の福祉に適合するやうに、法律でこれを定める」とした憲法29条2項により**修正**がなされています。

例えば、皆さんが土地を購入（所有権を得る）したとします。所有権絶対の原則からは、その土地をどのように使用してもよいはずです。しかし、だからといって勝手に有害物質を発生させる物の廃棄処分場にすべきではないことはわかるでしょう。いくら所有権が絶対とはいっても、私たちは、それぞれ他者との関係の中で生きていますので、そのような意味で「絶対ではない」ということです。

プラスα

「所有権は絶対的」と聞くと、本当？…という気持ちになるかもしれません。現実的には、この原則は修正されたうえで、生活をしていることが多いのです。

（4）過失責任の原則（過失責任主義）

人が他人に損害を与えた場合であっても、その侵害行為が**故意**《こい》（わざと）または**過失**《かしつ》（不注意）による場合でなければ、発生した損害について損害賠償責任を負わなくてもよいとする原則です。

すべての**権利主体**が**平等**な存在として扱われるという原則のこと。例えば、同じ物の所有権を持っているAとBで、その所有権の内容に差がないようにする。

他人に損害を与えた行為者が、必要な注意義務を果たしてさえいれば、悪い結果が発生したとしても、その責任を問われることはない原則ともいえます。

しかし、現代では危険を伴う企業活動も多く、これによって多大な利益を得ている企業が、不注意とまではいえなかったからといって、全く責任を負わなくてもよいとするには問題があります。そこで、現在ではこの原則も修正され、**製造物責任法**、環境保全関係法令などによって、たとえ無過失であっても責任を負わなければならないとする規定も数多く定められています。

用　語

製造物責任法

製造物の欠陥により損害が生じた場合の製造業者等の損害賠償責任について定めた法律で、PL法とも呼ばれる。過失責任主義を修正して、損害賠償請求がしやすくなっている。

Ⅲ 財産に対する権利（物権と債権）

重要度 ★★

POINT

この項目では、物権と債権の区別といったビジネス実務を語るうえで基本的な用語が出てくる。各用語の意味はしっかり押さえておこう。

1　民法上の財産権について

財産権という場合、大きく**物権**と**債権**に分けることができます。人は契約を締結することにより、権利を得ることができますが、この場合に得る権利としては民法上、物に対する支配権である**物権**と、人に対する請求権である**債権**があります。以下、それぞれを確認していきましょう。

2　物権とは何か

物権とは、特定の物を直接・排他的に支配する権利です。直接・排他的といわれるとわかりづらいかもしれませんが、「直接」とは、誰の力も借りずに支配できることで、「排他的」とは、他の物権を排除できること、つまり、1つの物権が存在する物の上には、同じ内容の物権は存在できないことを意味します。

用　語

地上権

工作物または竹木を所有する目的で、他人の土地を使用する権利。

キーワードでCHECK!　**制限物権／用益物権**　⇒

また、民法上の物権には、物に対する全面的な支配権（使用・収益・処分等が自由）である**所有権**と、所有権を一定の範囲で制限するような権利である**制限**物権があります。そして**制限**物権には、他人の物の利用という面で所有権を制限する**用益**物権と、他人の物の価値を制限する**担保**物権があります。

◆主な物権の種類

所有権…物を完全に支配（使用・収益・処分）できる権利

制限物権
用益物権…**地上権**、**地役権**、**永小作権**
担保物権…**抵当権**、質権、**留置権**、**根抵当権**

ここは難しく考えず、**用益**物権は、その物を利「用」することで、利「益」を得られる権利と考えればわかりやすいでしょう。レンタルに近いイメージです。そして、**担保**物権は、言葉からイメージできると思いますが、ある人に金銭債権（お金を請求できる権利）がある場合、債務者が返済できない場合も考え、いざとなったら、債務者の持つ物の所有権等を得られるという権利で、まさに担保をとる権利です。

各制限物権の具体例についても問われたことがあるので、上記の赤字になっている代表的なものは覚えておきましょう。

用語

地役権
ある土地の便宜を図る目的で、他人の土地を使用する権利。典型的な地役権として、自分の土地が公道に接していない場合に、他人の土地を通行して公道に至るために設定される通行地役権がある。

永小作権
対価（小作料）を支払って、他人の土地で耕作や牧畜をする権利。

抵当権
債権者が、債務者か第三者から提供された物を、提供者に使用収益させたままで担保とする権利。

留置権
他人の物を持っている人（占有者）が、その物について生じた債権がある場合、その債権全部の弁済を受けるまで、その物を手元に留めて（保有して）おく権利。

根抵当権
一定範囲内の不特定の債権について、定めた極度額の範囲内で担保するために不動産上に設定される抵当権のこと（民法398条の2第1項）。

用益物権は、**制限**物権の１種である。誰かの所有権を何らかの形で「制限」する権利のうち、使用・収益できる権利にかかわるものを**用益**物権という。

3　債権とは何か

債権とは、「特定の人」に対して、「特定の行為」を行うことを「請求」できる権利です。

例えば、家屋の貸主が、借主に対して「賃料を支払え」と請求する権利や、逆に、借主が貸主に対して「目的物を使用させろ」と請求する権利は債権です。この場合、家屋の貸主は、借主以外に賃料の請求はできないことはわかると思います。「特定の人」に「特定の行為」を「請求」する権利なのです。

また、売買契約に基づいて、売主が買主に「代金を支払え」という権利や、逆に、買主が売主に「買った物を引き渡せ」と請求する権利も債権です。さらに、自動車事故が発生した場合、被害者が加害者に損害賠償を請求する権利も債権です。

プラスα

債権が「人」に対する請求権である点は、債権というものを理解するうえでポイントです。例えば、物を賃借する権利は債権です。物を借りることになるので、物権と勘違いする人もいますが、借りている人は、“その物”を自由に売却することはできず、あくまでその物を「貸して」と「貸主（人）」に請求できる権利なのです。

4　その他の財産権

物権と債権のほかにも、財産権といえるものには、様々なものがあります。

例えば、**知的財産権**と呼ばれる権利を耳にしたこともあると思いますが、これは個人や企業活動により創造される財産権で、代表的なものに特許権、実用新案権、意匠権、商標権、著作権などがあります。

特許権や著作権はイメージできると思いますが、実用新案権とは、物の形状や構造、組合せ等の考案を独占排他的に実施する権利のことで、意匠権とは、**美感**を起こさせる外観を有する物の形状や模様、色彩等のデザインについての権利のことです。商標権はざっくりと商品の名前やロゴとイメージしていればよいでしょう。

このような創造物などは、“モノ”とも、“人”ともいえない場合が多くあるので、このような物権と債権以外の財産権として認められています。

プラスα

イメージとして、特許権は「新しい物」を発明した際の権利、実用新案権は、例えば、断面が丸型の鉛筆は転がりやすいので、六角形にするなど、すでにある物の形状等を変えた際の権利です。

一問一答で確認しよう！

□□□**問 1**　個人が物を全面的に支配する権利（所有権）は、不可侵のものとして尊重されなければならないので、所有権の内容を制限するような法律はすべて無効である。

□□□**問 2**　不法行為による損害賠償責任について、加害者の故意または過失が必要とされていることは過失責任主義の現れである。

□□□**問 3**　権利能力平等の原則とは、権利能力はすべての個人に平等に与えられているという原則であるが、今日では、会社等の各種の団体にも一定の要件の下に権利能力が認められている。

□□□**問 4**　債権とは、特定の人に対する権利であり、特定の行為を行うことを請求できる権利である。

□□□**問 5**　権利の主体である個人も法人も、私的な法律関係を自分の意思に基づいて自由に形成することができるとする原則を契約自由の原則という。

□□□**問 6**　地上権は用益物権であり、制限物権の一種である。

正解　1×　2○　3○　4○　5×　6○

1：憲法 29 条 2 項は「財産権の内容は、公共の福祉に適合するやうに、法律でこれを定める」としており、現実に所有権を制限する法律は**存在する**。

2：過失責任主義とは、行為者に責任を負担させるためには、最低限、**過失**が必要とする考え方である。

3：権利能力は、人間（自然人）だけではなく、会社などの法人についても**認められている**。

4：**特定の人**に対して、**特定の行為**を行うことを請求できる権利を**債権**という。

5：本問は、**私的自治の原則**に関する記述である。契約自由の原則は、私的自治の原則の内容の 1 つであり、契約を**するかしないか**、**誰と契約をするか**、また、その**内容をどうするか**などについて、当事者が自由に決定できるとする原則をいう。

6：地上権は、他人の土地を使用する**用益**物権であり、他人の土地所有権を一定範囲で制限する**制限**物権である。

予想問題にチャレンジ！

問題　契約の分類に関する次のアおよびイの記述についての①～④の記述のうち、その内容が最も適切なものを選びなさい。

ア　当事者の一方だけが経済的な負担を負う契約のことを無償契約という。

イ　当事者の双方が対価的な経済的負担を負う契約のことを有名契約という。

①　アおよびイのいずれも適切である。

②　アのみが適切である。

③　イのみが適切である。

④　アおよびイのいずれも適切でない。

解答	

正解	②

ア　○　無償契約は、契約当事者の**一方だけ**が経済的負担を負う契約である。

イ　×　契約当事者の双方が経済的な負担を負う契約は、**有償契約**である。有名契約は典型契約ともいい、民法上規定がある契約をいう。

予想問題にチャレンジ！

問題 企業活動における法に関する次のア～エの記述のうち、その内容が適切なものの組み合わせを①～⑥の中から 1 つだけ選びなさい。

ア 過失責任の原則があるため、無過失の場合にはどのような場合でも責任を負うことはない。

イ 売買契約であれば、相手方に売ろうと申込みをして、それに対して相手方が買おうという承諾をした時点で契約が成立する。

ウ 物権のうちの所有権は、物に対する全面的な支配権である。

エ 契約自由の原則とは、契約をするかしないか、誰と契約するかを自由に決定できる原則であり、契約内容を自由に決定できるという原則までは含まない。

① アイ　② アウ　③ アエ

④ イウ　⑤ イエ　⑥ ウエ

解答

正解 ④

ア ×　製造物責任法などに、**無過失責任**を負う場合が規定されている。

イ ○　契約は、申込みをしてそれに対する**承諾**があった時に成立する。

ウ ○　物権のうち所有権は、使用・収益・処分など、物を**完全に支配できる権利**である。

エ ×　契約自由の原則は、契約をするかしないか、誰と契約するか、さらに契約内容をどうするかを**自由に決定**できる原則である。

予想問題にチャレンジ！

問題 物権に関する次のア～エの記述のうち、その内容が適切なものを○、適切でないものを×とした場合の組み合わせを①～⑥の中から1つだけ選びなさい。

ア 特定の物を直接的に支配する権利である。

イ 特定の物を排他的に支配する権利である。

ウ 意思表示のみによってその権利は移転する。

エ 法律上規定がない権利も自由に創設することができる。

① ア－× イ－× ウ－○ エ－○

② ア－× イ－○ ウ－× エ－○

③ ア－× イ－○ ウ－○ エ－×

④ ア－○ イ－× ウ－× エ－×

⑤ ア－○ イ－○ ウ－○ エ－×

⑥ ア－○ イ－○ ウ－○ エ－○

解答	

正解	⑤

ア、イ ○ 物権は、特定の物を原則**直接的**かつ**排他的**に支配する権利で、この原則から所有権絶対の原則が導かれる。

ウ ○ 物権の設定および移転は、**意思表示のみ**によって効力が生じる（民法176条）。

エ × 物権は法律に定めがあるもののほか、**創設することができない**（民法175条。物権法定主義）。

第3節 法律に関する基礎的な知識

学習日 ／

頻出度 B

この節では、法律に関する基礎知識とあわせて、この国にはどのような法律があり、それがどのような場面でビジネスにかかわりを持ってくるかについて確認していきます。

Ⅰ わが国の法体系について

重要度 ★★

POINT

法律の分類は比較的よく出題される項目なので、しっかりと押さえたい。できれば赤字はすべて押さえて、覚えてしまおう。

1 「法律」って何だろう？

そもそも「法律」という言葉には、使われる場面によっていくつかの意味があります。早い話、法律はルールのことですが、この法律を最も狭い意味で使う場合、ルールのうち「国会」によって制定されるものを「法律」と呼びます。憲法、民法、刑法、商法、民事訴訟法、刑事訴訟法などがその典型例です。

しかし、法律という言葉を一般に使用する場合、もっと広い意味で使用されることが多いでしょう。例えば、内閣が定める命令である「政令《せいれい》」や、各省庁が定める命令である「省令《しょうれい》」、地方公共団体が定める「条例《じょうれい》」など、様々な定めを一般には、法律と呼んでいると思います。

ただし、法律の世界では「法律」といった場合、この最も狭い意味（国会がつくる法律）で使用されます。国会で制定された法律のことを「法律」といい、いわゆる政令や省令は「法律」とは区別して考えます。

プラスα

一般に「六法」という場合、憲法、民法、刑法、商法、民事訴訟法、刑事訴訟法の6種の法律をいいます。ただし、社会福祉六法、郵政民営化関連六法といったように、特定の分野で基本的な関連する法律を6つ数え上げて「六法」と呼ぶ場合もあります。

2　法律の形式による分類

話が前後するようですが、ここは一般的な意味での「法律」を念頭に置いてください。法律といっても様々な分類方法がありますので、それを確認していきます。

(1) 成文法と不文法

法は、その形式からいくつかに分類できますが、文章の形式で定められているものを**成文**法、そうでないものを**不文**法と呼びます。

国会が制定する法律は、皆さんもご存じのとおり文章の形で制定されるため、**成文**法です。

これに対して、不文法と呼ばれるものには、その典型として**慣習**法があります。**慣習**とは、社会の中で自然に発生し、反復して、その社会の中で行われている人の行動様式です。この**慣習**の中でも、法的拘束力まで認められたものを**慣習**法と呼びます。

また、裁判所の判決に含まれる法理（理屈）のうちで、類似の事件について判断する際、その基準として繰り返し用いられたことで法的効力まで有するようになった**判例**法も**不文**法の１つです。

CHECK

成分法と不文法は難しく考えないで大丈夫です。文字どおり、単に文章の形式で発効されるかという基準です。ただし、わが国の判例は文章の形で出されますが**不文**法です。

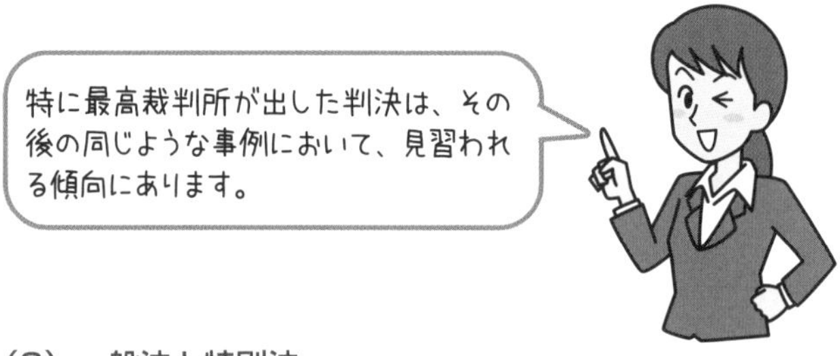

(2) 一般法と特別法

次に、一般法と特別法という区別もあります。法の適用される領域が特に限定されていないものを**一般**法と呼び、法の適用対象となる人や事柄、地域などが限定されているものを**特別**法と呼びます。

例えば、民法は、私人間の取引に対して、広く一般的に適用される法律ですから**一般**法の典型です。これに対して、商人間の取引に“限定”して適用される商法は、**特別**法にあたります。

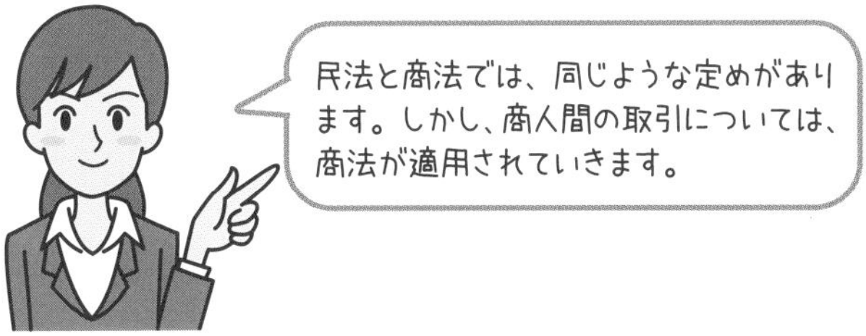

(3) 強行法規(規定)と任意法規(規定)

次に、ある事柄について法規による定めがある場合、当事者がこれと異なる定め(特約)をすることが**できない**ものを**強行法規**(規定)と呼びます。

これとは逆に、法規による定めがあったとしても、当事者がこれとは異なる自由な定め(契約等)をすることができるものを**任意法規**(規定)と呼びます。つまり、法規に定めがある場合に、当事者がそれに従わなければならないものが**強行法規**(規定)で、無視しても構わないものが**任意法規**(規定)と言い換えてもよいでしょう。

民法の規定では、物権に関する規定は**強行法規**が多く、当事者の意思が重視される債権法の規定は、**任意法規**が多く定められています。

例えば、民法において、債権の譲渡は自由であると規定されていますが、この規定は任意規定であり、当事者間で債権の譲渡を禁止したり制限する特約も可能です。もしあなたが金銭債権(お金の請求権)の債務者であった場合、その金銭債権を勝手に怖い人に譲渡されたら…と考えると、理解できるかもしれません。

CHECK

一般法と特別法も難しく考える必要はありません。ABCDという人がいる場合、この全員に対して、一般的に適用される法律が**一般**法です。一方、Aだけに…といったように、ある特別な人だけを対象とするものを**特別**法といいます。

プラスα

過去に「民法の規定には任意法規がない」といった問題が出題されたことがありますが、むしろ民法には**任意法規**のほうが多いです。これは私的自治の原則の現れとなります。

ある法律が適用される領域(対象)について、特に限定されていないものが**一般**法であり、特別に限定されているものが**特別**法である。限定がポイントとなる。

3　法律の内容による分類

次に、各法律については、その内容面に着目した分類もできます。

(1) 公法と私法

その法によって、規律を受ける者が誰かの違いによって、法律は公法と私法に分けられます。

規律を受ける当事者の双方または一方が、国やその機関、地方公共団体の場合には**公**法、規律を受ける当事者双方が、私人である法を**私**法と呼びます。

公法には憲法、刑法、地方自治法などがあり、**私**法には民法、商法などがあります。例えば、公務員を規律する国家公務員法などは、少なくとも当事者の一方である公務員や公の機関を規律する法律なので、**公**法となります。

CHECK

そのルールについて、一方でも公の機関等が対象となっていれば、**公**法となります。**私**法は、対象となる当事者双方が私人でなくてはなりません。

(2) 民事法と刑事法

私人同士の紛争を解決する裁判を民事裁判と呼びますが、この民事裁判の基準となる法を**民事**法と呼び、国家が国民に対して、刑罰を科《か》す場合の刑事裁判の基準となる法を**刑事**法と呼びます。**民事**法には、民法、商法、民事**訴訟**法などがあり、**刑事**法には刑法、刑事訴訟法などがあります。

よくドラマや映画等で出てくる法廷の場面は、刑罰に関するものが多いですが、これは刑事裁判であり、この場合に使われる法律が**刑事**法ということです。

用 語

訴訟

紛争のある当事者双方を関与させて、紛争を解決するための手続のこと。民事訴訟、刑事訴訟、行政訴訟などがある。

(3) 実体法と手続法

次に、権利や義務などの法律関係の内容を定める法を**実体**法と呼び、実体法の内容を実現する際の手続について定めた法が**手続**法です。

この分類は少しわかりにくいかもしれませんが、例えば、

キーワードでCHECK!　実体法／手続法　⇒

民法上、人をだました契約（詐欺）は、取り消すことができると規定されており、この「どのような場合に、何が起こるのか？」といった点を規定しているのが**実体**法です。

そして、その契約の取消しについて、実際にどのような手続（民事裁判）で実現･確認するかの民事裁判の手続（訴え方等々）を定めているのが民事訴訟法であり、**手続**法になります。

実体法には、民法、商法、会社法、刑法があり、その**手続**法として、民事訴訟法、刑事訴訟法があります。また、行政事件訴訟法も**手続**法です。

プラスα
手続法のイメージはわかりやすいと思いますが、まさに「手続」について規定している法律です。例えば、民事訴訟法では、そもそも訴える方法（書面で行う等）から規定されています。

Ⅱ 権利を実現する方法

重要度 ★

POINT
この項目の試験での重要度は低い。ただし、「自力救済の禁止」はよく出題されるので、その意味は理解しておくこと。

1　権利と義務というもの

法律にかかわる社会生活関係を法律関係と呼びますが、この法律関係は通常、権利と義務の関係として表されます。

権利とは、人に対してある行為をすること、または、しないことを法律により主張できることであり、義務とは、人に対してある行為をすること、しないことを法律により強制されることです。

私たちの社会生活では、権利義務関係の多くは契約によって作られます。

プラスα
ほとんどの契約の場合、権利者であるということは、同時に義務者でもあります。このように互いに（経済的な）義務を負う契約を双務契約などといったりもします。

2　権利行使とは？

そもそも権利を行使したからといって、義務を負う者が素直にこれに応じるとは限りません。この場合、どのようにして権利を実現するかが問題となります。

どのような場合に権利義務が発生するかを定める法律が**実体**法であり、それを実現するまさに手続について規定するのが**手続**法である。

1つの方法としては、自分で実力を行使して権利を実現することが考えられます。例えば、建物の売買契約を締結したが、売主がそのまま建物に居座っているような場合、買主が、力ずくで追い出してしまうのです。この力ずくの方法を**自力救済《じりききゅうさい》**といいますが、社会秩序の維持という観点から問題があり、また、誤った権利行使がされる可能性もあります。

そこで、現代社会では、**自力救済**は原則として**禁止**され、**裁判**手続を通してのみ、権利を実現することが求められるのです。

3　裁判による権利を実現する方法

憲法32条は「何人も、裁判所において裁判を受ける権利を奪はれない」と定めています。裁判所には、最高裁判所を頂点として、高等裁判所、地方裁判所があり、また、管轄《かんかつ》する事件の種類に応じて、家庭裁判所、簡易裁判所があります。

裁判所で行う訴訟には、私人間の権利義務に関する争いを解決することを目的とする民事訴訟と、犯罪者に刑罰を科すことを目的とする刑事訴訟、そして、行政権の行使等の公法上の権利関係に関する争いを解決することを目的とした行政訴訟があり、これらを通じて、権利の実現が可能となります。

そして、訴訟結果に不服《ふふく》がある場合、より上級の裁判所に対して改めて審査を求めること（**上訴《じょうそ》**）ができます。この上訴には、第一審の裁判に不服があり、上級の裁判所に改めて審査を求める**控訴《こうそ》**と、第二審（控訴審）の裁判に不服があり、さらに審級が上の裁判所に再審査を求めていく**上告《じょうこく》**などがあります。このような制度を**審級《しんきゅう》**制度といいます。

プラスα

なぜ自力救済が禁止されるか考えてみましょう。もし禁止されていなければ、例えば、腕時計を盗まれた場合、無理やり取り返す行為が法的に認められます。何が悪いのか？…と思うかもしれませんが、本当は盗まれてもいないのに「盗まれたから」と言い出す人が現れたらどうなるでしょうか。これを認めてしまうと秩序が守られなくなるのです。

用語

上訴

いまだ確定していない裁判の取消しやその変更を上級裁判所に求めること。上訴には**控訴**、**上告**、抗告の3種類がある。

キーワードでCHECK!　**債務名義**　⇒

なお、裁判所に対して申し立てる手続には、「裁判」のみに限られず、次のようなものがあります。

◆裁判所に対する手続の種類

手　続	内　容
民事訴訟手続	いわゆる裁判のこと。民事上の法的紛争について、当事者の一方が裁判所に訴状を提出し、当事者（原告と被告）が法廷で口頭弁論を行い、判決の言渡しを受ける手続。**判決が確定すると**、その判決に基づいて**強制執行**ができる。
支《し》払《はらい》督《とく》促《そく》	金銭の支払請求権等について、**簡易裁判所**に申立てを行い、債務者に対する督促を行ってもらう手続のこと。
即《そっ》決《けつ》和《わ》解《かい》	民事上の紛争当事者が解決に向けた合意を行うことを前提に、**簡易裁判所**に申し立て、その関与の下で、和解を行う手続のこと。
調《ちょう》　停《てい》	紛争当事者が**裁判所**に出頭して、話し合いを行う手続のこと。調停が成立すると、**調停調書**が作成され、この**調停調書**は確定判決と**同じ効力**を有する。

なお、「強制執行」とは、国家機関の力で債務者の財産を処分（売却）するなどして、強制的に債権を満足させる手続です。つまり、債務者がその債務を履行してくれない場合などに、債権者が国家機関に「何とかしてくれ」と訴えることで、それが認められれば、国家機関が債務者の財産を強制的に売却することでお金に変えて、債権者に与えます。

この強制執行は、申し立てれば誰でもできるわけではなく、強制執行が正当化されるだけの文書が必要となり、この文書を**債《さい》務《む》名《めい》義《ぎ》**といいます。

この**債務名義**といわれる文書にも、いくつかの種類があり、具体的にいえば、裁判所の確定判決や調停調書、和解調書などがこれにあたります。

CHECK

実際に支払督促を行うのは、**簡易裁判所の裁判所書記官**です。

プラスα

強制執行の目的となる財産は、不動産や動産に**限られません**。つまり、債務者が有する第三者への「債権」に対しても、強制執行を申し立てることが**できます**。

強制執行を正当化する文書のこと（民事執行法22条参照）。上記の具体例のほかに、仮執行宣言付きの支払督促などがある。

一問一答で確認しよう！

□□□問１　社会の中で自然に発生し、反復して行われている人の行動様式を慣習法と呼ぶ。

□□□問２　権利や義務などの法律関係の内容を定める法を実体法と呼び、実体法の内容を実現する際の手続について定めた法を手続法と呼ぶ。

□□□問３　法律上の義務を負う者が義務の履行に応じない場合には、権利者には、原則として自力救済が認められるが、例外的に自力救済が禁止される場合もある。

□□□問４　規律を受ける当事者の双方または一方が国やその機関、地方公共団体である場合の法は公法と呼ばれ、規律を受ける当事者双方が私人である法を私法と呼ぶ。

□□□問５　法のうちで国会により制定されるものを法律と呼ぶ。

□□□問６　人に対してある行為をすること、しないことを法により強制されることを権利という。

正解　１×　２○　３×　４○　５○　６×

１：社会の中で自然に発生し、反復して行われている人の行動様式のうちで、**法的拘束力**が認められたものを慣習法と呼ぶ。単に反復して行われているだけの行動様式では、慣習「法」とまでは**いえない**。

２：権利・義務などの法律関係の内容を定める法を**実体**法と呼び、**手続**法は、このような**実体**法の内容を実現する際の**手続**について定めた法である。

３：原則として、**自力救済**は**禁止**されている。つまり、本問では原則と例外が**逆**になっている。

４：規律を受ける当事者の双方または一方が国やその機関、地方公共団体の場合には**公**法、規律を受ける当事者双方が私人である法を**私**法と呼ぶ。私法の場合、当事者**双方**が私人であるべき点に注意すること。

５：様々な法のうちで、**国会**により制定されるものを**法律**と呼んでいる。

６：人に対してある行為をすること、または、しないことを法により強制されることは、**義務**である。

予想問題にチャレンジ！

問題　法律や裁判に関する次のアおよびイの文についての①～④の記述のうち、その内容が適切なものを 1 つだけ選びなさい。

ア　公法とは、権利や義務などの法律関係の内容を定めた法をいう。

イ　民事訴訟は、裁判所で行う訴訟のうち、私人と国との権利義務に関する争いを解決することを目的とする。

①　アおよびイのいずれも適切である。

②　アのみが適切である。

③　イのみが適切である。

④　アおよびイのいずれも適切でない。

解答

正解　④

ア　×　公法とは、規律を受ける当事者の双方または一方が、**国やその機関、地方公共団体**である場合の法である。なお、権利や義務などの法律関係の内容を定めた法は**実体法**という。

イ　×　民事訴訟は、私人と**私人**の間の法律上の争いを解決することを目的とする訴訟である。

予想問題にチャレンジ！

問題 次の①～④の記述のうち、その内容が最も<u>適切でない</u>ものを1つだけ選びなさい。

① 法律の分類として、一般法と特別法は、対象となる事柄や人または地域など法の適用領域が限定されているか否かの分類である。

② ある事件についての裁判に対して不服がある場合には、より上級の裁判所に対して上訴することができるが、これを審級制度と呼んでいる。

③ 法律のうち、文章の形式で定められているものを成文法、そうでないものを不文法というが、裁判所の判決のうち、法的効力を有するに至った判例法は、成文法である。

④ 建物の賃貸借契約において、借主が賃料を支払わない場合でも、貸主は借主に無断でその留守中に、借主が建物に備え付けた荷物等を建物外に運び出すことはできない。

解答	

正解	③

① ○ 一般法と特別法の関係は、対象となる事柄や人または地域など、法の**適用領域**が限定されているものを**特別**法と呼び、そうでないものを**一般**法という。

② ○ 地裁から高裁、そして最高裁へと移っていく。

③ × 判決は文章の形で示されるが、**不文**法である。判決文とは別に、その理屈や考え方が改めて文章としてまとめられて、示されるわけではないからである。

④ ○ **自力救済**は、原則として**禁止**されている。本問のような事例についても**自力救済**の一例であるのでイメージを持っておこう。

第２章
法人取引にまつわる法律関係

第1節 権利義務の主体

学習日 ／

頻出度 A

取引といっても、物を貸す・借りる、売る・買う、他人から依頼されて物を制作するなど、その種類は様々です。これら取引において、それぞれ当事者となる者を権利・義務の主体と呼びます。

Ⅰ 誰が権利義務の持ち主となるか？

重要度 ★★★

POINT

4種類の制限行為能力者とその保護者について、何が行えて何が行えないかという点がよく出題される。その点をよく整頓しておくこと。

1 権利能力とは

上で述べたように、取引において当事者（売主や買主等）となる者を権利義務の主体といいます。例えば、AとBの間で、Aが所有する土地の売買契約が締結されたとしましょう。この場合、締結された契約により、売主であるAは、買主であるBに対して土地の売買代金を請求する**権利**を持つことになり、逆にBは、Aに対して土地を引き渡せと請求する**権利**を持ちます。これを裏返せば、AはBに土地を引き渡す**義務**を負い、BはAに代金を支払う**義務**を負うということになります。

このAやBのように、権利や義務を負う者を「権利義務の主体」、または、単に「権利の主体」と呼びます。そして、この相手方に対して権利を取得する主体、また、義務を負う主体となることが“できる”法律上の資格（能力）を**権利能力**と呼びます。

この点、民法3条1項は「私権《しけん》の享有《きょうゆう》は、出生に始まる」と規定しています。ここでいう私権とは、民法や借地借家

プラスα

少なくともわが国では、自然人である以上、権利能力がない人は考えられませんので、権利能力の言葉の意味を理解していれば、試験対策上は問題ありません。

キーワードでCHECK! 権利能力 ⇒

法などの様々な**私法**上の関係で認められる権利です。つまり、人として生まれさえすれば、誰でも権利（私権）の享有（持つこと）ができる、言い換えれば、人は誰でも「**権利能力**を持っている」ということになります。

なお、この**権利能力**が認められる「人」には、私たち人間（自然人）と、会社など、法により人と認められたもの（法人）があります。法人については後ほど述べます。

2　意思能力と行為能力について

上で述べたように、人は誰でも権利能力を持っていますが、このことと契約などの法律上の行為を「**有効**に」行うことができるかどうかという話は別問題です。

契約などの法律上の行為を有効に行うためには、権利能力があることを前提として、さらに「**意思**能力」と「**行為**能力」が要求されるので、それぞれ確認していきます。

(1) 大前提として必要な能力（意思能力）

意思能力とは、自分が行った行為の**法的結果**が**どうなるか**を判断できる能力のことです。自分の意思に基づいた行為と呼べるためには、その行為の**法的結果**が**どうなるか**を判断できる状態で行われたものでなければなりません。

例えば、小学校入学前（6 歳程度以下）の子どもや強度の認知症の老人、強度の精神障害者、泥酔した人などは意思能力がない人といえるでしょう。このような人々は、たとえ自ら契約を行っているという認識があって、自分が所有する土地の売買契約書に署名・押印したとしても、その結果として、土地の所有権を失うことや代金請求権を得ることを“本当に”理解しているとはいえません。

そのため、契約などの法律行為の当事者が意思表示をしたときに意思能力を有しなかったときは、その人の本当の

用語

私法
規律を受ける当事者の双方が私人である法律のこと。

CHECK

まとめるとある人が行った契約が有効になるには、そもそも「権利能力がある」→「意思能力がある」→「行為能力がある」という“前提”が必要とイメージすればよいでしょう。

権利や義務を負う者を「権利義務の主体（権利の主体）」と呼ぶが、権利義務の主体となることができる法律上の資格（能力）のことを**権利能力**という。

意思に基づく法律行為とはいえず、法律的に何の効果も生じない**無効**の行為とされます（民法３条の２）。

ただし、意思能力のない人であっても、**権利能力**は否定されませんので、例えば、幼児であれば法定代理人（親など）といった**代理人**を通すことで、契約締結などの法律上の行為を有効に行うことはできます。

(2) 行為能力について

行為能力とは、自分一人で有効に契約などの法律行為ができる能力をいいます。つまり、人が契約などの法律上の行為を完全に有効に行うためには、先ほどの**意思能力**があった上に、**行為能力**があることが必要となります。

そして、民法は、あらかじめ一定の条件に当てはまる人を**制限行為能力者**（**行為能力**が**制限**された人）として、その人が行った行為を画一的に**取り消す**ことができることにして、**制限行為能力者**の保護を図っています。この辺について、詳しく確認していきましょう。

3　制限行為能力者制度の内容

制限行為能力者とは、行為能力が劣る、または、欠けているとして、一定の者の申立てにより行われる家庭裁判所の審判を受けた者と、未成年者を指します。正確にいえば、制限行為能力者は、**未成年者**、**成年被後見人**、**被保佐人**、**被補助人**の４種類です。制限行為能力者が自分だけ（単独）で行った行為は、一応は有効に成立しますが、原則として、**取り消す**ことができる行為となります。

先ほど述べたように、意思能力のない人の行った行為は**無効**ですが、法律行為を行った時点で、その人に意思能力があったかどうかを客観的に証明できるとは限りません。そのため民法では、自分一人では完全に有効な法律行為が

CHECK

人として生まれれば「権利能力」は認められるので（＝権利義務の主体となれる）、意思能力のない赤ちゃんでも、親権者が代理することで権利義務の主体となることは可能です。

用語

代理人
本人に代わって法律行為を行う権限を与えられた人。

プラスα

「無効」と「取消し」は異なります。初めから効力が生じないのが「**無効**」で、「取消し」は、取り消すまでは**有効**であり、取り消してはじめて無効となります。取り消せる行為であったとしても、有効のままにしておく価値があれば、そのまま有効にしておける選択権があるイメージです。

キーワードでCHECK!　**制限行為能力者**　⇒

できない、若しくはその能力に乏しい人を制限行為能力者として4つの類型に分けて定型化し、その人が単独で行った行為については、画一的に**取り消す**ことができるように制度化しています。以下それぞれの制限行為能力者を確認していきます。

(1) 未成年者

2022年3月末までは、未成年者とは満20歳に満たない人でしたが、2018年に成立した改正民法により、2022年4月1日からは成年年齢が**18**歳へ引き下げられました（改正民法4条）。そのため、未成年者とは満**18**歳に満たない人となりました。

未成年者は、社会経験や社会知識、家計管理能力などの点で未熟であることが多いため、予測しなかった不利益を被る可能性があります。そこで民法は、未成年者が契約締結などの法律行為をする場合、両親などの親権者の**同意**を得たうえでなければ**取り消す**ことができることにして、未成年者の保護を図っています。

この**同意**を与える権限を有する者には、親権者のほか、未成年後見人や法律により未成年者の代理人として法律行為をする権限を与えられた者がいます。なお、これらの者（法定代理人）の**同意**なしに、未成年者が行った契約などの法律行為については、**未成年者自身**も**取り消す**ことができます（民法5条1項、2項、120条1項）。

ただし、未成年者とはいっても、すべての法律行為を単独で行った場合に**取り消せる**こととする必要もないので、次の一定の行為は、単独で完全に有効に行うことができるとされます。そして、これらの行為は、未成年者が単独で行ったとしても、後で**取り消す**ことはできません。

プラスα

2022年3月までは、婚姻可能な年齢は男18歳、女16歳でしたが、2022年4月1日からは、婚姻可能年齢も男女ともに**18**歳に統一され、未成年者が婚姻できるケースが**なくなりました**。結果、これまでにあった婚姻による成年擬制（未成年者でも婚姻することにより成年者として扱われる）という制度も**なくなりました**。

制限行為能力者とは、行為能力を制限された人のこと。制限行為能力者が1人で行った法律行為は、**取り消す**ことができる。

◆**未成年者が単独で有効にできる行為**

①未成年者が単に**権利を得る**だけの行為や**義務を免れる**だけの行為
②法定代理人から目的を定めて処分を許された財産を、その目的の範囲で処分すること
③小遣いのように目的を定めないで処分を許された財産をその範囲で処分すること
④法定代理人から**営業の許可**を受けた未成年者が、**その営業の範囲内**で行う財産の処分や契約など

(2) 成年被後見人

成年被後見人とは、あまりなじみのない言葉かもしれませんが、法律上ではよく出てくる言葉なので覚えておきましょう。成年被後見人とは、精神上の障害によって、事理を弁識する能力（判断能力）に**欠ける**という理由で、一定の者の申立てにより、家庭裁判所で成年後見開始の審判を受けた人です（民法７条、８条）。

成年後見開始の審判を受けて成年被後見人になると、家庭裁判所が**職権**で、法定代理人である成年後見人を選任します（民法８条）。成年被後見人は判断能力がない（欠ける）人ですから、成年被後見人が行った行為は**取り消す**ことができます（民法９条本文）。

ただし、未成年者にも単独で行える行為があるように、成年被後見人にも単独で確定的に行える行為がありますが、それは**日用品の購入**その他**日常生活**に関する行為に限られます（同条但書）。逆にいえば、これ以外の行為を行う場合は、すべて法定代理人が本人（成年被後見人）を代理して行わないと、後で**取り消し**うる行為になります。

また、成年被後見人は判断能力を欠く人ですから、たと

CHECK

未成年者保護の制度趣旨が、その名のとおり未成年者の保護である以上、左の①の「**権利を得る**」「**義務を免れる**」行為は、未成年者に不利益がなく、単独で行わせても問題ありません。

プラスα

法律上では、「被」という言葉が付くか否かで対象が区別されます。ここでいえば後見を行う者を「成年後見人」と呼ぶ一方、その対象者は成年「被」後見人となります。

用語

職権
ある職務に基づいて、一定の行為を行う権限・権能のこと。

キーワードでCHECK! **成年被後見人が単独で行える行為** ⇒

え成年後見人が同意を与えたとしても、成年被後見人が同意どおりの行為を行うとは限りません。そのため、成年後見人には、そもそも**同意権**が**ありません**。

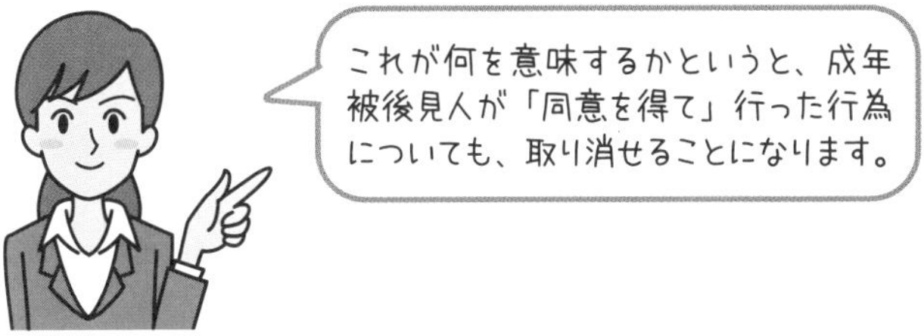

ちなみに、成年被後見人が行った契約などの行為は、**成年被後見人自身**も、**成年後見人**も取り消すことができます（民法９条、120条１項）。

なお、成年後見人に同意権は**ない**ものの、成年被後見人が単独で行った行為を後で認める権限（**追認権**）が与えられており、この**追認**があれば完全に有効な行為となり、それ以後は、取り消すことが**できなくなります**（民法122条）。

(3) 被保佐人

被保佐人とは、精神上の障害によって、事理を弁識する能力（判断能力）が**著しく不十分**という理由で、一定の者の申立てにより家庭裁判所で保佐開始の審判を受けた人です（民法11条、12条）。保佐開始の審判を受けると、家庭裁判所により、保護者として保佐人が選任されます（民法12条）。

被保佐人は、判断能力が**著しく不十分**ではあるものの、判断能力に**欠ける**成年被後見人ほどではないため、民法13条に定められた行為（重要な財産行為）以外の行為であれば、単独で有効に行うことができます。

しかし、民法13条に定められた行為については、保佐

用語

同意権

成年後見制度における同意権とは、本人が行おうとしている行為に同意を与える権利。または本人が同意を得ずに行った場合に取り消すことができる権利。

CHECK

成年被後見人以外の制限行為能力者であれば、各保護者の同意に基づいて行われた行為は、**有効**な行為であり**取り消せません**。しかし、成年被後見人に限っては、あらかじめ同意したとしても、本当にそのとおりの行為を行うかどうか自体があやしいので、同意に意味はないのです。

しかし、保護者である成年後見人が後で認める（**追認**する）ことは、話が別です。

日用品の購入その他**日常生活**に関する行為は、単独で法律行為を行える。これ以外の行為は、法定代理人が代理して行わねば**取り消し**うる行為となる。

人の**同意**がない場合、**取り消す**ことができます（下の一覧表を参照）。

なお、家庭裁判所は、**被保佐人**（つまり本人）の**同意**を要件として、さらに一定の行為について、保護者である保佐人に対して、代理権を与える旨の審判をすることができます（民法 876 条の 4）。この代理権が与えられた特定の行為については、保佐人が被保佐人を代理して行わなければ、後で**取り消す**ことができる行為となります。

◆民法 13 条に定められた行為

①元本を領収し、または利用すること。
②借財または保証をすること。
③不動産その他重要な財産に関する権利の得喪を目的とする行為をすること。
④訴訟行為をすること。
⑤贈与、和解または仲裁合意（仲裁法 2 条 1 項 に規定する仲裁合意をいう。）をすること。
⑥相続の承認若しくは放棄または遺産の分割をすること。
⑦贈与の申込みを拒絶し、遺贈を放棄し、負担付贈与の申込みを承諾し、または負担付遺贈を承認すること。
⑧新築、改築、増築または大修繕をすること。
⑨民法 602 条に定める期間を超える賃貸借をすること。
⑩①～⑨に掲げる行為を制限行為能力者の法定代理人としてすること。

（4）被補助人

被補助人とは、精神上の障害によって事理弁識能力が**不十分**という理由で、申立てと、被補助人となる者**本人**の**同意**を要件として、家庭裁判所で補助開始の審判を受けた人

CHECK

左の一覧の行為について、保佐人の同意が必要ということは、逆にいえば、左の一覧以外の行為について、被保佐人は単独で有効な法律行為ができます。なお、少し細かい話なので、この一覧はすべて覚える必要はないと思われます。

CHECK

成年被後見人や被保佐人と比較して、被補助人の能力は高いので、そもそも補助開始の審判を行う要件として、**本人**（**被補助人**となる者）の**同意**が要求されています。

キーワードで CHECK!　**制限行為能力者の相手方の催告権**　⇒

です（民法 15 条、16 条）。

被補助人は、原則として、単独で有効に法律行為をすることが**できます**。ただし、家庭裁判所は、民法 13 条に定める行為のうち、特定の行為について、保護者である補助人に**同意権**を与える旨の審判をすることができます。

つまり、被補助人は、原則として、通常の行為能力者と変わらずに法律行為を**行えます**が、被補助人となる者に対して、家族等の関係者に心配ごとがある場合などは、特定の行為に対して審判を行い、その審判が行われた際には、その特定の行為については、補助人の**同意**がなければ、後に**取り消す**ことができる行為となります。なお、家庭裁判所は、被補助人（つまり本人）の同意を要件として、特定の法律行為について、補助人に代理権を付与する審判をすることができます（民法 876 条の 9）。

4　制限行為能力者の相手方の保護

ここまでは制限行為能力者の種類と保護方法を確認してきましたが、制限行為能力者と取引をした者は、契約後に取り消される可能性もある以上、制限行為能力者との取引の相手方の保護も考えなければなりません。

（1）相手方の催告《さいこく》権、制限行為能力者側の追認

制限行為能力者が取り消せる行為を行った場合、その相手方が、いつまでも「取り消されるかも…」といった不安を抱えるのも酷です。そこで、取引の相手方は、制限行為能力者が行為能力者（行為能力の制限を受けない者）となった後、その者に対して 1 か月以上の期間を定めて、その行為を**追認するかどうか**答えを出しなさいという**催告**（確答すべき旨の催告）をすることができます。

また、制限行為能力者が行為能力者となる前であれば、

プラスα

補助開始の審判の申請をする際、通常は同意権についても審判を行います。そうでないと、「被補助人である」という認定だけの審判になります。

プラスα

特定の行為について補助人に同意権が与えられている場合において、被補助人が当該行為を補助人の同意を得ずに行った場合、**補助人**または**被補助人**は当該行為を取り消すことができます。

用 語

催告

相手方に一定の行為を行うように催促すること。

制限行為能力者と取引を行った相手方が、1 か月以上の期間を定めて、その取引を**追認するかどうか**答えを出しなさいという確認ができる権利を**催告権**という。

その保護者（親権者等、成年後見人、保佐人、補助人）に対して、同様の催告ができます。「どっちにするの？」と尋ねる権利を与えることで、取引相手方の保護を図る趣旨です。

この催告に対しては、制限行為能力者側が期間内に確答しない場合、催告を受けた者が単独で追認できる場合（制限行為能力者が能力者となった後や保護者に催告した場合）であれば、その行為については、**追認した**ものとみなされます（民法 20 条 1 項、2 項）。

さらに、被保佐人または被補助人に対しては、1 か月以上の期間を定めて、期間内にその保佐人または補助人の**追認を得なさい**という催告もできます。

この場合、その被保佐人または被補助人がその期間内にその**追認を得た旨**の通知を発しないときは、その行為を**取り消した**ものとみなされます（同条 4 項）。

覚えよう！ | 催告への確答がない場合の効果

- 催告を受けた人が単独で追認できる場合
（能力者になった後と各保護者に催告したとき）
⇒**追認した**とみなされる。

- 被保佐人・被補助人に「追認を得よ」と催告した場合
⇒**取り消した**とみなされる。

プラスα

左の「覚えよう！」については、今後の出題可能性から紹介していますが、少し難易度が高い話なので、頻出とはいえません。

(2) 制限行為能力者が詐術（偽り）を行った場合

制限行為能力者が「自分は行為能力者だ」と詐術（ウソ）を使った場合、その行為は取り消すことが**できなくなります**（民法 21 条）。例えば、未成年者が「自分は成年者だ」とウソをついて契約を締結した場合などがこれに該当します。いくら制限行為能力者だからといって、このような詐術（ウソ）を使う者よりは、取引の相手方を保護しようと

キーワードでCHECK! 制限行為能力者の詐術 ⇒

する趣旨です。

なお、「詐術」というためには、制限行為能力者が“積極的”な詐欺手段を用いる必要があります。例えば、お金を借りる際に、単に自分が制限行為能力者でないことを相手方に通知したり、または制限行為能力者であるという事実を“告げなかった”というだけでは、この規定の「詐術」にはあたらない（＝後で**取り消せる**）とした判例があります（大判大 5.12.6）。

5　法人とは

取引（契約）において、権利義務の主体となるのは自然人（通常の人）だけではありません。会社などのいわゆる「法人」も権利義務の主体となるので確認していきましょう。

（1）法人の権利主体性

法によって人格を認められた存在を法人と呼びます。現代の社会では、人が個人で活動するばかりではなく、複数の人々が様々な集団や団体をつくって活動しています。もし権利の主体となる能力・資格（権利能力）が、私たち自然人にしか認められないとしたら、集団や団体が活動を行う際、その構成員であるメンバーのそれぞれが、個別の取引主体として取引に関与しなければなりません。例えば、ある会社が売買契約を行おうとした場合、その会社の構成員全員がその売買契約成立に向けた意思表示をして、売買契約書に全員が署名・押印する…といった手間のかかることが必要になってしまいます。

そこで、このような不都合を回避するために、法は人の集合体・団体（社団）に対して、自然人と同じように権利の主体となることのできる能力（権利能力）を認め、構成員個人とは別の権利主体としての地位を認めたのです。そ

プラスα

法人という言葉はよく耳にすると思いますが、実際にどのようなものかイメージできる人は多くないかもしれません。要するに、法律によって、ある団体等に人格を認める制度です。人格といっても、実際の人間ではありませんので、“権利能力”を与えることになります。

法人の典型例は会社であり、会社で働く人々が、その会社（法人）の頭脳であったり、手足の役割を担うことになります。

制限行為能力者が自分が行為能力者であるとの詐術（ウソ）を積極的に使って取引を行った場合、その取引は取り消すことが**できなくなる**（民法 21 条）。

うすることで、各構成員とは離れて、**団体自身**の**名義**で、独立して財産を管理・所有し、契約の締結ができるのです。

また、法は他の財産から隔離された財産の集合体にも権利能力を認め、これを**財団**と呼んでいます。そうすることで一定の財産の集合体を、その所有者から独立して国際交流や学術振興などの特定の目的のために運用できるようになります。

法人は、法が定める一定の手続に従えば、自由に設立することができます（これを準則主義という）。ただし、一定の公益的性質を有する法人の設立については、内閣総理大臣の認定や法律による認可が必要になるものがあります。

(2) 法人の分類

法人は、その性質や目的に応じて次の分類があります。

①公法人と私法人

公法人とは、国や法人格を持った公共団体のことを指します。国・都道府県・市町村は公法人です。また、従来存在した日本道路公団などの公団（現在は独立行政法人や特殊会社に改組）や、住宅金融公庫（現在は住宅金融支援機構）なども公法人です。そして、公法人以外の法人を私法人と呼びます。

②私法人の種類

私法人のうち、私たち自然人の集合体である団体（社団）に権利能力が与えられたものを**社団**法人と呼び、財産の集合体に権利能力が与えられたものを**財団**法人と呼びます。

また、学術、技芸、慈善その他の公益を目的とする法人を**公益**法人と呼び、営利事業を営むことを目的とする法人を**営利**法人と呼びます。ここでいう**営利**とは、行った事業

用語

財団
「財産の集合」のことである。

CHECK

法人設立にあたっては、決定権者の判断が必要となる場合もあれば、会社のように一定の手続を踏みさえすれば、設立できるもの（準則主義）もあります。準則主義といわれると構えてしまうかもしれませんが、そういうネーミングになっているということです。

プラスα

法人は、民法その他の法律の規定によらなければ成立しません（民法33条）。株式会社などの営利法人については、会社法に定めがあり、非営利法人については、一般社団法人及び一般財団法人に関する法律に規定されています。

キーワードでCHECK! 法人 ⇒

活動によって得た利益を構成員に分配することです。

そして、法人の中には、業界団体や同窓会などのように公益法人でも営利法人でもなく、団体の構成員に共通する利益を図ることを目的とする法人もあります。このような法人は一般に**中間**法人と呼ばれます。そして、**公益**法人と**中間**法人を併せて「非営利法人」とも呼びます。

(3) 権利能力なき社団

ある団体が法人として認められれば、その団体単位（名義）で契約等の法律行為が行えるため便利ですが、法人は、法律によらなければ設立できません。よって、実質的に法人と認められる団体と同様に活動していたとしても、法が定める手続に基づいて法人格を取得できなければ、法人として権利義務の主体となることはできないのが原則です。

しかし、例えば、いわゆる町内会などの団体について、ある町内会が集会所を設けるため、土地を購入しようと考えたとします。ところが、町内会は、市町村長の認可を得ていなければ法人と認められないため、町内会名義で土地の売買契約を行えません。その町内会の会長が個人名義で契約を行うといった方法がありますが、後で“揉めごと”がおきかねません。

そこで、法人格が認められない団体でも、できる限り法人と同様に扱うほうが妥当である場合は、その団体を「**権利能力なき社団**」と認定し、「**権利能力なき社団**」と認められた場合は、法人に近い権利（効果）を与えることが、判例によって認められています。

プラスα

町内会のような地縁団体については、市町村長の認可を得れば、権利の主体となることが認められます（地方自治法260条の2）。

用語

社団
「人の集合」のことである。

法によって、自然人と同じように人格が認められた存在を**法人**と呼ぶ。権利能力を認めることで、その構成員とは別の権利主体としての地位を有する。

Ⅱ 企業取引と商法の規定

重要度 ★★

POINT

この項目からは、取引に関する商法と民法の規定の違い、商業登記制度、商号がよく出題される。この3つはしっかり押さえておこう。

1　企業活動と商法の関係

社会で行われる取引行為について、通常は民法が適用されますが、これが商取引として行われる場合には、民法の**特別法**である**商法**が優先的に適用されます。

特にビジネスとして行われる活動には、効率性が要求され、多数の行為が集団的・反復的・定型的に処理されていくという特徴があります。私人間でも日常的に取引行為は行われますが、企業が行う取引行為は性質も規模も大きく異なるため、企業取引に私人間における一般的なルールである民法の規定を適用すると、何かと不都合が生じることがあります。そこで、民法の特別法として**商法**が制定され、企業活動や企業取引については、**商法**が民法の規定に優先して適用されていきます。ここから**商法**に関する知識を確認していきましょう。

用語

特別法
特定の分野に限定して適用される法。商法は民法の特別法である。

(1) 商法でいうところの「商人」

商人という言葉は日常的に使用しますが、商法上では、ちゃんと定義がされており、**自己の名**をもって**商行為**をすることを業とする者を「商人」と呼ぶとされています（商法4条1項)。「**自己の名**をもって」とは、自分が権利義務の主体となってという意味であり、「業とする」とは、営利性と反復継続性を意味します。

なお、店舗その他これに類似する設備によって、物品を販売することを業とする者または鉱業を営む者は、商行為

プラスα

左の「商人」の定義については少し細かいので、試験で問われることはそうありませんが、次ページの3つの商行為くらいは押さえておきましょう。

キーワードでCHECK!　**一方的商行為**　⇒

を行うことを業としない者であっても、商人とみなされます（擬制商人、同条２項）。

(2) 商行為とは

商法は、商行為を「絶対的商行為」「営業的商行為」そして「附属的商行為」の３種類に分類しています。

絶対的商行為とは、誰が行っても、また１回限りで行っただけでも商行為となる行為です。売却により利益を得るために不動産や有価証券を有償で取得する行為（投機売買・実行売却）や商業証券に関する行為は、絶対的商行為とされています（商法501条）。

CHECK

絶対的商行為は、その強い営利性のため、商人ではない者が行っても常に商行為となるものです。

次に、**営業的**商行為とは、“営業”として“反復的”に行ったときに商行為となる行為です。有償で行う（＝営業）、不動産の賃貸借（＝反復継続的）がイメージしやすいと思います（商法502条）。

そして、**附属的**商行為とは、**商人**が営業自体ではなく、“その営業を行うため”に行う行為です（商法503条１項）。商人の行う行為すべてが営業のための行為とは限りません。営業を行うための「お金を借りる」行為が、営業自体ではないことはわかるでしょう。なお、商人の行為は、その営業のためにするものと推定されます（同条２項）。

CHECK

商行為の分類は、過去に出題されたこともありますので押さえておきましょう。

これらの商行為のうち、絶対的商行為と営業的商行為の２つを**基本**的商行為と呼び、附属的商行為は**補助**的商行為と呼ばれることもあります。また、会社法は、会社がその事業としてする行為およびその事業のためにする行為は商行為としています（会社法５条）。

商行為の中には、**一方**的商行為と呼ばれるものもあります。これは消費者がスーパー（小売店）で、商品を購入する場合のように、一方当事者（小売店）のために商行為となる行為です。この行為については、当事者の**双方**に商法

いわゆるスーパーとお客のように、一方当事者のために商行為となる行為のこと。
この行為については、当事者の**双方**に商法が適用される（商法３条１項）。

が適用されます（商法3条1項）。また、当事者の一方が2人以上ある場合で、その1人のために商行為となる行為については、その**全員**に商法が適用されます（同条2項）。

（3）商行為に関する民法と商法の差異

企業取引は一般私人間の取引とは異なった特殊性があるため、一般法である民法の規定を補充・修正するための特別法として商法が存在しています。そこで、取引に関する民法と商法の規定の違いを見てみると、以下のようになります。

◆取引に関する民法と商法の規定の違い

民　法	商　法
代理の方式について、**顕名**が**必要**（民法99条）。	代理の方式について、顕名が**不要**（商法504条）。
特に合意がない場合、保証契約は**通常の保証**（民法454条、458条）。	特に合意がない場合、保証契約は**連帯保証**（商法511条2項）。
債務者が複数の場合の債務は、原則として**分割債務**（民法427条）。	債務者が複数の場合の債務は、原則として**連帯債務**（商法511条1項）。

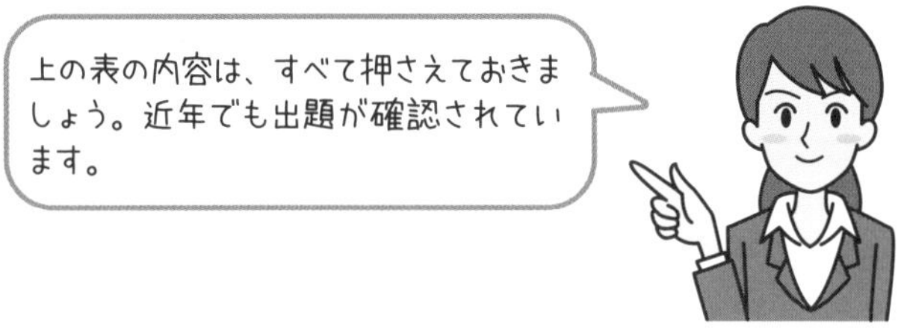

用語

顕名（けんめい）

代理人が法律行為を行う場合、自分のためではなく、本人のために行うことを相手方に示すこと。

CHECK

分割債務と連帯債務について、例えば、AとBの2人で100万円の債務を負った場合、それが分割債務ならば、ABは50万円ずつ債務を負うこととなりますが、それが連帯債務ならば、ABともに100万円全額の債務を負うこととなります。

キーワードでCHECK!　民法と商法における顕名の要否　⇒

2　商業登記制度について

(1) 商業登記とは

商人に関する一定事項を公示するために、商業登記簿に記載する登記を商業登記といいます。企業活動は不特定多数人を相手方として反復継続的に行われ、効率性・迅速性も要求されます。そこで、各企業について一定の事項（情報）が公表されていれば、その企業と取引する相手方は、その調査に無駄な時間をかける必要もありません。

このため企業に関する一定の事項を公開し、誰でも簡単に調査できるようにしたのが商業登記です。こういった取引上重要な事項を公示することで、集団的・大量に行われる企業の営業活動の円滑と安全を確保しようとしています。

なお、登記すべき事項は、会社法等で規定されています。どのような内容が登記されるかの参考として、株式会社の場合、次の事項が登記事項とされています。

◆株式会社の登記事項（参考）

①会社の目的	⑥発行可能**株式**総数
②商号	⑦発行株式の内容
③本店・支店の所在場所	⑧取締役の氏名
④会社の存続期間・解散事由	⑨代表取締役の氏名・住所
⑤資本金の額	⑩その他

(2) 商業登記を行った場合の効力

①商業登記の一般的効力

商業登記を行うと、いくつかの効力が発生します。まず一般的な効力として、商業登記簿に登記すべき事項は、登記をした**後**でなければ、これを**善意**の**第三者**に対抗（主張）することができません（消極的公示力）。

用語

株式
株式会社の社員（出資者）としての地位を表すもので、均一の割合的単位に細分化されている。

用語

善意
法律用語で善意という場合、ある事実を知らないことを意味する。これに対して、ある事実を知っていることを悪意という。道徳的な善悪とは全く関係がない。

第三者
ある法律関係の当事者やその（包括）承継人ではない者で、新たにその法律関係に利害関係を持つことになった者。

一般法たる民法上では、有効な代理行為となるために顕名が**必要**となる。商法が適用される場面では、代理人による顕名は**不要**であり、ここはよく問われる。

また、登記後であっても、第三者が**正当な事由**によって、その登記があることを**知らなかった**ときは、対抗することができません（商法９条１項、会社法 908 条１項）。

例えば、ある会社が、会社を代理して取引を行う権限を持つ者（支配人など）を解任した場合、解任の登記をしていなければ、その者が解任後に会社名義で行った行為についても、会社は責任を負わなければならない場合があるということです。

②商業登記の特別な効力

商業登記には、次のような特別な効力もあります。

・商人の商号は、営業とともにする場合または営業を廃止する場合に限り、譲渡することができますが、この商号の譲渡は、登記をしなければ、第三者に対抗（主張）することができません（商法 15 条）。

・会社は、その本店の所在地において設立の登記をすることによって成立します（会社法 49 条、579 条）。

③不実の（真実ではない）登記について

例えば、ある会社が**支配人**として選任していない者を支配人として登記したとしても、その登記は無効な登記なので、効力を生じないはずです。

しかし、不実の登記がなされて、その登記を信頼した者が現れたのであれば、その者の信頼を保護しなければならない場合があります。

そこで、商法や会社法は、**故意**または**過失**によって、不実の事項を登記した者は、その事項が不実であることをもって、**善意の第三者**に**対抗することができない**と規定して、**善意の第三者**を保護しています（商法９条２項、会社法 908 条２項）。

用語

支配人

営業主から、営業に関する一切の権限を与えられた商業使用人。

用語

故意

自分の行為から一定の結果が生じることを認識しながら、あえて行為を行う心理のこと。わざと。

過失

普通に注意力を働かせれば、一定の事実を認識できるはずなのに、不注意でこれを認識しないこと。

キーワードで CHECK!　不実の登記　⇒

3　商号について

そもそも商号とは、「○○株式会社」「××商事」というように、商人がその営業活動において自己を表示するために使用する名称をいいます。商法 11 条は、商人は、その氏、氏名その他の名称をもってその商号とすることができると規定しています。「氏名その他の名称をもって」とは、要するに、原則として“何でも構わない”ということです。

ただし、商号はある商人を他の商人と識別・区別するための名称・符号ですから、混乱を防止するために、**一個の営業**については、原則として、**一個の商号**しか使用することができません（**商号単一**の原則）。

商人が商号を長期間使用し続けることで、その商号には社会的・経済的な信用が伴うようになります。商号は商人にとって重要な機能を持つものなので、商法や会社法でも規定を置いて、特別に保護しているのです。

CHECK

商人が、その営業活動において自己を表示するために使用する名称を商号といいます。

（1）会社の商号について

商人といっても、個人企業の場合と会社の場合がありますが、会社においては、その名称を商号とし、株式会社、合名会社、合資会社または合同会社の種類に従って、それぞれその商号中に、株式会社、合名会社、合資会社または合同会社という文字を**用いなければなりません**（会社法 6 条 1 項、2 項）。

また、会社は、その商号中に、**他の種類の会社**と**誤認**されるおそれのある文字を用いることはできず（同条 3 項）、**必ず商号**を**登記**しなければなりません（会社法 911 条 3 項 2 号）。

これに対して、個人企業の場合、商法は「商人は、その商号の登記をすることができる」と規定しています（商法 11 条 2 項）。つまり、商号の登記をすることが「できる」

CHECK

個人企業の場合、商号の登記を行わなくても構いません。この点は過去問でも問われています。

故意または**過失**によって不実（ウソ）の登記をした者は、それを信用した**善意の第三者**に対して、「そのような事実はない」と**対抗することができない。**

なので、商号登記を行わないことも**許されます**。

(2) 同一・類似商号の使用禁止

商法 12 条 1 項では「何人も、不正の目的をもって、**他の商人**であると**誤認**されるおそれのある名称又は商号を**使用してはならない**」として、同一・類似の商号の使用を**禁止**しています。

この規定に違反する名称や商号使用によって、営業上の利益を侵害され、または、そのおそれがある商人は、その営業上の利益を侵害する（またはしそうな）者に対し、その**侵害の停止**または**予防**を請求することができます。

また、使用しようとする商号が、すでに他人の登記した商号と同一であり、かつ、その営業所（会社にあっては本店）の所在場所が、その他人の商号の登記に係る営業所の所在場所と同一であるときは、その商号は登記することができません（商業登記法 27 条）。

(3) 名板貸人の責任について

商号に関連する話として、自己の商号を使用して、営業または事業を行うことを他人に許諾した商人は、その商人がその営業を行うものと誤認して、他人と取引をした者に対し、その他人と**連帯**して、取引によって生じた**債務**を**弁済**する**責任**を負います（商法 14 条、会社法 9 条）。

例えば、「○○ラーメン」というラーメン屋の営業を行っている店長 A が、A の弟子 B が独立開業した際、「○○ラーメン」という商号の使用を許したとします。この場合、弟子 B と取引をした C が、「A が営業をしている○○ラーメン」と取引を行っていると勘違いした場合、C に対しては、A は B と**連帯責任**を負うということです。

この「自己の商号を使用して営業または事業を行うこと

CHECK

侵害の停止や予防というのは、自分の会社と似ている商号があることで、営業上の利益が侵害されそうな場合、その商号の使用停止を求めることなどです。

プラスα

要するに「名板貸し」とは、名前の板（看板）を他人に使用させることを意味します。名義貸しともいいます。

を他人に許諾した商人」を名板貸人と呼びます。

Ⅲ 代理制度について

重要度 ★★★

POINT

代理制度についてはコンスタントな出題が確認される。他の知識（問題）の前提理解として必要となることが多いため、しっかりと理解しておこう。

1　代理とは

人が社会生活を送るうえでは、様々な法律行為があります。そのすべてを自分自身でできればよいのですが、本人にその能力があるかは別問題ですし、能力があっても余裕がないなどの理由で常に自分自身でできるとは限りません。この場合に、本人以外の誰か（代理人）に、自分に代わって法律行為をしてもらうのが**代理**という制度です。

例えば、Aが、Bの持っている甲建物を買うためにBと契約しようとしたところ、Bから「契約に関する法律のことはわからないから、甲建物の売買契約についてはXと交渉してくれ」と連絡がきたとします。そして、AがXと交渉をして甲建物の売買契約を締結した場合に、これでAとBの間（AとXではなく）に売買契約が成立して、甲建物の所有権がBからAに移転するのが代理制度です。

つまり、Bにとって他人であるXが行った売買契約の法律上の効果が、Bが自分で売買契約を行った場合と同様に、Bに帰属します。この事例では、Bを**本人**、Xを**代理人**、そしてAを代理行為の**相手方**と呼びます。

CHECK

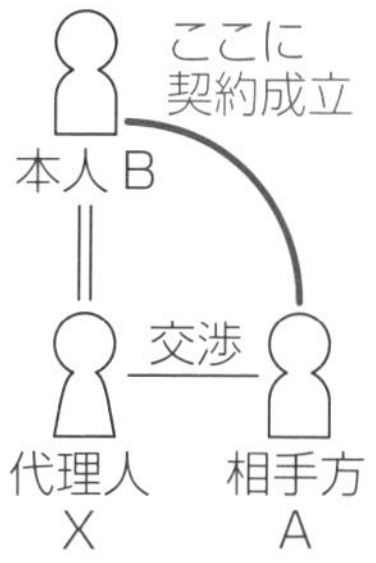

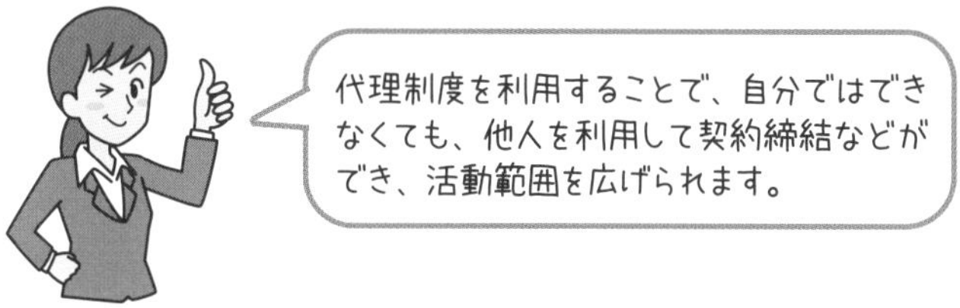

不正の目的で、**他の商人**と**誤認**されうる名称や商号を使用した場合、営業上の利益を侵害された（そのおそれがある）商人は、**侵害の停止**または**予防**を請求できる。

2　代理の成立要件

代理が成立するためには次の３つの要件すべてが満たされることが必要です（民法99条１項）。

覚えよう！｜代理が有効に成立する３要件

①本人が代理権を与えていること（代理権の存在）
②代理人が代理行為の相手方に、**本人のため**にする行為であることを示すこと（**顕名**）
③代理行為が有効に行われたこと

（1）代理権の存在

①任意代理と法定代理

当たり前の話ですが、代理が有効に成立するためには、代理権が与えられていなければなりません。本人の**委任**によって代理権が与えられている場合を**任意**代理と呼び、法律の規定によって、代理権が与えられる場合を**法定**代理と呼びます。

任意代理における委任によって他人に代理権を与える場合には、一般に委任状と呼ばれる書面の交付が行われます。どのような書面かといえば、「私は○○に対して、下記の事項を委任し、その代理権を付与します」といった内容で、代理をお願いする内容や委任者と受任者の氏名や住所等が記載されます。

用　語

委任
一方の当事者が、一定の行為をすることを相手方に委託すること。委託する側の当事者を委任者と呼び、委託を受ける側の当事者を受任者《じゅにんしゃ》と呼ぶ。

（2）顕名

代理の成立には、代理人が、相手方に対して、本人のために行為することを明らかにしなければなりません。私自身のために行っているわけではない、という表示です。この行為を**顕名**といいますので覚えておきましょう。

もし代理人が本人のためにすることを示さないで意思表

CHECK

商行為の代理の場合は、代理人の顕名がなくても原則として代理が成立します。

キーワードで CHECK!　**任意代理と法定代理**　⇒

示を行うと、**代理人自身**のためにしたものと**みなされ**ます（民法100条本文）。

とはいえ、その相手方が、代理人が本人のためにしていることを**知っていた**ときや、普通に注意すれば**知ることができた**ときは、有効な代理行為があったことになります（同条但書）。

3　代理権がない者の代理行為

（1）無権代理とは

代理権を与えられていないにもかかわらず、他人の代理人と称して意思表示をすることを無権代理と呼びます。無権代理行為がなされても、当然、本人にその法律効果は及びません。

しかし、無権代理人の行った行為が、本人にとっても利益がある場合、本人が**追認**することによって有効にすることもできます。この場合、当該契約は無権代理行為によって契約を締結したときに**遡って**効力を有することになります。

なお、この**追認**は、代理行為の相手方に対して行うのが原則です。ただし、本人が無権代理人に対して**追認**した場合でも、**追認**があったことを相手方が**知った**ときは、その時点で有効な代理行為となります。

また、無権代理行為が行われ、本人が追認したり、追認を拒絶したりしないままの状態が続くと、無権代理行為の相手方は不安定な状態のままになってしまいます。そこで、取引の相手方を保護するために、民法は次の3種類の権利を規定しています。

①催告権

無権代理人と取引をした相手方は、相当な期間を定めて、

用語

みなす

法律用語で「AをBとみなす」とある場合、Aは「A」であり、Bではないことを証明したとしても、常にBとして扱われることになる。

なお、「推定する」という表現について、「AをBと推定する」とある場合、Aは一応Bとして扱われるが、Aは「A」であり、Bではないことを証明すれば、Aとして扱われる。

用語

追認

事後の同意のこと。過去に遡って、ある事実を認めること。

CHECK

当たり前の話ですが、代理権のない者が代理人として法律行為を行ったとしても、本人が**追認**しない限り、その無権代理行為の効力は本人には**及ばない**のが大原則です。この先、例外事由が出てきますが、この原則は意識しておきましょう。

代理のうち、本人の委託（委任）によって代理権が与えられるケースを**任意**代理といい、法律の規定で代理権が与えられるケースを**法定**代理という。

その期間内に無権代理行為を追認するかどうかを本人に**催告**することができます。

定めた期間を過ぎても本人からの**確答**がないときは、追認を**拒絶**したものとみなされます（民法 114 条）。催告権は、相手方の善意・悪意を問わず認められます。

②取消権

無権代理人と取引した相手方は、本人の**追認があるまで**の間は、無権代理人と締結した契約を**取り消す**ことができます（民法 115 条）。

この**取消し**の意思表示は、本人に対しても、無権代理人に対してもすることが**できます**。この**取消し**があった後は、本人も追認が**できなくなります**。この取消権は、その相手方が**善意**の場合にのみ認められています。

③無権代理人に対する責任追及権

無権代理行為について本人の追認が得られなかった場合、相手方は契約を行ったつもりが無駄になってしまいます。そこで、この場合、無権代理人に対して**履行**を請求するか、または、**損害賠償**を請求することができます。

ただし、無権代理人の責任を追及するには、相手方は①**善意かつ無過失**であること、または、②善意だが過失がある場合でも、**無権代理人**が自分に**代理権**がないことを知っていたことが必要となります。

ちなみに、制限行為能力者保護のため、もし制限行為能力者が無権代理行為を行ってしまった場合でも、その制限行為能力者は、この無権代理人の責任は**負いません**。

（2）表見《ひょうけん》代理とは

たとえ無権代理行為であって、本人の追認が行われな

用語

催告
相手方に対して一定の行為を行うように請求すること。

確答
確実な返事のこと。明確に答えること。

用語

履行
実際に行うこと。義務を負う者が、義務とされた内容を実現すること。

かったとしても、そのすべての効力が否定されるわけではありません。というのも無権代理行為について、本人にも一定の責任がある場合もあり、この場合には、相手方保護のために一定の要件を満たしたときは、本人に効力を及ぼすことがあります。これを**表見**代理と呼びます。基本形となる表見代理には次の３種類があります。

①代理権授与表示がある場合の表見代理（民法 109 条１項）

本人が代理人に実際は代理権を与えていないのに委任状を交付した場合のように、**本人**が代理権を**与えている**と第三者が誤解するような行為をした場合です。

②権限外の行為の表見代理（民法 110 条）

実際に本人が代理権を与えてはいたが、代理人がその**権限を超えて**行為を行った場合です。

③代理権消滅後の表見代理（民法 112 条１項）

本人が代理権を与えたが、何らかの理由でそれが**消滅**しているにもかかわらず、まだ代理権が**ある**ように装って代理行為を行った場合です。

覚えよう！｜３種類の表見代理

①代理権**授与表示**がある場合の表見代理
②**権限外**の行為の表見代理
③代理権**消滅後**の表見代理

そして、以上の基本形となる３種類の表見代理に加えて、代理権授与表示による表見代理が適用される場合に、重ねて表見代理人が表示された代理権の範囲を超えて行為

用語

表見
見た目のこと。表見代理とは、代理人ではないにもかかわらず、一見したところ代理人らしく見える者のこと。

プラスα

これらの表見代理が成立するためには、相手方において、代理人に代理権がないことについて**善意**・**無過失**であることが要件となります。

無権代理行為について、相手方が無権代理人に代理権があると信じた場合など、一定の要件で当該法律行為の効果を本人に帰属させる制度を**表見代理**という。

を行った場合や、代理権が消滅した後に、権限を超えた代理行為が行われた場合にも、相手方がその行為について表見代理人に代理権があると信じる正当な理由があるときには、表見代理が成立し、本人に代理行為の効果が及びます（民法 109 条 2 項、112 条 2 項）。

ちなみに、本人に表見代理が成立した場合であっても、これにより本人に損害が生じれば、本人は表見代理人に対して、**債務不履行**を主張して損害賠償を請求することが**できます**し、場合によっては**不法行為**に基づく損害賠償を請求することが**できます**（民法 415 条、709 条）。

(3) その他の無権代理（自己契約・双方代理・利益相反行為）（民法 108 条）

代理は誰かのために法律行為を行う制度ですが、**代理人自身**が、代理行為の相手方となることを**自己契約**と呼び、これは原則として、**無権代理行為**とみなされます。つまり、本人の**追認**がない限り、法律効果が発生しません。例えば、A の土地を売却する代理権を与えられた代理人 B が、**自分自身**で買主となる契約を締結する場合です。

また、同一人物が、契約当事者**双方**の代理人となって代理行為を行う**双方代理**も、原則として、**無権代理行為**とみなされます。例えば、A と C が土地の売買契約を締結しようという場合、B が、AC **両方**の代理人となれば、結局契約の内容等について B が全部を決定することになり、B の考え次第ではどちらかが一方的に損をする可能性があるからです。

さらに、自己契約と双方代理にはあたらないものの、代理人と本人の**利益**が**相反**する行為も、**無権代理行為**とみなされます。

用 語

債務不履行

債務者が、債務の本旨に従った履行をしないこと。履行遅滞・履行不能・不完全履行の３つがある。

不法行為

故意（わざと）または過失（不注意）によって、他人の権利を侵害すること。

プラスα

自己契約や双方代理にあたるときでも、あらかじめ本人が代理人へ**許諾**を与えた場合や、そもそも本人に**不利益**が**及ばない**場合（債務の履行のみの代理）には、有効な代理行為となります。利益相反行為で、あらかじめ本人の**許諾**がある場合も同様です。

一問一答で確認しよう！

□□□**問 1**　成年後見人が、成年被後見人を代理して、当該成年被後見人が第三者から金銭を借り入れる旨の金銭消費貸借契約を締結した場合、当該成年被後見人は、当該金銭消費貸借契約を取り消すことができない。

□□□**問 2**　成年被後見人は事理弁識能力に欠けるので、成年後見人の同意を得たとしても、単独で有効な法律行為を行えることはない。

□□□**問 3**　商業登記の登記事項は法定されていないが、株式会社の場合には、設立時に会社の目的、商号などを登記するのが一般的である。

□□□**問 4**　主債務者の債務が主債務者の商行為によって生じた場合でも、商法上、保証債務は連帯保証債務とはならない。

□□□**問 5**　不正の目的で他人の営業と誤認されるような商号を使用することは禁じられており、これに違反して商号を使用した場合には、商号使用の差止請求、損害賠償請求を受けることがある。

□□□**問 6**　無権代理行為の効果は本人に帰属しないため、表見代理が成立しなければ、無権代理行為の効果が本人に帰属することはない。

□□□**問 7**　無権代理行為の相手方は、当該契約が無権代理であることを知っていたとしても、当該契約を取り消すことができる。

正解　1○　2×　3×　4×　5○　6×　7×

1：**権限のある**成年後見人が成年被後見人を代理して、本問の金銭消費貸借契約を締結している以上、成年被後見人は取り消すことが**できない**。

2：**日用品の購入**等については、成年被後見人も単独で有効な法律行為を**行える**。

3：登記事項は、**法定**されている。

4：債務が主たる債務者の商行為によって生じた場合や保証自体が商行為である場合、保証債務は当然に**連帯保証債務**となる（商法 511 条 2 項）。

5：同一・類似商号の使用は**禁止**されており、違反した場合には、商号使用の**差止請求**、**損害賠償請求**を受けることがある。

6：無権代理行為であっても、本人が**追認**すれば、その効果は本人に**帰属**する。

7：無権代理における相手方の取消権は、無権代理であることにつき**善意**（**知らなかった**）であることが要件である。

予想問題にチャレンジ！

問題 制限行為能力者や代理について述べた次の①～④の記述のうち、その内容が適切なものを１つだけ選びなさい。

① 制限行為能力者が、「自分は行為能力者である」と詐術を使った場合、制限行為能力者であることを理由にその行為は取り消せなくなる。

② 代理人と称する者から、不動産を購入したものの、その代理人と称する者は本人から代理権を得ておらず、購入者がそのことを知っていた場合でも、代理人と称する者に対し、契約の履行または損害賠償を請求することができる。

③ 代理権を得ていない者の代理行為であっても、確かに代理権が存在していると十分に信頼ができる場合には、表見代理として、その無権代理行為は有効になる。

④ 成年被後見人は、日常生活に関する行為は単独で行えるが、それ以外の法律行為は成年後見人から同意を得てからでないと有効な契約ができない。

解答	

正解	①

① ○ 制限行為能力者が、「自分は行為能力者である」と詐術を使った場合には、制限行為能力者であることを理由にその行為は**取り消せなくなる**（民法21条）。詐術を使う制限行為能力者を保護する必要はないからである。

② × 無権代理行為につき、履行または損害賠償請求ができる場合は、無権代理人の相手方が**善意無過失**であった場合のみである。

③ × 表見代理が成立する場合は、「**代理権授与表示**がある場合」、「**権限外の行為**の場合」、「**代理権消滅後**の場合」の３つのみで、代理権があると十分信頼ができるのみでは表見代理は成立しない。

④ × 成年後見人は**同意権**を持たないため、成年被後見人は同意を得たとしても単独で有効な契約を締結**できない**。なお、日常生活に関する行為は問題文のとおり、単独で行うことができる。

予想問題にチャレンジ！

問題 次の①～④の記述のうち、その内容が最も適切でないものを１つだけ選びなさい。

① 類似した商号の使用によって、営業上の利益を侵害され、または侵害されるおそれがある商人は、その営業上の利益を侵害する者または侵害するおそれがある者に対し、その侵害の停止または予防を請求することができる。

② 自己の商号を使用して営業または事業を行うことを他人に許諾した商人は、その商人がその営業を行うものと誤認してその他人と取引をした者に対し、その他人と連帯して、取引によって生じた債務を弁済する責任を負うことになる。

③ 複数の営業を行っている商人であっても、そのすべての営業について一個の商号しか使用することができない。

④ 商号が他人のすでに登記した商号と同一であり、かつ、その営業所（会社にあっては本店。）の所在場所が、その他人の商号の登記に係る営業所の所在場所と同一である場合、その商号は登記できない。

解答	

正解	③

① ○ 同一・類似商号の使用は**禁止**される。

② ○ この行為は**名板貸し**にあたり、名板貸人は、これにより誤認して取引をした者に対し、その他人と**連帯**して、取引によって生じた**債務を弁済**する**責任を負う**（商法 14 条、会社法 9 条）。

③ × 一個の営業については、原則として、**一個の商号**しか使用することができない。複数の営業については、**複数の商号**を使用できる。

④ ○ 本問は、商業登記法 27 条により**正しい**記述である。

第2節 ビジネスにまつわる法律

学習日 ／

頻出度 A

私たちの日常は契約なしには成り立ちません。しかし、契約という言葉をよく耳にしても、その意味を正確に知っている人は多くありません。ここでは「契約」というものを改めて確認していきましょう。

I 契約というもの

重要度 ★

POINT

個別の契約内容を確認する前提として、そもそも契約とは何か、その分類等を確認する。ここは赤字部分を押さえれば十分だ。

1 単なる約束と契約の違い

2人以上の当事者間における取り決めを一般に約束と呼びますが、契約とは、相対立する2人以上の当事者間における一定の権利・義務の発生・変更・消滅を目的とした、法的な強制力に裏打ちされた意思の合致です。

約束と契約の最も大きな違いは、約束があくまで当事者間の信義や信頼関係（道義）の問題であるのに対して、契約に違反した場合、違反した者が何らかの法律上の不利益を被る点にあります。

具体的な契約の強制力（拘束力）としては、当事者の一方の都合で、勝手に契約内容を変更することができず、内容を変更するためには、変更部分について、改めて当事者間で合意する必要がありますし、また、当事者の一方の都合で、勝手に契約を止めることはできません。

また、契約が成立することによって、債務者は、債務の実現（履行）をする義務を負いますし、債務者が任意に履行しなかったときでも、債権者は自力で債務の実現を強制

CHECK

「法的な強制力」の例としては、契約を守らなければ（債務不履行）、損害賠償を請求されることなどです。

キーワードでCHECK! 附合契約 ⇒

することはできません（自力救済の禁止）。この場合、債権者の請求により、債務の実現が裁判所によって法的に強制されることになります（強制執行、民法414条）。

なお、28ページから述べたように、契約をするかしないか、誰を相手方として契約するか、契約の内容をどのようにするかなどについて、自分の意思で自由に定めることができることを**契約自由の原則**と呼びます。これは、私人間の法律関係については、個人の自由意思に基づいて形成されるべきとする**私的自治の原則**の現れです。

2　附合《ふごう》契約とは

自由主義社会では、契約は自由であることが原則です。しかし現実には、すべての契約について当事者間で交渉して、契約を締結する…としたのでは煩雑《はんざつ》であり、無駄な時間や労力を費やすことになりかねません。

そこで、当事者の一方が契約条項（これを**約款《やっかん》**と呼びます）をあらかじめ作成しておき、他方の当事者（消費者）は、その約款をそのまま受け入れる形で契約が締結されることが多くなっています。このような契約を**附合契約**と呼びます。この場合、消費者には、あらかじめ定めた**約款**に合意するかしないかの自由しかありません。

電車やバスの運送契約、電気・ガスの供給契約などを考えればわかると思いますが、電車に乗るたびに駅員と契約を結ぶわけではなく、あらかじめ提示された条件を了解して、切符を買うことになります。

この**附合契約**は、立場上弱い当事者が一方的に不利な契約を押し付けられる可能性もあるため、一定の**約款**については、その作成段階で**行政庁**が関与したり、その使用について主務官庁の認可や主務官庁への届出が要求されるなどの規制が課されることがあります。

CHECK

自力救済の禁止については、p.42を参照。

CHECK

「契約自由の原則」と「私的自治の原則」の関係は、p.28を参照。

プラスα

附合契約については、出題が確認できていないため、試験対策上は重要ではありませんが、一般知識として知っておきましょう。

なお、民法では、定型約款の合意や定型約款の内容の表示等についての規定がおかれています（民法548条の2等）。

用語

行政庁

行政機関のうち、意思や判断を決定して、各行政機関にこれを表示する権限を持つもの。各省大臣や地方公共団体の長などがその例。

契約当事者の一方が契約条項（**約款**）を作成しておき、他方当事者（消費者）は、その約款を受け入れる形で締結する契約を**附合契約**と呼ぶ。

3　契約の種類

どのような契約であっても、当事者がそれでよいと思えば自由に締結できるのが原則です。しかし、民法では一般に締結される契約のうち、典型的なものとして13種類の契約について規定を置いています。

これらの民法で定められた契約を典型《てんけい》契約または有名《ゆうめい》契約と呼びます。誰でもその名称は知っている売買契約や賃貸借契約も典型契約の一種です。

もちろん、現実の社会ではこの典型契約に当てはまらない契約も数多くあり、ファイナンス・リース契約やフランチャイズ契約、出版契約などのように典型契約に該当しないこれらの契約を非典型契約または無名《むめい》契約と呼びます。

CHECK

当事者でどのような内容の契約を締結するかは自由ですが、民法に規定されている形の契約のことを典型（有名）契約と分類する、ということです。

4　契約の分類

契約は、その有する性質によって以下のように分類することができます。

(1) 双務《そうむ》契約と片務《へんむ》契約

双務契約とは、契約当事者の双方が、対価的な債務を負担しあう契約です。例えば、代表例である売買契約では、売主は目的物を引き渡す義務（引渡債務）を負い、買主は代金を支払う義務（代金支払債務）を負います。

これに対して片務契約とは、一方当事者である贈与者は目的物を引き渡す義務を負いますが、贈与を受ける側（受贈者）は、何の義務も負わない贈与契約のような契約をいいます。

プラスα

双務契約と片務契約、有償契約と無償契約の分類は、あまり出題が確認されません。ただし、次ページの「諾成契約」か「要物契約」かは問われますので、注意しましょう。

(2) 有償契約と無償契約

有償契約とは、当事者双方が対価的な経済的支出をする義務を負う契約です。有償契約の多くが双務契約になりま

キーワードでCHECK!　諾成契約／要物契約　⇒

す。

　これに対して、無償契約とは、当事者の一方だけが経済的支出をする義務を負い、他方は相手方に対して、対価的意義を有する経済的支出の義務を負わない契約です。

(3) 諾成《だくせい》契約と要物《ようぶつ》契約

　諾成契約とは、当事者の意思の合致だけで成立する契約です。

　これに対して、**要物**契約とは、契約の成立に当事者の意思の合致とともに、物の**引渡し**が必要とされる契約です。

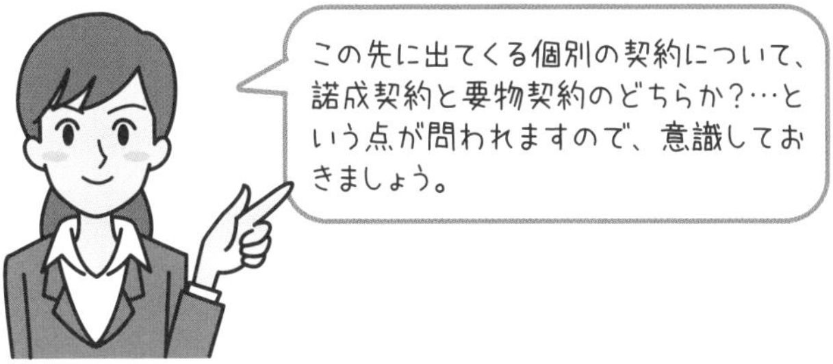

CHECK

　例えば、担保物権のうちの動産**質権**の設定は要物契約です。その物を引き渡さないと、成立しないものをいいます。

(4) 一時的契約と継続的契約

　契約には、賃貸借契約のように一定期間、契約関係が継続する継続的契約と、売買契約のように履行がなされたらそれで契約関係が終了する一時的契約があります。

　継続的契約の場合、その期間中に様々な事柄が生じる可能性があり、これが適切に処理されるためには契約当事者間における信頼関係の存在が前提となります。

　他方、一時的契約でも、製造業とその材料を供給する企業との間で行われる供給契約のように、一つ一つの契約は一時的契約でも、同じ当事者間で同種の取引が長期的・継続的に行われることがあります。この場合には継続的契約と同様に、信頼関係の存在が前提となります。

プラスα

　信頼関係といっても、一般的な意味の強い関係でなくとも大丈夫です。賃貸借をイメージすればわかると思いますが、「この人になら貸してもよい」と思えるかという関係ともいえるでしょう。

当事者の意思の合致だけで成立する契約を**諾成**契約といい、契約成立に当事者の意思の合致と物の引渡しまでが必要とされる契約を**要物**契約という。

Ⅱ 売買契約について

重要度 ★★★

POINT

売買契約は各契約の基本形態である。特に意思表示が問題になる場面や解除の要件は頻出なので、しっかり押さえておこう。

1　売買契約の成立

売買契約は、要するに物の売り買いの契約です。「売ります」という申込みの意思表示と、その相手方の「買います」という**意思表示**が**合致**することで成立します。

CHECK

そうなのかと思った人もいるでしょうが、売買契約は**意思表示**の**合致**のみで成立してしまいます。怖い感じもするかもしれませんが、日常の買い物を考えれば、違和感はないはずです。

(1) 契約成立に至る過程

上で述べたように、売買契約は申込みとこれに対応した承諾によって成立しますが、実際の取引ではいきなり申込みが行われるわけではありません。その前提として、「申込みの誘引《ゆういん》」という行為があります。

商品を売ろうとする際、まずチラシやカタログの送付、新聞や雑誌などでの広告が行われますが、このように購入者の申込みを“誘う”行為は申込みの誘引と呼ばれ、申込みとは区別されます。

実際に、申込みの誘引である広告等を見た相手方（消費者等）から「この商品を買いたい」と申出があった場合、これだけで契約は成立**しません**。この時点では、申込みの誘引によって喚起された「**申込み**」があっただけです。そして、この消費者等からの**申込み**に対して、「売りましょう」という承諾があって、はじめて売買契約が成立します。

なお、商店やデパートが行う店舗での商品の陳列は、一般的には顧客（消費者）に対する**申込み**と考えられます。顧客が陳列されている商品を手に取り、店員やレジに提示することが承諾にあたり、そのときに売買契約が成立します。

キーワードでCHECK!　申込みの誘引　⇒

また、売買契約の成立について、商人が関係する場合には特則があります。商人が平常取引をしている者から、その営業の部類に属する契約の申込みを受けた場合、遅滞なくその諾否について**通知**を発しなければならず、この**通知**を発しなかったときは、申込みに対する**承諾があった**ものとみなされます（商法 509 条）。

(2) 契約準備段階の信義則

契約を締結するために交渉を行ったものの、契約成立に至らない場合もあります。契約が成立に至っていない以上、本来は関係当事者には何の拘束力等も発生しないはずですが、このような場合でも、交渉段階で当事者の一方が、相手方に契約締結に至るだろうという信頼を与えた場合には、契約成立を信頼した相手方は、**信義則**上の注意義務違反を理由として損害賠償の請求が認められる場合があります（契約締結上の過失、最判昭 59.9.18）。

(3) 意思表示が問題となる場面

先ほどから述べているように、契約の成立には当事者の意思表示の合致が必要です。そこで、その意思表示が問題となる場面について考えます。

①意思の不存在（意思の**欠缺**《けんけつ》）

これは意思が表示されたものの、表示された意思が「真意ではなかった」場合です。これには「心裡留保《しんりりゅうほ》」「虚偽《きょぎ》表示」「錯誤《さくご》」の 3 種類があります。

ア）心裡留保

心裡留保とは、外部に表示された意思と、表意者（意思表示をした者）の真意がくい違っており、表意者がこのく

プラスα

左の契約準備段階における信義則の話は、よほどのケースと考えておいてよいですし、試験ではまず出題されないと思います。

用語

信義則

権利の行使および義務の履行は、信義に従って誠実に行わなければならないとする原則のこと（民法 1 条 2 項）。当事者は互いに相手方の信頼を裏切らないようにしなければならない。

用語

欠缺

法律用語で「欠けていること」を意味する。

購入者の申込みを誘う行為を申込みの誘引といい、申込みとは**区別される**。申込みの誘引により**申込み**がされ、これに対して**承諾**があれば売買契約が成立する。

い違いを知っている場合です。例えば、Aが、本心では売る気はないのに、Bに「売るよ」と言ったような場合です。

心裡留保による意思表示は、原則として、**有効**です。したがって、表意者が表示したとおりの効果が**生じます**。

ただし、相手方がその意思表示が表意者の**真意ではないことを知っている**（**悪意**）か、または通常の注意をすれば、表意者の**真意ではない**ことを**知ることができた**場合（**善意有過失**）には、**無効**となります（民法93条1項）。

この場合に原則として**有効**としたのは、表示された意思を信頼した相手方を保護するためです。よって、不注意による信頼は保護に値しないのです。

◆心裡留保のイメージ

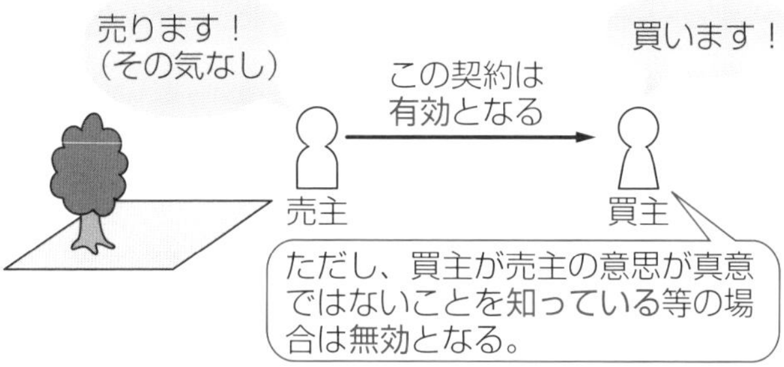

イ）虚偽表示

虚偽表示とは、相手方と通じて（示し合わせて）、虚偽（ウソ）の意思表示をすることです。

例えば、経営が悪化した会社が、債権者からの差押えを逃れるために、財産を譲渡する意思はないのに、外形上譲渡したように装った場合などです。

この虚偽表示の場合、相手方は虚偽だと知っていますから（悪意）、相手方を保護する必要がありません。よって、このような虚偽表示による意思表示は**無効**です（民法94

プラスα

心裡留保について、一方当事者に売る気もない契約を**有効**とすることに違和感を覚える人もいるかもしれませんが、他方当事者の存在も忘れないでください。

プラスα

心裡留保による無効な契約の買主より、さらに買い受けた第三者がいた場合、その第三者が**善意**であれば、元々の売主は、その第三者に無効を主張できません。

CHECK

虚偽表示のことは、通謀《つうぼう》虚偽表示ともいいます。

キーワードでCHECK! 心裡留保 ⇒

条1項）。

しかし、虚偽表示によってつくり出された外形（見た目）に利害関係を持つ第三者が現れた場合は、第三者の保護が問題になります。例えば、下の図のようにABが通謀し、Aの土地をBに譲渡したような外形をつくり出した場合（仮装譲渡）に、さらに虚偽の譲受人であるBから、Cがその土地を譲り受けた場合です。

この場合Cが、AB間の譲渡が虚偽表示によるものであることを知らない場合（善意）は、Cを保護する必要がありますので、Aは、AB間の譲渡が無効であることをCには対抗（主張）できません（同条2項）。

プラスα

左の第三者が現れたケースまでは試験での出題可能性が低いので、読んで理解できれば十分でしょう。

◆虚偽表示のイメージ

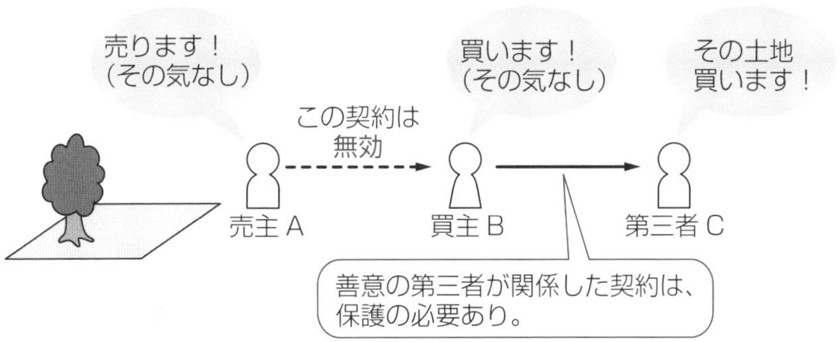

ウ）錯誤

錯誤とは、要するに“勘違い”のことです。そして、錯誤によって行われた意思表示は**取り消す**ことができます（民法95条1項）。例えば、AがBの建物を本心では「借りる」つもりだったのに「買う」と言ってしまった場合、Bがその意思表示に承諾しても、Aはその意思表示を**取り消す**ことができます。

ただし、わずかな勘違いでも後に**取り消す**ことができる

表意者の真意と外部への表示意思がくい違い、表意者がそれを知っている場合のことを**心裡留保**という。この**心裡留保**による契約は、原則として**有効**である。

のでは、相手方はたまりません。そこで、**取り消す**ことができる錯誤は、法律行為の目的および取引上の社会通念に照らして重要なもの（勘違いがなければその意思表示をしなかっただろうと思えるようなもの）に限られます。このような錯誤を**要素の錯誤**と呼びます。

また、錯誤が成立するためには、表意者に**重大な過失**（**重過失**）**がない**こと、あるいは**重大な過失**があっても、①相手方が表意者に錯誤があることを**知っていた**か、または、**重大な過失**によって**知らなかった**とき、②相手方が表意者と**同一の錯誤**に陥っていたとき、のいずれかにあたることが必要です。

なお、意思表示そのものの錯誤ではなく、意思表示をした「動機」に錯誤があった場合もあります。お米が高くなると聞いて大量に買い込んだら、単なる噂だったというような場合です。

この動機の錯誤については、その事情が**法律行為の基礎**とされていることが**表示**されていたときに限り、取り消すことができます（民法 95 条 2 項）。

なお、錯誤による取消しについては、**善意・無過失**の第三者には、対抗（主張）することができません（同条 4 項）。

②契約内容に適合しない意思表示

表意者が他人にだまされて、または強要されて意思表示を行った場合のように、表示された意思の形成に、表意者以外の者が介入し、表示された意思が、表意者自身の自由な判断に基づいて行われたものとはいえない場合は、次のように扱われます。

ア）詐欺による意思表示

これはイメージできると思いますが、表意者が他人にだ

CHECK

勘違いがあれば、何でも**取り消す**ことができるのでは怖くて取引できません。そこで、いわば重要な勘違いだけを保護することにしました。その重要な勘違いを「**要素の錯誤**」といいます。

CHECK

「動機」の錯誤とは、「表意者が法律行為の基礎とした事情についてのその認識が真実に反する錯誤」です。

プラスα

2020 年 4 月 1 日に施行された民法の改正前は、左の②のような意思表示を「瑕《か》疵《し》ある意思表示」と呼んでいました。「瑕疵」とは、欠陥やキズがあることで、本来の性質や品質が欠けていることを意味します。改正民法において、この「瑕疵」という言葉は使われていませんが、他の法律では残っているものもあるので、意味を知っておいて損はないでしょう。

キーワードでCHECK!　**詐欺による取消しの第三者保護　⇒**

まされて意思表示を行った場合です。このような意思表示は**取り消す**ことができます（民法 96 条 1 項）。

ただし、詐欺による**取消し**は、**善意**・**無過失**の第三者には対抗（主張）できません（同条 3 項）。

◆詐欺取消しのイメージ

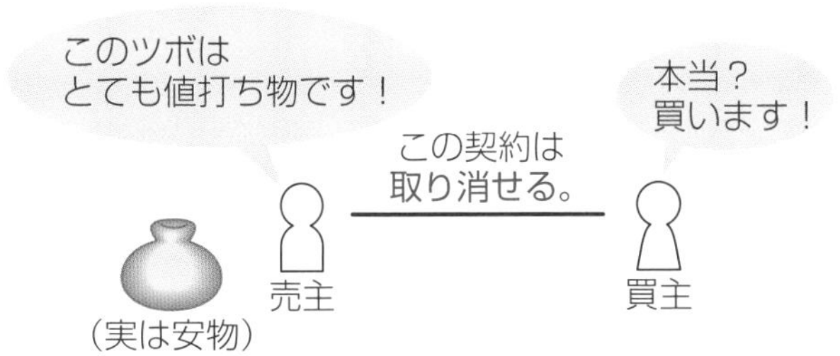

なお、意思表示の相手方ではない者（第三者）の詐欺によってなされた意思表示を「第三者の詐欺」と呼びます（同条 2 項）。この第三者の詐欺は、意思表示の相手方が、詐欺があった事実を**知っている**か、**知ることができた**場合に限り、取り消すことができます。

◆第三者の詐欺のイメージ

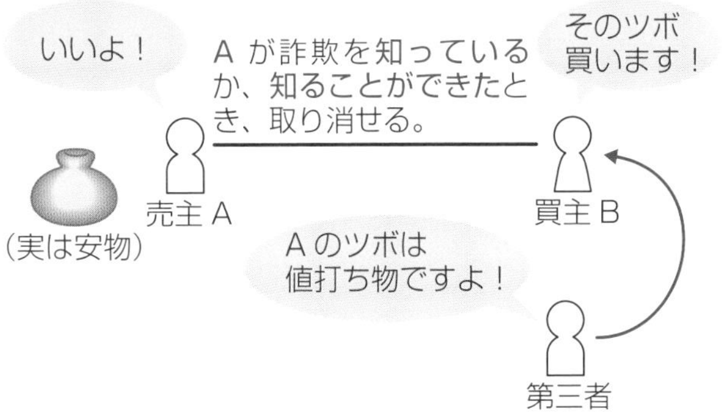

プラスα

虚偽表示の場合、その契約は**無効**でしたが、詐欺の場合は**取消し**です。この違いは、民法が詐欺にあった人が「それでもよい」と考えるケースも想定して、契約を有効のままに残しておける選択肢も残したということです。

例えば、B の詐欺に基づく AB 間の売買契約後、B から転売を受けた第三者 C が**善意・無過失**であれば、A は C に対して詐欺取消しを主張できない。

イ）強迫による意思表示

強迫とは、他人に害悪を示して、恐怖の念を生じさせることです。つまり、脅されてする意思表示です。この強迫によってなされた意思表示は**取り消す**ことができます。

大事なことは、この強迫による意思表示の**取消し**は、**善意・無過失**の第三者にも対抗できますし、強迫を行ったのが第三者である場合でも、相手方がその事実を知るか知らないか（善意・悪意）に関係なく、**取り消す**ことができるという点です。強迫は悪質であり、より表意者を保護しようという趣旨によります。

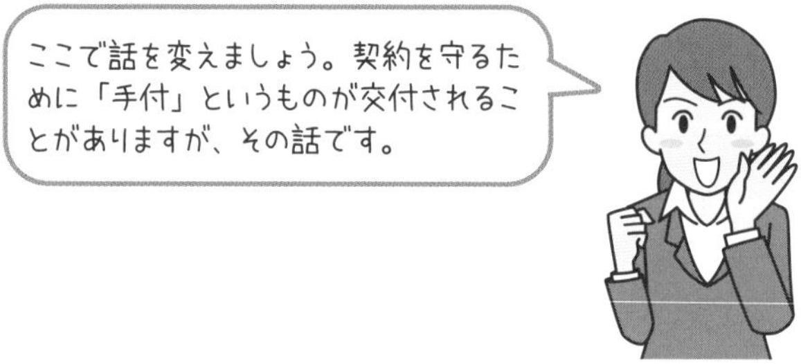

(4) 手付《てつけ》・内金《うちきん》というもの

売買契約などが成立した際、当事者の一方（買主）から、相手方（売主）に対して交付される金銭その他の**有価物**を手付といいます。これは成立した契約を守るために交付されるもので、この手付には３つの性質があります。その３つの性質は以下のものです。

① 証約《しょうやく》手付の性質

証約手付の性質とは、契約が成立したあかし（証明）としての性質です。つまり、手付金の授受があれば、契約はすでに成立したことを表しているという性質で、この性質は**すべて**の手付が持っている性質です。

プラスα

詐欺と異なり「強迫」の場合は、**何があっても取り消せる**と覚えておけばよいでしょう。

なお、同じ読み方で「脅迫」と書く場合もありますが、これは、刑法上犯罪とされている脅迫のケースで、民法の「強迫」とは異なります。脅迫罪にあたらない程度でも民法上の強迫にはなりえます。

用語

有価物
価値のある物のこと。

キーワードでCHECK!　解約手付による契約の解除 ⇒

②解約手付の性質

解除権の留《りゅう》保《ほ》としての性質です。本来、当事者の一方だけの意思で勝手に契約を解除できませんが、交付した手付について、この性質を持たせるならばそれが可能になります。つまり、解約手付としての性質を有する手付が交付された場合、**相手方**が契約の履行に**着手**する**前**であれば、手付を交付した側（買主）は、手付の返還請求権を放棄して（手付金を相手方にあげて）、契約を解除できます。

逆に、手付を受け取った側（売主）は、手付の**倍額**を現実に返すことで、契約を解除できるという性質です。

③違《い》約《やく》手付の性質

債務不履行があった場合に、当然に没収されるという趣旨であらかじめ交付されるという性質です。

以上が手付の３種類の性質ですが、この３つの性質は自動的にすべての手付に認められるわけではありません。自動的に認められるのは**証約**手付の性質だけで、当事者間で特約を行わなければ、**解約**手付と**違約**手付の性質は持ちません。ただし、特約がなくても**解約**手付の性質はあるものと推定されます。

④内金

内金とは、売買代金の部分的な前払いとして、一般に行われているものです。これは手付と異なり法律的な意味はありません。ただし、内金という名称で金銭等が交付された場合でも、手付と「解釈」されることもあります。そして、その場合には、手付に関する３つの性質が当てはまることがあります。

用語

解除権の留保

留保とは「とどめておく」ことで、契約時にあらかじめ解除権を持たせておくことを解除権の留保という。

プラスα

内金は左にあるとおり法律的には意味がありません。実務上そのような名称で金銭の授受が行われることがあるということです。

手付を交付した者は、**相手方**が契約の**着手前**であれば、その手付を放棄することで、手付を受け取った側は、手付の**倍額**を現実に返すことで、契約を解除できる。

（5）契約の成立と契約書の作成

契約は、法令で特別の方式が必要とされている場合を除いて、申込みに対して相手方が承諾したときに成立します。口頭でも、電話や手紙でも、原則として、**意思表示の合致**さえあれば契約は有効に成立します。しかし、契約の成立を後日証明するには何らかの証拠が必要なので、契約成立とその内容を証明するために、契約書を作成しておくことになります。

（6）契約の効力発生時期に関して

契約が有効に成立すると、その成立と同時に契約の効力が生じるのが原則です。しかし、当事者が合意すれば、契約に期限や条件を付けて、契約の効力発生時期を変更することができます。

①期限と条件

契約の効力の発生・消滅または履行期の到来を将来発生することが**確実**な事実にかからせる特約を期限といいます（民法 135 条）。例えば、「来年の 1 月 1 日に契約発生」と言えば、必ず到来しますから期限にあたります（確定期限）。また、「私が死んだら契約発生」と言うのも、いつかは不明ですが必ず到来しますから期限です（不確定期限）。

この期限には、以下のように確定期限と不確定期限の 2 種類があります。

期限 契約の効力の発生・消滅または履行期の到来を将来発生することが**確実**な事実にかからせる特約。	**確定期限**	到来することも、到来する期日も確定している。
	不確定期限	到来することは確定しているが、いつ到来するかは不確定。

プラスα

契約書に押印をしていなかったとしても法律違反ではありません。「押印についてのＱ＆Ａ」（2020年6月19日 内閣府・法務省・経済産業省）でも、特段の定めがある場合を除き、押印をしなくても契約の効力に影響は生じないと明記されています。

キーワードでCHECK! **期限／条件** ⇒

これに対して条件とは、契約の効力の発生・消滅を、将来発生することが**不確実**（発生するかもしれないし、しないかもしれない）な事実にかからせる特約です。この条件には、停止条件と解除条件があります。

条件 契約の効力の発生・消滅を将来発生するかどうかが**不確実**な事実にかからせる特約。	**停止条件**	条件が成就することにより、契約の効力が生じる（条件が成就するまで契約の効力が停止する）。
	解除条件	条件が成就することにより、契約の効力が消滅する。

なお、期限が到来するまでは、債務の履行を強制されないという利益、つまり、債務者は期限が到来するまで、債務の履行を請求されたとしても拒むことができる利益を「**期限の利益**」と呼び、これは債務者の利益のために定めたものと推定されます（民法 136 条 1 項）。ただし、破産した場合のように、債務者の資産状態が極度に悪化したときなどは、債務者は**期限の利益**を失って、期限前であっても、債権者は直ちに履行を請求することができます（民法 137 条）。

②期間の計算方法

日、週、月または年によって期間を定めたときは、期間の初日は算入されません。ただし、その期間が午前０時から始まるときは、この限りではありません（民法 140 条）。

例えば、契約で「4 月 1 日から 10 日間」と期間を定めた場合、4 月 1 日の午前０時から起算するのであれば、4 月 10 日の夜中の 24 時に期間が満了します。そして、4 月 1 日の午前０時から起算するのでないときは、初日である 4 月 1 日は期間に算入されないので、4 月 11 日の夜中の 24 時に期間が満了します。

CHECK

解除条件は、条件の成就で「消滅」する特約なので、売買契約に解除条件を付けた場合、条件が成就するまでは（しないこともある）、通常の売買契約として進行します。

プラスα

例えば、皆さんがこの試験の受験を決めているとして、ある物を誰かに売る契約を行った際、「この試験の受験が終わったら引き渡す」という特約を結べば**期限**になるでしょう。また、「合格したら」という特約を結べば**条件**になるということです。

プラスα

期間の計算方法は、試験に出題されないと思います。そういうものか…と一読する程度で十分です。

契約の効力の発生等を将来発生することが「確実」な事実にかからせる特約を**期限**、将来発生することが「不確実」な事実にかからせる特約を**条件**という。

2　売買契約の成立後の法律関係

(1) 売買契約成立の効果

売買契約の成立により、売主は、買主に対して代金を請求する権利を得て、目的物の引渡義務を負います。これに対して買主は、目的物の引渡請求権を得て、代金支払義務を負います。当事者はお互いに権利を得て、義務を負い合う関係に立ちます。

(2) 債務の履行について

債務を負担する者が、債務の内容を実現することを「債務の履行(弁済)」といいます。もちろん、債務はこの履行(弁済)によって消滅します。履行時期やその場所、履行に要する費用を誰が負担するかなどは契約で定められるのが通常ですが、それを契約で定めなかった場合、これらの事項は民法や商法の規定によって処理されます。

そして、債務の履行の方法は、その債務が持参《じさん》債務であるか、取立《とりたて》債務であるかによって違いがあります。

持参債務とは、債務者が「債権者」のもとにおいて、債務を履行すべきことが契約で定められた債務です。要するに、債権者のところへ目的物を持っていって納品するイメージです。これに対して取立債務とは、債権者が「債務者」のもとにおいて、目的物を取り立てることが契約で定められた債務です。

まず持参債務の場合、債務者が履行したといえるためには、期日に目的物を定められた場所に持参して、債権者が受け取ることができる状態にしなければなりません。しかし逆にいえば、この行為さえ済ませれば、債権者が持っていった目的物を受領しなかったときでも契約違反（債務不履行）の責任を問われることは**ありません**。

そして、これは取立債務についてもいえて、債務者は、

CHECK

取立債務とは、その言葉のとおり、債権者が債務者のもとへ“取立て”に来る（目的物を取りに来る）債務です。

キーワードでCHECK!　同時履行の抗弁権　⇒

期日に債権者の取立てに応じることができるように目的物を準備して、その旨を債権者に通知すれば、もし債権者が取立てに来なかったとしても、契約違反（債務不履行）の責任を問われることは**ありません**。

つまり、債務者が履行に必要なことを行って、あとは債権者がこれに応じれば（応じなかったとしても）、それで履行が完了することを「履行（弁済）の提供」といいます。

ちなみに、A が B にパソコンを売る契約をしたとして、A がパソコンの引渡し（履行）を行おうとしたのに、B がその代金を支払おうとしないなど、一方当事者が履行を行おうとしない場合、他方当事者である A もパソコンを引き渡さないことができます。これを**同《どう》時《じ》履《り》行《こう》の抗弁権《こうべんけん》**といいます（民法 533 条）。

（3）目的物の検査等

商人間の売買においては、買主がその売買の目的物を受領したときは、遅滞なく、その物を検査しなければなりません（商法 526 条 1 項）。

この場合、買主はその検査により売買の目的物が種類、品質または数量に関して契約の内容に適合しないことを発見したときは、直ちに売主に対してその旨の通知を発しなければ、その不適合を理由として、契約の解除や代金減額請求、履行の追完の請求、損害賠償請求ができなくなります（同条 2 項）。

用 語

抗弁権

相手方に何かを主張された場合に“言い返せる権利”とイメージすればよい。これを同時履行の抗弁権でいえば、相手方が履行もせずに、こちらの履行を要求してきた際に「そちらが履行するまでは、こちらも履行しない」と言い返せる権利ということになる。

契約当事者の一方が履行しない場合、他方当事者も相手方の**履行を受ける**までは、自らも**履行しない**と言える権利を同時履行の抗弁権という（民法 533 条）。

(4) 債務不履行について

債務者が債務の本旨に従った履行をしないことを債務不履行といいます。

債務不履行により損害が発生した場合、その債務不履行が債務者の帰責事由によるときは、債権者は、債務者に損害賠償を請求でき、また、債務者に帰責事由がない場合でも、一定の要件で契約の解除ができます（民法 415 条、541 条、542 条）。ここでいう「債務者の帰責事由」の有無の判断においては、債務者の使用人など（履行補助者《りこうほじょしゃ》）を利用して債務を履行した場合には、その履行補助者の事情も考慮されます。

なお、契約を解除できる事項を特約で定めておくことや、特に債務不履行がなかったとしても、契約後に当事者の合意で解除すること（合意解除）も**できます**。

さらに、あらかじめ債務不履行があった場合を想定して、その場合に債務者が支払う賠償額を定めておくことを**損害賠償額の予定**といい、さらに損害賠償とは別に違約金を定めておくことも**可能**です。

では、この債務不履行には、履行遅滞と履行不能、そして不完全履行がありますので確認していきましょう。

①履行遅滞《ちたい》

遅滞とは“遅れること”です。つまり履行遅滞とは、債務を履行できるのに、履行が履行期に遅れた場合です。

この履行遅滞の効果として、債権者は、履行遅滞後も本来の債務の履行を請求できますし、また、その履行遅滞が債務者の帰責事由によるときは、履行遅滞によって生じた**損害賠償**も請求できます。

さらに、債権者が**相当の期間**を定めて**催告**したにもかかわらず期間内に履行がないとき、その相当の期間を経過し

プラスα

債務者の帰責事由の有無は、「契約その他の債務の発生原因および取引上の社会通念に照らして」判断されます。

CHECK

債務者の帰責事由は、**損害賠償請求**には必要ですが、**契約の解除**には必要ありません。

プラスα

この解除の要件は、試験でも度々出題が確認されていますので、しっかり覚えておきましょう。

キーワードでCHECK! 契約の解除 ⇒

たときに、その契約および取引上の社会通念に照らして、債務不履行が**軽微**であるときを除き、債権者は契約を**解除**することができます（民法 541 条）。債権者にこの**相当の期間**を定めた履行の**催告**を要求したのは、一度履行期に遅れたとしても、再度履行のチャンスを与えるためです。

②履行不能

債務の履行が契約その他の債務の発生原因および取引上の社会通念に照らして不能である場合を履行不能といいます。この履行不能の効果としては、まず債権者に損害があり、それが債務者の帰責事由によるものであれば、損害の賠償を請求できます。

また、債権者は解除もできます。解除にあたって履行遅滞の場合、「相当期間を定めた催告」が必要でしたが、履行不能の場合は催告なく解除が**できます**（民法 542 条）。

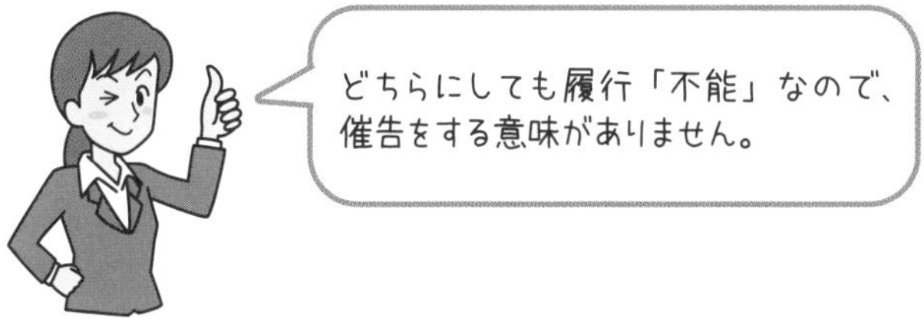

なお、履行不能による契約の解除は、履行期日の到来**前**でも可能です。履行できなくなった以上、履行期日まで待つ意味もないからです。

③不完全履行

履行期に履行がされましたが、その履行が不完全なものであった場合を不完全履行といいます。

不完全履行の場合にも、それにより損害が生じた場合、損害賠償を請求するためには債務者の帰責事由があること

CHECK

履行不能とは、要するに、債務の履行ができなくなった場合です。これは契約成立時にすでに不能である場合も**含みます**。

契約の解除は、相当の期間を定めた履行の催告をしたうえで行う「**催告による解除**」と「**催告によらない解除**」がある。

や、完全な履行がなされないことが違法であることなど、履行遅滞や履行不能と同じ成立要件があります。また、履行遅滞や履行不能と同様に、契約の解除ができます。

④受領《じゅりょう》遅滞

債務者が履行を提供したにもかかわらず、債権者がその履行を受けない、または受けることができないことを受領遅滞といいます（民法413条）。

受領遅滞があると、債務者は債務不履行責任を**負わなくなり**ますし、債権者の受領遅滞によって履行の費用が増加したときは、その増加額は債権者が負担することになります（同条2項）。

(5) 契約不適合責任とは

契約不適合責任とは、売買の目的物が種類、品質または数量に関して契約内容に適合しない場合に、買主が売主に追及できる責任です。

追及できる内容には、①追完請求、②代金減額請求、③損害賠償請求、④契約解除の4つがあります。それぞれ確認していきましょう。

CHECK

売主は、買主に不相当な負担を課するものでないときには、買主が請求した方法と**異なる方法**による履行の追完をすることもできます。

①追完請求

引き渡された目的物が種類、品質または数量に関して契約の内容に適合しないものである場合、買主は売主に、目的物の**修補**、**代替物**または**不足分の引渡し**による履行の追完を請求できます（民法562条1項）。

しかし、契約内容の不適合について、買主に**帰責事由**がある場合は、買主は追完請求をすることができません（同条2項）。

キーワードで CHECK!　**契約不適合責任の売主の帰責事由　⇒**

②代金減額請求

引き渡された目的物が種類、品質または数量に関して契約の内容に適合しないものである場合、買主は**相当の期間**を定めて、前ページ①の履行の追完の**催告**をして、その期間内に履行の追完がないときには、その不適合の**程度に応じて**、代金の減額を請求できます（民法 563 条 1 項）。

また、履行の追完が不能であるときや、売主が履行の追完を**拒絶**する意思を**明確に表示**したときなど、買主が履行の追完の催告をしても履行の追完を受ける見込みがないことが明らかであるときには、買主は履行の追完の催告をすることなく、**直ちに**代金減額請求をすることができます（同条 2 項）。

しかし、契約内容の不適合について、買主に**帰責事由**がある場合には、買主は代金減額請求をすることはできません（同条 3 項）。

③損害賠償請求

引き渡された目的物が種類、品質または数量に関して契約の内容に適合しないものである場合、買主が追完請求と代金減額請求が**できる**ときであっても、契約不適合について売主に**帰責事由**があり、買主に損害が生じている場合には、買主は契約不適合の状況に応じて、売主に対して債務不履行責任としての損害賠償請求ができます（民法 564

CHECK

契約の性質や当事者の意思表示により、**特定の日時**または**一定の期間内**に履行しなければ契約の目的を達成できない場合において、売主が履行の追完をせずにその時期を経過したときにも、買主は履行の追完の催告をすることなく、**直ちに**代金減額請求をすることができます。

契約不適合責任のうち、**追完**請求、**代金減額**請求、**契約解除**を売主に追及する場合には、売主の帰責事由は必要ではない。

条、415条)。

④買主の契約解除

引き渡された目的物が種類、品質または数量に関して契約の内容に適合しないものである場合、買主が追完請求と代金減額請求が**できる**ときでも、買主は契約不適合の状況に応じて、催告による契約の解除または催告によらない契約の解除ができます(民法564条、541条、542条)。

要するに、買主は解除ができるということですが、「契約不適合の状況に応じて」、催告を要する場合と、要しない場合が出てくるということです。

(6) 種類・品質に関する契約不適合責任の期間制限

種類または**品質**に関する契約不適合責任については、買主がその契約不適合を**知った**時から**1年以内**にその旨を売主に通知しないとき、買主は、契約不適合を理由としたここまでの各種の責任追及(追完請求、代金減額請求、損害賠償請求、契約解除)ができません。

ただし、買主に売買の目的物を引き渡した時に、売主が契約不適合の事実を**知っていた**場合または**重大な過失**により知らなかった場合には、この期間制限の適用はありません(民法566条)。

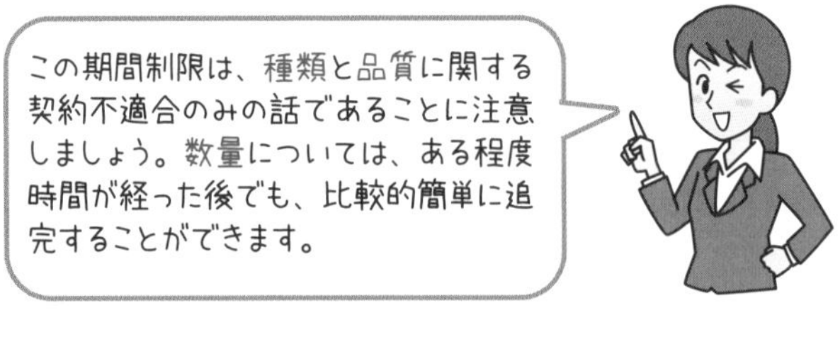

キーワードで CHECK! **契約不適合責任の期間制限** ⇒

(7) 当事者双方に帰責事由がない履行不能について

売買契約などの双務契約において、当事者双方の責めに帰すことができない事由によって、債務を履行することができなくなった場合、債権者は契約を**解除**できます。

また、**解除前**であれば、できなくなった履行の**反対給付**の履行を拒むことができます（民法 536 条 1 項）。

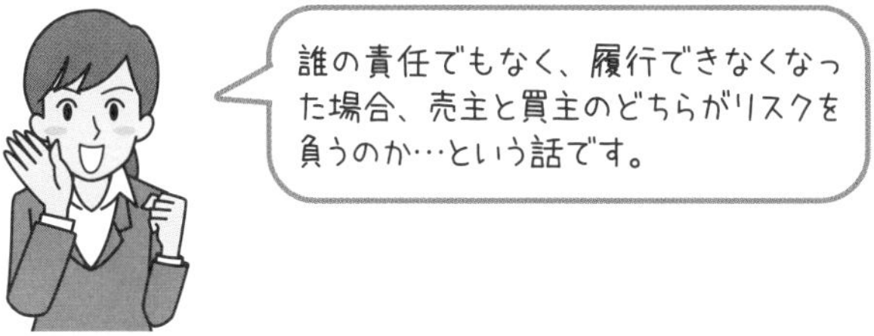

この「当事者双方の責めに帰すことができない事由によって、債務を履行することができなくなった場合」とは、例えば、売買の目的物である中古物件（建物）が、契約の成立後・引渡前に、第三者の放火や地震で滅失した場合などのことです。この場合、その中古物件（建物）がなくなっている以上、売主はその中古物件（建物）を買主に引き渡すことはできません。そして、この不履行について、売主にも買主にも責任はありません。

このような場合、債権者（買主）は契約を**解除**して、契約がなかったことにできますし、**解除前**に売主が買主へ代金を請求したとしても、買主は代金の支払を**拒める**ということです。

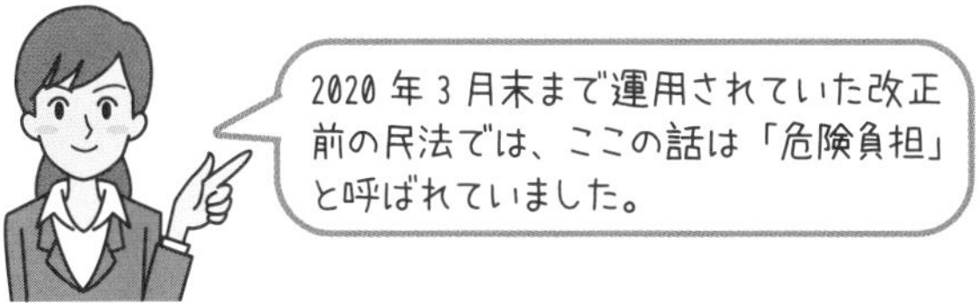

プラスα

2020 年 3 月末まで運用されていた改正前の民法の「危険負担」の規定では、原則として「債権者主義」という建前がとられ、債権者（左の事例でいう買主）がリスクを負うことになっていました。つまり、目的物が滅失しても、代金を支払わねばならなかったのです。この点が不合理であるとして、改正されました。

買主は売主に **1 年以内**に不適合の事実を**通知**すればよく、**1 年以内**に追完請求や代金減額請求などの具体的な責任追及をすることは必要ではない。

Ⅲ 売買以外の契約形態

重要度 ★★★

POINT

賃貸借契約では必要費の請求時期、無断譲渡・転貸における解除、その他の契約では成立要件（諾成か要物か）と注意義務については確実に押さえること。

売買契約のほかにも、民法はいくつかの契約について規定を置いています。民法に規定が置かれている契約を典型契約と呼び、実務で使われる契約は典型契約に限りませんが、それらも典型契約を変形したものがほとんどです。そこで、典型契約を中心に内容を確認しましょう。

1　消《しょう》費《ひ》貸《たい》借《しゃく》契約

（1）消費貸借契約とは

消費貸借契約とは、借主が貸主から一定の金銭その他の代替物を受け取り、受け取った目的物はいったん消費して、後にこれと同種・同等・同量の物を返還することを約束する契約です（民法587条）。これはお金の貸し借りをイメージすればよいでしょう。借りたお金自体はいったん消費して、後に同額を返済するということです。

書面でしない消費貸借契約は、目的物を借主が**受け取る**ことが成立要件とされる**要物**契約です（同条）。

そして、書面でする消費貸借契約は、当事者の**合意のみ**で成立する**諾成**契約です（民法587条の2）。

なお、お金の貸し借りがあった場合、月に何%、年何%というように特約で利息を付すことが通常ですが、**企業同士**の貸し借りの場合、この利息の約定をしなかったときでも、貸主は法が定める割合の利息を請求することが**できます**（民法404条、商法513条）。

キーワードでCHECK!　消費貸借契約　⇒

(2) 金銭消費貸借契約と期限の利益

上記のような利息付きの金銭消費貸借契約では、利息と元本を月々分割して返済が行われることが一般的です。この場合、毎月１回、支払期限が到来しますが、毎月の返済が滞ったときは債務不履行となるので、残債務について期限の利益を**失う**とする「期限の利益喪失約款」が契約に付されることが一般的です。

(3) 利息・利率の制限

民法上、利息の有無や利率については特に制限する規定が**なく**、当事者の**任意**で定めることができます（約定利率）。しかし、特別法として「利息制限法」や「出資の受入れ、預り金及び金利等の取締りに関する法律（出資法）」などがあり、例えば、貸金業法では、貸金業者等が個人に対して金銭の貸付けを行う場合、原則として、借り受ける側の年収の３分の１を超える額の貸付けは**禁止**されています（貸金業法 13 条の２第２項、総量規制）。

プラスα

契約自由の原則からすれば、どの程度の利息を付けるのかも契約当事者が自由に定められるはずです。しかし、お金に困った人の弱みにつけこみ、高利率の契約を結ばせることが横行したため（暴利行為）、特約で規制されています。

2　不動産の賃貸借契約

企業が活動する際、その本社や営業所など使用する土地や建物を自社で所有する場合もありますが、所有者から賃借してまかなっていることも多く見られます。そこで、不動産の賃貸借契約について確認していきます。

(1) 不動産賃貸借契約の特殊性

賃貸借契約とは、賃貸人が賃借人に目的物を使用収益させることを約束し、これに対して、賃借人が「賃料を支払うこと」と「引渡しを受けた物を契約が終了したときに返還すること」を約束する契約です（民法 601 条）。要するに、レンタルといえばわかるでしょう。

借主が貸主から金銭等の代替物を受け取り、後にこれと同種・同等・同量の物の返還を約束する契約を**消費貸借**契約という。

動産に関する賃貸借契約は、原則として、民法の規定だけで処理されますが、建物の賃貸借や建物を所有するための土地の賃貸借・地上権の設定については借地借家法、農地の賃貸借については農地法という特別法が定められており、これらの特別法が適用されていきます。

借地借家法という法律は、立場の弱い借地人や借家人を保護するために制定された法律で、土地や建物は生活の基盤となるため、土地や建物を“借りている人”を厚く保護するためにつくられました。

(2) 賃貸人および賃借人の義務

①使用収益させる義務・修繕《しゅうぜん》義務

賃貸借契約が締結されると、賃貸人は、賃借人の帰責事由によって修繕が必要となったときを除いて、賃貸物の使用収益に必要な**修繕**をする義務を負います（民法 606 条 1 項)。これに対して、賃借人は、賃貸人が賃貸目的物の保存に必要な行為をしようとするときは、これを拒むことができません（同条 2 項)。

なお、賃貸人が賃貸物を**修繕**するのは、賃借人に対しての義務であると同時に、賃貸人が所有者である場合には、自己の所有物を保存する権利としての側面もあります。

②費用償還義務

賃借人が賃借物について、本来は賃貸人の負担するべき費用（**必要費**）を支出したときは、賃貸人に対して、**直ちに償還**を請求できます。

また、賃借人が**有益費**を支出したときは、賃貸人は、賃貸借契約の**終了**時に、価格の増加が現存する場合に限り、賃貸人の選択によって、賃借人が支出した金額または増加額を償還しなければなりません（民法 608 条)。

用 語

修繕
修理のこと。

CHECK

賃借人も**急迫の事情**があるときなどは、賃借物を修繕することができます（民法 607 条の 2)。

用 語

必要費
物の現状の価値を維持するための費用のこと。雨漏りする屋根の修繕費用など。

有益費
物の価値を増加させる費用のこと。トイレをいわゆるウォシュレットタイプへと変更することなど。

キーワードで CHECK! 賃貸借契約における必要費の請求時期 ⇒

③賃料支払義務・目的物返還義務・善管注意義務

賃借人は、賃貸人に対して、賃料支払義務と賃貸借終了時に目的物を返還する義務を負います（民法 601 条）。また、返還するまでは目的物を善良な管理者の注意をもって管理する義務を負います（善管注意義務）。

CHECK

「善良な管理者の注意」は p.106 を参照。

④賃借権の対抗要件

不動産の賃貸借契約を**登記**したとき、以後その不動産について所有権や抵当権などの物権を取得した者その他の第三者に対しても、「私は賃借人だから明け渡さない！」などと、賃貸借契約の存在を対抗（主張）できます（民法 605 条）。

しかし、賃貸借契約の登記をするにあたり、原則として、賃貸人には登記に協力する義務がないため、登記がなされていることがあまりありません。

そこで、借りている人を保護する借地借家法では、借地借家法の適用がある「土地」の賃貸借については、**借地上に所有する建物の登記**、「建物」については、その**引渡し**があれば、第三者に対抗できるとしています（借地借家法 10 条、31 条）。

プラスα

賃借権は債権です。債権は「特定の人」に「特定の請求」ができる権利なので、賃借している建物や土地の所有者が変わると、その新しい所有者に「貸しなさい」と請求できなくなるのが原則です。しかし、賃借権も登記しておけば、契約当事者以外の第三者にも、賃借していることを主張できるということです。

(3) 賃貸借の存続期間

民法上、賃貸借契約の存続期間は **50** 年を**超える**ことができず（＝ **50** 年以下）、これより長い期間を定めた場合、その期間は **50** 年に短縮されます。また、この期間は更新できますが、更新後の期間も **50** 年を超えることはできません（民法 604 条）。

この民法上の原則に対して、借地借家法では存続期間の特則があり、「借地」については **30** 年以上とされ、「借家」については 1 年以上であることが必要です。

用 語

「以上」と「超える」

法律上、「以」という文言が使われると、その数値を含む概念となる。つまり、「50 年以上」といえば、ジャスト 50 年も含む。他方、「超える」という表現はその数値を含まない。つまり、「50 年を超える」といえば、ジャスト 50 年は含まれない。

賃貸借契約における賃借人が、その賃借物について必要費を支出した場合、賃貸人に対して、**直ちに償還**を請求できる。賃貸借契約の終了時では**ない**。

(4) 賃貸借契約の更新

賃貸借の契約期間が満了した場合でも、当事者が合意をすれば、更新して賃貸借関係を存続させることができます。そして、賃貸借の期間満了後、賃借人が賃借物の使用収益を継続する場合に、賃貸人がこれを知りながら異議を述べないときには、前賃貸借と同一の条件でさらに賃貸借したものと推定されます。

また、借地借家法の適用がある賃貸借については、**賃貸人**からする更新拒絶は、**正当の事由**がある場合でなければ認められません（借地借家法 6 条、28 条）。この**正当の事由**の有無の判断は、賃貸人、賃借人双方の土地建物の使用を必要とする事情、借地借家契約の従前の経過（賃料滞納があったかどうかなど）、土地建物の利用状況、立退料の提供の有無を総合的に考慮して判断されます。

プラスα

この賃貸人からの更新の拒絶に、**正当の事由**が必要となる点は、過去に何度か出題されています。

(5) 賃貸借契約の終了

①原状回復《げんじょうかいふく》義務

賃貸借契約が終了した場合、賃借人は、賃貸人に目的物を**借りたとき**の原状（状態）に**戻して**、返還しなければなりません（民法 621 条）。これを原状回復義務といいます。例えば、建物の賃借人が、ある部屋に間仕切りなどを取り付けた場合、これを撤去して返還する行為です。

②建物買取請求権、造作《ぞうさく》買取請求権

借地権の存続期間満了に際して、借地契約の更新が認められなければ借地権は消滅します。すると、借地上に建物を有している場合、建物の所有者は、他人の土地に建物を建てておく権原《けんげん》を失ってしまいます。こうなると、借地人は建物を取り壊して土地を明け渡さざるを得ず、建物所有者にとっても社会経済的にも大きな損失です。

キーワードでCHECK!　原状回復義務　⇒

そこで、このような場合、借地権者は地主に対して、建物を買い取れと請求でき（借地借家法13条）、これを建物買取請求権といいます。建物買取請求権は単に請求できるというだけの権利（請求権）ではなく、権利が行使されたら地主は買取りを拒絶することが**できません**。それだけで建物の売買契約が成立することになります。

また、建物の賃借人は建物賃貸借終了の際、賃貸人の同意を得て備え付けた**造作**や、賃貸人から購入した造作を時価で買い取るべき旨を請求することができます（借地借家法33条1項）。ただし、造作買取請求権は、特約により排除することができます。

(6)「借主」による賃借権の譲渡・転貸

「賃借人」のほうは、賃貸人の**承諾**を得なければ、その賃借権を他人に**譲渡し**、または賃借物を**転貸**することができません（民法612条1項）。

また、賃借人がこの規定に違反して、第三者に賃借物の使用または収益をさせたときは、賃貸人は契約の**解除**ができます（同条2項）。

これは、賃借物の使用状態は誰が使用者であるかにより異なってくるため、賃貸人の利益の保護の必要性から定められたものです。しかし、使用者が変わっても、賃借物の使用状態が異ならない場合もあるので、賃借権の譲渡・転貸が賃貸人に対する背信行為とならないような特段の事情のある場合は、賃貸人の承諾がなくても解除できないと考えられています。

プラスα

左の建物買取請求権のように、権利者が行使すると相手方が拒否できない性質の権利を形成権《けいせいけん》といいます。

用語

造作

畳や建具、クーラーなど、建物に付属するもので、独立性のある物のこと。

用語

賃借権の譲渡

賃借人と譲受人との契約で、賃借人の権利義務をすべて譲受人に移転すること。

賃借物の転貸

賃借人が賃借物を第三者に貸すこと。一般に「また貸し」と呼ばれる。

賃貸借契約が終了した場合、賃借人は、借りていた目的物を**借りたとき**の原状（状態）に戻して、賃貸人に返還する義務がある。これを**原状回復**義務という。

3　請負《うけおい》契約・委任契約について

　労務提供型と呼ばれる契約には、建設会社による建物の建設や土木工事など、他人から注文を受けて仕事を完成させる「請負」や、目的物の売買をあっせんする、または他人のために労務を提供する「委任」などの契約がありますが、これらは重要なので確認していきましょう。

（1）請負契約とは

　ある仕事を完成することを当事者の一方（請負人）が約束し、相手方（注文者）がその仕事の結果に対して報酬を与えることを約束する契約を請負契約といいます（民法632条）。建築業者が注文主から依頼を受けて建物を建築したり、洋服の仕立てを依頼する契約などが請負契約の典型例です。

　請負人は、仕事を完成させるために適切な時期に着手し、約束した日までに仕事を完成させなければなりません。

①請負人の報酬

　請負人の報酬は、仕事の目的物の**引渡し**と**同時**に、支払わなければなりません。ただし、物の引渡しを要しないとき（演奏家の演奏や役者の出演）は、仕事の**完成後**に支払う**後払い**となります（民法633条、624条1項）。

プラスα

　いわゆる下請け、孫請けも原則として可能ですが、建設業法では、建設業者が「一括した」（丸投げ的）状態で別の者に請け負わせることを**禁止**しています（建設業法22条1項）。

キーワードでCHECK!　請負契約の解除　⇒

②請負契約の解除

請負契約について、仕事が**完成しない**間は、**注文者**は**いつでも**損害を賠償して、契約を解除することができます（民法641条）。注文者にとって不要となった仕事を完成させても無駄だからですし、請負人にしても損害を賠償してもらえば問題はありません。

これに対して、請負人から途中で契約を解除することは**できません**。請負人は仕事の完成を約束した以上、途中で放り出すことは**できません**。

③請負契約の契約不適合責任

仕事の目的物が請負契約の内容に適合しない場合、注文者は、売買契約等と同様に、請負人に契約不適合責任を追及することができます。具体的には、**履行の追完請求**、**報酬減額請求**、**損害賠償請求**、**契約の解除**です（94ページ以降参照）。

なお、仕事の目的物が建物その他土地の工作物であっても、**契約の解除**ができます。

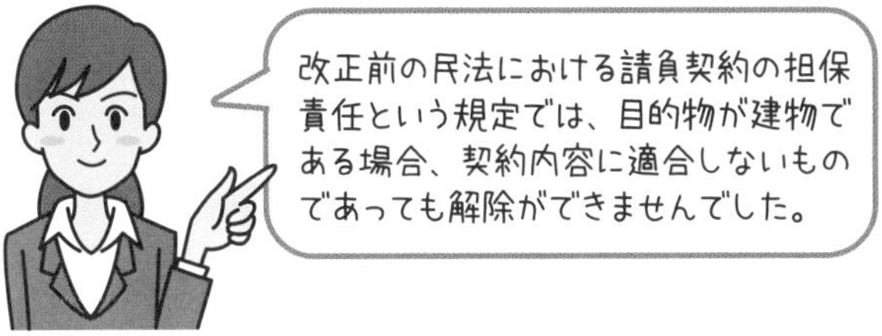

(2) 委任契約とは

委任契約とは、当事者の一方（委任者）が、法律行為（契約の締結など）をすることを相手方（受任者）に依頼し、相手方がこれを承諾することで成立する契約です。

CHECK

請負契約の契約不適合責任の「期間制限」も、売買契約等の場合と**同様**です。つまり、注文者が種類または品質に関する契約不適合の事実を**知った**時から**1年以内**に、その旨を請負人に**通知**しないときは、責任を追及できません（民法637条1項）。

請負契約における注文者は、仕事が**完成しない**間は**いつでも**損害を賠償して、解除できる。対して請負人は、請負契約の途中で解除することが**できない**。

①委任契約の効果

委任契約は、民法上は、原則として**無償**の契約ですが、特約で有償とすることができます（民法648条）。なお、商人がその営業の範囲内で委任契約を締結するときは、報酬の約束がなかったときでも、受任者は委任者に対して報酬を請求することが**できます**（商法512条）。

②受任者の義務

受任者は、委任の本旨に従い、**善良な管理者の注意**をもって委任事務を処理する義務を負います（民法644条）。これは特約で有償とした場合でも、無償の場合でも**同じ**です。

また、受任者は、委任者の請求があるときは、いつでも委任事務処理の状況を報告し、また、委任終了の後は遅滞なくその経過および結果を報告しなければなりません（民法645条）。

そして、受任者は、委任事務を処理するにあたって受け取った金銭その他の物を委任者に引き渡す義務を負い、受任者が委任者のために自己の名をもって取得した権利は、委任者に移転する義務を負います（民法646条）。

③委任契約の解除

委任契約は、委任者、受任者の**どちらからも**、**いつでも**解除することができます。委任とは本来当事者の信頼関係に基づいた契約ですから、この信頼関係がなくなれば、契約を存続させるべきではないということなのです。

ただし、相手方に**不利な時期**に**解除**した場合や、委任者がもっぱら報酬を得ることではない受任者の利益をも目的とする委任を解除した場合は、**やむを得ない事由**があったときを除いて、その損害を賠償しなければなりません（民法651条）。

用語

善良な管理者の注意

職務を行う専門家として、十分に注意を尽くして物事を行う義務のこと。

キーワードでCHECK! **委任契約における受任者の注意義務** ⇒

4 寄託契約について

寄託契約とは、当事者の一方がある物を保管することを相手方に委託し、相手方がこれを承諾することで、その効力を生ずる契約です（民法657条）。当事者の合意により契約が成立する**諾成**契約です。

（1）寄託契約成立の効果

寄託契約は、原則として**無償**の契約です。つまり、**無料**で預かってもらうのが原則形態とされています。結果として、受寄者は、特約がなければ**報酬**を請求できません。ただし、商法上では、商人がその営業の範囲内で行う場合や倉庫営業として行う場合は、**有償**の契約となっています。

（2）受寄者の注意義務

民法上の寄託の場合、無償寄託の場合には、**自己の財産に対するのと同一の注意**で済みますが（民法659条）、有償とする特約がある場合には、**善良な管理者としての注意**義務（**善管注意**義務）を負うことになります。

しかし、商法上の寄託の場合、受寄者となった商人は、有償・無償を問わずに、**善管注意**義務を負うことになります。

◆「民法」上での委任契約と寄託契約の注意義務

契　約	有償・無償	注意義務
委任契約	有償	善管注意義務
	無償（原則）	善管注意義務
寄託契約	有償	善管注意義務
	無償（原則）	自己の財産と同一の注意義務

CHECK

寄託契約とは、要するに物を「預かっておいてもらう」契約で、預ける側を**寄託**者、預かる側を**受寄**者といいます。なお、**寄託**者は、**受寄**者が寄託物を受け取るまでの間、契約の**解除**ができます。もちろん、**解除**により損害が発生すれば、**寄託**者は賠償することにはなります。

プラスα

自己の財産に対するのと同一の注意義務とは、善管注意義務より**軽い**注意義務です。人や物にもよるとは思いますが、自分の物については、細心の注意を払って利用しないのが通常なので、イメージはできると思います。

受任者に求められる注意義務は、**善良な管理者の注意**をもって委任事務を処理する義務である。これは契約が無償の場合でも**同じ**である（民法644条）。

一問一答で確認しよう！

□□□問 1　契約当事者間で合意した内容が法律の規定に抵触する場合は、常に法律の規定が優先し、合意の内容は無効となる。

□□□問 2　甲は乙にだまされて、自己所有の土地を時価の半額で乙に売却した。この場合、甲は乙からこの土地を譲り受けた善意・無過失の第三者である丙に対して、甲乙間の売買契約の取消しを主張することはできない。

□□□問 3　A は、自動車販売業者 B から中古自動車 X を購入した。本件売買契約が成立した後、B は自らの従業員 C を利用して X を引き渡す債務を履行した場合に、C が債務の本旨に従った履行をしなかったとき、B は、A に対して債務不履行による損害賠償責任を負うことはない。

□□□問 4　X が、自己所有の建物を Y に賃貸したが、Y が当該建物の保存に必要な費用を支出していた場合、賃貸借契約終了時になってはじめて、その支出した費用の全額の償還を X に対して請求することができる。

□□□問 5　X は、Y に対して自宅の新築工事を注文した。X は建物が完成する前であれば、Y の損害を賠償して請負契約を解除することができる。

正解　1×　2○　3×　4×　5○

1：法律の規定が**強行規定**であればこのようにいえるが、法律の規定には**任意規定**もあり、この場合には当事者の合意内容が**優先する**。

2：甲の意思表示は詐欺による意思表示であり、**取り消す**ことができる（民法 96 条 1 項）。しかし、民法 96 条 3 項により、**善意・無過失**の第三者に対しては、その**取消し**を**対抗できない**。

3：C は、B に代わって履行を行う**履行補助者**である。債務不履行での債務者の帰責事由の判断に際しては、履行補助者の事情も考慮される。したがって、履行補助者を利用した場合も**債務者 B** が A に対して債務不履行による損害賠償責任を負うことが**ある**。

4：賃借人が必要費を支出したときは、賃貸人に対して**直ちに全額**の償還を請求することができる（民法 608 条 1 項）。

5：**注文者**は、請負人が仕事を**完成させる前**であれば、**損害を賠償**していつでも契約を解除することが**できる**（民法 641 条）。注文者にとって不要となった工事を完成させることは無駄だからである。

予想問題にチャレンジ！

問題 各種契約に関する次の①～④の記述のうち、その内容が適切なものを１つだけ選びなさい。

① A 株式会社と B 株式会社との間で、A 株式会社に金銭を貸し付ける金銭消費貸借契約を締結した。この場合、利息について約定しない限り、B 株式会社は A 株式会社に利息を請求することができない。

② 無償の寄託契約を締結した場合、その受寄者の注意義務は自己の財産に対するのと同一の注意でよい。

③ 建物の賃貸借契約を締結した際には、その建物の登記がなければ賃借権を第三者に対抗できない。

④ 建物の賃貸借を受けた際に、賃借人がその建物の価値を増加させるような費用を支出したときは、賃貸人に直ちに償還を請求できる。

解答	

正解	②

① × 法定利息は、約定がなくても**請求することができる**（民法 404 条）。

② ○ 民法上の他者の財産に対する注意義務は、原則として善管注意義務だが、無償の寄託のみは**自己の財産と同一**の注意義務で済むことを覚えておこう（民法 659 条）。

③ × 建物の賃貸借契約を締結した際には、その建物の引渡しがあれば賃借権を第三者に**対抗できる**（借地借家法 31 条）。

④ × 建物の賃貸借を受けた際に、賃借人がその建物の価値を増加させるような費用（有益費）を支出したときは、**賃貸借契約の終了時**に償還を請求できる。これに対し、現状の価値を維持するための費用（必要費）を支出した場合は、直ちに償還を請求できる（民法 608 条）。

予想問題にチャレンジ！

問題　各契約に関する次の①～④の記述のうち、その内容が最も適切であるものを 1 つだけ選びなさい。

① 委任契約における受任者は、委任の本旨に従い、自己の物に対するのと同一の注意をもって委任事務を処理すれば足りる。

② 民法上、消費貸借契約は、書面でするか否かにかかわらず、当事者の一方が種類、品質および数量の同じ物をもって返還することを約することにより効力を生じる。

③ 寄託契約においては、特約を設けなかったとしても、受寄者は、寄託者から報酬を受ける権利を有する。

④ 委任契約では、原則として受任者は報酬を受ける権利を有しないが、商人がその営業の範囲内で委任契約を締結するとき、報酬の約束がなかったとしても、受任者は委任者に対して報酬を請求することができる。

解答 ＿＿

正解 ④

① ×　受任者の注意義務は、自己の物に対するのと同一の注意よりも**重い善管注意義務**である（民法 644 条）。これは有償無償を**問わない**。

② ×　民法上、**書面でしない**消費貸借契約は**要物契約**とされている（民法 587 条）。つまり、「約する」（約束する）だけでは**成立しない**。

③ ×　寄託契約は、原則として**無償**の契約であり、受寄者は特約を設けなければ報酬を請求**できない**。

④ ○　委任契約は、原則として**無償**の契約であり、受任者は特約なしに報酬を請求**できない**（民法 648 条）。しかし、商人がその営業の範囲内で委任契約を締結する場合は、特約なくして報酬を請求**できる**（商法 512 条）。

第3節 契約によらない債権・債務の発生

学習日 ／

第２節は「契約」によって当事者間に債権・債務が発生する場面を見てきましたが、契約がなくても債権・債務が発生する場合もあります。ここではこういったケースをまとめて確認していきます。

Ⅰ 不法行為について

重要度 ★★★

POINT

この第３節では、不法行為に関する出題がメインとなる。各不法行為のパターンとそれぞれの要件・効果をしっかり確認しておくこと。

1 不法行為とは

ここまで何度も出てきている用語ですが、不法行為とは、**故意**・**過失**によって他人を侵害した場合、加害者が被害者に対して、損害賠償責任を負うものです（民法 709 条）。

この加害者の損害賠償責任も立派な債務ですが、契約に基づくものではなく、他者を害したという事実に基づいて発生するものです。

2 不法行為の成立要件

不法行為が成立するためには、以下の５つの要件が必要となりますので、それぞれを確認していきます。

①**損害の発生**
②加害者の**故意**または**過失**による行為であること
③加害行為と損害との間に（**相当**）**因果関係**があること
④加害行為が**違法**であること
⑤加害者に**責任能力**があること

プラスα

不法行為の成立要件は、**被害者**が**証明**しなければなりません。これが**被害者**にとって不法行為に基づく損害賠償請求を行う１つのハードルとなっており、各種特別法により調整が行われています。

(1) 損害の発生

これは言葉のとおりで、何かしらの損害の発生が不法行為責任の前提となります。逆にいえば、何も損害が発生していないならば、損害賠償責任を負う理由はありません。

ただし、損害といっても種類があります。例えば、個人事業主AがBにケガを負わされた場合、その治療費といった現実の出費である**積極的**損害と、Aがケガにより仕事を行えず、本来であれば、その間にAが得ることのできた収入分である**消極的**損害も損害に**含まれ**、損害賠償の請求が**行えます**。

さらに、ケガのあとが顔に残ってしまい、それにより精神的苦痛(精神的損害)が発生した場合なども、損害に**含まれます**。

(2) 加害者の故意または過失による行為

上記の個人事業主AがBにケガを負わされた例でいえば、それだけで加害者のBに不法行為責任は発生しません。不法行為責任が発生するためには、加害者Bの加害行為に**故意**または**過失**がある必要があります。

いくらAに損害が発生したとはいえ、Bに何の落ち度もない場合、責任を負わせるのは酷であると考えておけばよいでしょう。

(3) 加害行為と損害との間の因果関係

不法行為が成立するためには、加害行為と損害との間の因果関係が必要となります。因果関係とは「A(原因)がなければ、B(結果)が生じなかった」という関係(条件関係という)をいいますが、ここでいう因果関係とは「その行為があれば、通常はその結果が発生したであろうと一般的に予見できる」関係(**相当因果関係**)を意味します。

プラスα

左の消極的損害は、得べかりし利益ともいいます。

プラスα

左の精神的苦痛に対する損害賠償請求のことを特に慰謝料請求ともいいます。

CHECK

「故意」とは、他人の権利や利益を侵害することを認識しながらあえて行うこと、「過失」とは、自分の行為の結果、他人に損害を与えることが予測できたのに、それを避ける注意をしなかったことです。

キーワードでCHECK! **相当因果関係** ⇒

つまり、「A（原因）がなければ、B（結果）が生じなかった」という単なる因果関係（条件関係）のみで不法行為が成立するとなると、先ほどの個人事業主AがBにケガを負わされた例でいえば、Bの親にも不法行為責任が成立しかねず（Bの親がいなければ、Aのケガも発生しなかった）、限りなく不法行為責任が拡大してしまうからです。

（4）加害行為の違法性

「違法性」という語感と少し異なりますが、要するに「違法」とは、“他人の権利が侵害されたこと”と考えてください。法律用語では、その語感と異なる意味で使用されるケースがありますが、これはその一例です。

なお、この要件に関連して正当防衛と緊急避難という話があります。先ほどの個人事業主AがBにケガを負わされた例で、BがAにケガを負わせたのは、実はAがBを襲おうとしたため反撃した…というような場合（正当防衛）の話です。つまり、確かにBにはAへの加害について故意があります。しかし、もともとはAが襲い掛かってきたのであれば、Bに責任を負わせるのは酷ですよね。この場合、Bには違法性がないとして不法行為が成立**しません**。

プラスα

違法性がなくなる事情を違《い》法《ほう》性《せい》阻《そ》却《きゃく》事《じ》由《ゆう》といいます。

◆正当防衛と緊急避難

正当防衛	①他人の不法行為に対して、自己の権利を守るために、不法行為者へ加害するケース。
	②他人の不法行為に対して、第三者の権利を守るために不法行為者へ加害するケース。
緊急避難	他人の「物」から生じた急迫の危難を避けるため、その「物」を損傷するケース。 他人の飼い犬に襲われたので、その犬にケガを負わせる場合など。

プラスα

民法上、飼い犬などのペットは飼い主の「物」として扱われます。

その行為があれば、通常はその結果が発生したであろうと一般的に予見できる関係のことを**相当因果関係**という。不法行為が成立する1つの要件となる。

(5) 加害者の責任能力

責任能力とは、自分のした行為がどのような結果をもたらすかを予測でき、それを回避できる能力です。この能力を欠く者を責任無能力者といいますが、この責任能力の有無については、ケースごとに判断されます。例えば、通常の社会人であっても、泥酔状態にあれば責任無能力者と判断される可能性もあるということです。

なお、未成年者について、判例は概ね 11 ～ 12 歳（小学校卒業前後）を基準に責任能力の有無を判断していますが、注意してほしいのは、未成年者であったとしても、その未成年者に責任能力が認められれば、その未成年者に不法行為責任が**成立する**ということです。

そして、加害者にこの責任能力がない場合、その加害者に不法行為責任は成立**しません**（民法 712 条、713 条）。ただし、もしその加害者が未成年者等で、その者に親権者や後見人などがいて、その親権者の**監督義務違反**が問えるのであれば、その**監督義務違反**を理由として、その親権者等に不法行為責任を問うことが可能です（民法 714 条）。

3 損害賠償の方法

「損害賠償」というくらいなので、お金を支払うというイメージはあると思いますが、この点も民法に規定があり、損害賠償は**金銭**によるのが原則とされています（**金銭賠償**の原則、民法 722 条 1 項）。

ただし、名誉毀損の事例など、お金をもらっても損害が回復できない場合には、被害者の請求によって、新聞に謝罪広告を掲載する（原状回復）ことが裁判所から命じられることもあります。

プラスα

一般論として、およそ 11 ～ 12 歳になっていれば責任能力が認められる傾向にあるということで、個別具体的な事例で否定されることもあります。

プラスα

不法行為に基づく損害賠償請求権の消滅時効は、原則として、被害者またはその法定代理人が**損害および加害者**を知った時から **3 年**です（民法 724 条 1 号）。被害者であれば**損害**の発生は当然わかりますが、被害者保護のため**加害者**も知った時から起算します。ただし、人の生命・身体を害する不法行為に基づく損害賠償請求権の消滅時効は、**損害および加害者を知った時**から **5 年**です（民法 724 条の 2）。なお、不法行為時より **20 年**間行使しないときも消滅します（民法 724 条 2 号）。

キーワードでCHECK! **損益相殺** ⇒

4　損害賠償額の算定について

先述のとおり、損害賠償は原則として金銭で支払われますが、そうなると次に、どのようにその額を決定するのかが問題となります。この点、損害賠償額の調整について損《そん》益相殺《えきそうさい》と過失相殺《かしつそうさい》という話がありますので、以下に確認していきます。

(1) 損益相殺とは

被害者が不法行為によって損害を受けた一方で、何らかの利益も受けた場合、損害賠償請求額から、その受けた利益分を差し引くことを**損益相殺**といいます。

先ほどの個人事業主 A が B にケガを負わされた例でいえば、A が運悪く死亡してしまった場合、A が得られたであろう収入分の損害額は大きくなりますが、A は生活費の支出がなくなりますので、その生活費相当分が損害賠償額から差し引かれるようなケースです。

なお、この場合に A が任意で加入していた生命保険金や傷害保険金は、**損益相殺**の対象に**なりません**。これらの保険金は A の保険料の支払に基づくものだからです。

プラスα

さらに A の遺族が受ける香典などについても対象になりません。

(2) 過失相殺とは

不法行為を受けた被害者にも一定の過失（落ち度）があり、それが損害発生や拡大の一因となっていた場合、その被害者の過失（落ち度）分を損害額から差し引くことを**過失相殺**といいます（民法 722 条 2 項)。

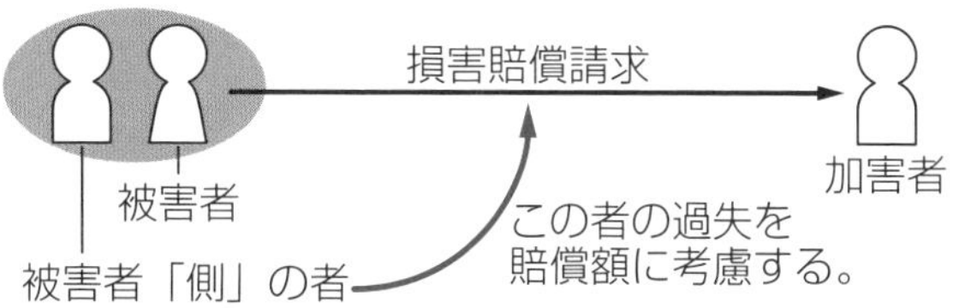

不法行為によって損害を受けた被害者が、同時にそれにより利益も受けた場合、損害賠償請求額から、その受けた利益分を差し引くことを**損益相殺**という。

この過失相殺には、注意点が２つあります。

まず１つ目の注意点が、被害者の過失も考慮するということは、「被害者」にも責任能力が必要か？…という点についてですが、これは**不要**です。

その代わり、被害者には**事理弁識《じりべんしき》能力**が必要とされています。つまり、被害者が幼児で**事理弁識能力**も備わっていない場合、その幼児の過失も考慮しよう…というのは無理があるということです。

用 語

事理弁識能力
物事のよしあしが判断できる能力のこと。５～６歳（小学校入学前後）が１つの基準とされている。

覚えよう！ | 責任能力と事理弁識能力

①不法行為が成立するために、
「加害者」に必要な能力が……**責任能力**！

⬇

②不法行為が成立する場合に、損害賠償額の調整として過失相殺を行うために「被害者」に必要な能力が……**事理弁識能力**！

そして、もう１つの注意点は、被害者「自身」には上記の**事理弁識能力**がなかったとしても、被害者と一体と評価できる、いわば被害者「側」の者の過失があるときは、この者の過失も考慮されるという点です。

例えば、夫Ａの運転する自動車に妻Ｂが同乗中、第三者Ｃの過失によって、第三者Ｃの運転する自動車と衝突して、妻Ｂがケガを負ったとします。これには妻Ｂに対するＣの不法行為責任が発生しますが、被害者である妻Ｂ「側」の人間である夫Ａの運転にも過失がある場合、その夫Ａの過失が、妻Ｂへの損害賠償額について**考慮される**ということです。

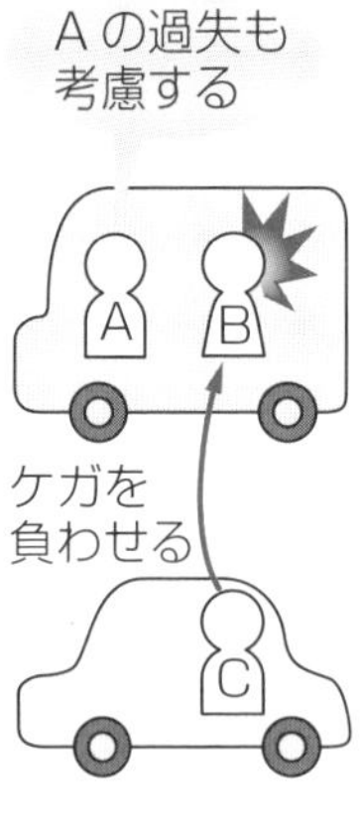

キーワードでCHECK! **事理弁識能力** ⇒

5　特殊な不法行為について

ここまで見てきた不法行為の話は、民法709条に基づく原則的な不法行為形態の話でした。しかし、民法はこの他にも特殊なパターンの不法行為規定を置いているので、それらを確認していきます。

プラスα

民法709条に基づく原則的な不法行為のことを一般不法行為とも呼びます。

(1) 使用者責任について

特殊な不法行為の代表例といえるものが使用者責任です。例えば、A会社の従業員Bがその「**事業の執行**について」他人に損害を与えた場合、不法行為を行ったBだけではなく、そのBを使用する**A会社**にも不法行為責任を負わせる規定です（民法715条）。

プラスα

使用者責任が成立する前提として、行為者自身に一般の不法行為責任が成立する必要があります。

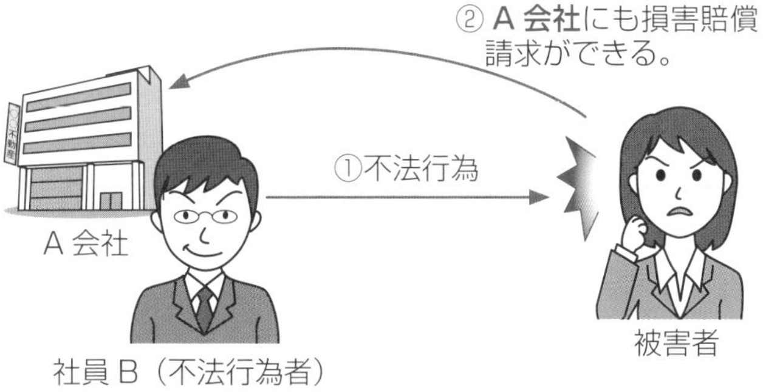

つまり、Bが他人に損害を与えた行為は、A会社の「**事業の執行**について」行った行為に基づく以上、**A会社**にも責任の一端を負わせるべきですし、責任を負担する者が多いほうが被害者保護に資するからです。

ただし、使用者としては、被用者（従業員など）の選任およびその事業の監督について、相当の注意をしたことなどを証明すれば、**責任を免れる**ことができます。また、使用者が被害者へ損害賠償を支払った場合、行為を行った被用者へ一定限度の求償を行うことは**できます**（同条3項）。

物事のよしあしの判断ができる能力のことを**事理弁識能力**という。通常5～6歳であれば、この能力を有すると考えられている。

(2) 土地工作物責任について

これは建物などの土地工作物の管理等が甘かったなどで、その外壁が崩れるなどして他人に損害を与えた場合、その土地工作物の占有者（管理人や賃借人など）か、所有者が損害賠償責任を負うものです（民法 717 条 1 項）。

“占有者か所有者”というのは、土地工作物の欠陥で他人が損害を被った場合、第一次的に責任を負うのは**占有者**ですが、その**占有者**に土地工作物の管理に対する落ち度がなかった場合、**占有者**の責任は免除され、その場合、第二次的に**所有者**が責任を負うことになるということです。そして、この**所有者**の責任は**無過失**責任です。

(3) 監督義務者の責任について

これは 114 ページで触れた話です。他人に損害を与えた者に責任能力がなかった場合、その者には不法行為責任が成立**しません**が、この者の親権者や後見人などの監督義務者に**監督義務違反**があれば、これを元に**監督義務者**が損害賠償責任を負うものです（民法 714 条）。

(4) 製造物責任について

例えば、子どもが玩具の欠陥によりケガを負った場合など、その製品の製造者（メーカー）等が負う責任のことを**製造物責任**といいます。

本来、不法行為責任が成立するためには、製造者に故意・過失があることを被害者が立証しなければなりませんが、その証明は困難であるため、製品に**欠陥があること**を証明できれば、損害賠償請求ができるとする**製造物責任法**（PL法）が民法の特別法として定められています。なお、この法律にいう製造物とは、製造・加工された**動産**のことをいい、不動産やサービスは**含まれません**。

CHECK

占有者の責任は免除されることがありますが、**所有者**の責任は免除されない点は注意しましょう。

CHECK

不法行為者が未成年者であっても、**責任能力があれば**、その未成年者は不法行為責任を**負います**。

プラスα

製造物責任法は、製造物により、あくまで「他人」の権利を侵害した場合に適用され、その「製造物自体」の損害（壊れた等）については適用されません。

プラスα

製造物の欠陥とは、当該製造物が通常有すべき安全性を欠いていることをいいます。

キーワードで CHECK!　**土地工作物責任を負う者　⇒**

(5) 共同不法行為責任について

共同不法行為責任とは、要するに不法行為者が複数いる場合です。しかし、例えばABの2人が共同してCにケガを負わせた場合、不法行為責任の原則的な考え方からすれば、Aの加害部分とBの加害部分を分けて考え、CはABそれぞれ別々に被害額を請求しなければなりません。ところが、どのケガがAの行為に基づくもので、どのケガがBの行為に基づくものといった判別は通常つきません。

そこで、このような場合、CはABのどちらか**一方**に対しても、また**全員**に対しても、被害額の**全額**を請求できるとした規定が共同不法行為責任です（民法719条1項前段）。つまり、不法行為者が複数いる場合、各自が損害賠償債務について**連帯責任**を負うということです。

プラスα

2つの会社が廃液を河川に流していたことで健康被害が出たとします。廃液により被害が出ていることは確かですが、どちらの会社の廃液が原因か、また、どのくらいの割合で原因となっているか不明な場合もあります。この場合、2つの会社ともに**連帯責任**を負わせる規定です。

(6) 失火《しっか》責任について

いわゆる火事のうち、過失で火災を発生させるケースのことを失火といいます。日本では木造家屋が多く、自らの家に火災を発生させてしまった場合、近隣の家屋に延焼《えんしょう》して、損害額が膨大になってしまうことがありえます。

そこで、失火責任法という民法の特別法が制定され、火災による延焼被害について、故意の場合は当然責任を負いますが、**重大な過失**に基づく場合に限り、不法行為責任を負うとして、責任を緩和しています。

(7) 運行供用者《うんこうきょうようしゃ》の責任について

不法行為責任の多くが自動車事故に関するものですが、自動車事故については、被害者救済を目的として自動車損害賠償保障法（自賠法）が定められています。

この自賠法では、運行供用者が他人に自動車の運転をさせていた場合でも、事故を発生させてしまえば、**運行供用**

用語

運行供用者

自動車の保有者で、所有者や賃借人など自動車使用の正当な権限を有する者のこと。

土地工作物の欠陥で他人が損害を被った場合、第一次的に責任を負うのは**占有者**であり、その者が**免責**された場合、第二次的に**所有者**が**無過失**責任を負う。

者は免責三要件を証明しなければ責任を負う旨が定められています。

Ⅱ 事務管理《じむかんり》と不当利得について

重要度 ★

POINT

事務管理と不当利得についての出題はあまり確認されていない。一読して理解できれば十分だが、念のため、赤字部分は押さえておこう。

1 事務管理とは

契約のない当事者間に債権債務が発生する原因として、事務管理と不当利得というものもあります。

事務管理とは、法律上の義務がないのに、他人のためにその他人が行うべき事務を行った場合、かかった費用等を請求できる権利です（民法 697 条）。隣人の留守中に届いた着払の荷物を受け取って、代金を立て替えたような場合です。

事務管理が成立すると、事務管理に要した費用をその他人（本人）に請求できますが（民法 702 条 1 項）、あくまで事務管理に要した費用の話で、管理者は報酬の請求まで**はできません**。なお、管理者がその事務の管理中に負う注意義務は、**善管注意義務**とされています。

2 不当利得とは

不当利得とは、法律上の原因なく利益を受け、その代わり、他人が損失を被っている状態をいいます（民法 703 条）。

利益を受けている者を受益者、損失を被っている者を損失者といい、受益者はその利益を損失者に**返還**する義務を負います。要するに“棚からぼたもち”状態である場合、受益者は、その“ぼたもち”を損失者（本来得る者）に**返**

プラスα

免責三要件とは、①自己と実際に運転していた運転者が、自動車の運行に関し注意を怠らなかったこと、②被害者又は運転者以外の第三者に故意又は過失があったこと、③自動車に構造上の欠陥又は機能の障害が無かったこと、です。

プラスα

事務管理の成立要件としては、①管理者に法律上の義務がないこと、②管理者に本人のためにする意思があること、③管理者が他人のために事務の管理を始めること、④管理者の行為が本人の利益か意思に合致することが求められます。

プラスα

不当利得は、契約の取消し等があった後の清算のような側面を有します。例えば、売買契約が取り消された場合、売主と買主は、目的物や代金を有する法律上の原因がなくなります。各自が目的物や代金を返還する義務を法律的にいえば、不当利得が原因となるということです。

キーワードでCHECK! 不法原因給付 ⇒

還するということです。

(1) 受益者が返還すべき利益の範囲

前ページで述べたように、受益者は“棚からぼたもち”状態で得た利益を、損失者に返還すべき義務を負います。ただし、受益者がその利益を受けることにつき、法律上の原因がないことについて善意である場合は、**現に利益の存する限度**（**現存《げんぞん》利益《りえき》**）の範囲でのみ、損失者に利益を返還する義務を負います（民法 703 条）。

つまり、もうその利益が手元に残っていない場合は、返還する必要が**ありません**。

他方、受益者が悪意である場合は、その受けた利益に**利息**を付けて損失者に返還し、さらに損失者に**損害**がある場合は、その**賠償**を行う必要があります（民法 704 条）。

プラスα

ただし、受け取った利益に代わるものがあれば、現存利益はあると判断されます（例えば、利益を借入金の返済に充てた場合に、支出をしないで済んだ財産）。

(2) 不法原因給付

これも不当利得制度の 1 種とされていますが、賭博や違法薬物に使うためといった不法な原因のために金銭等を給付した場合、給付者は給付物の返還を請求**できません**（民法 708 条本文）。これを不法原因給付といいます。

そもそも、公序良俗に反する契約等は無効です（民法 90 条）。例えば、賭博に使うための金銭を贈与する契約を行い、実際に金銭を贈与した場合、この贈与契約は無効であるため、本来であれば、給付者は不当利得に基づいて、受益者にその金銭の返還請求ができるはずです。

しかし、この返還請求を認めてしまうと、その公序良俗に反する契約を行った給付者の返還請求を、法律が手助けしてしまうことになるため、このような返還請求は**認められません**。

プラスα

不法な原因が**受益者のみ**に存する場合は、給付者の返還請求が認められます（民法 708 条但書）。

不法な原因のために給付を行った者（給付者）について、給付物の**返還請求**ができ**なくなる**ことを不法原因給付という。

一問一答で確認しよう！

□□□**問 1**　不法行為は、損害が発生したこと、加害行為と損害との間の因果関係があること、加害行為が違法であること、加害者に責任能力があることを要件に成立する。

□□□**問 2**　不法行為の成立要件として必要な因果関係は、原因がなければ、結果が生じなかったという条件関係である。

□□□**問 3**　責任能力とは、自分のした行為がどのような結果をもたらすか予測し、それを回避するために必要な行動をとることができる精神的能力のことである。

□□□**問4**　損害賠償額の調整の方法としては、被害者が不法行為によって損害を受けた一方で、何らかの利益も受けた場合、損害賠償請求額から、その受けた利益分を差し引く過失相殺がある。

□□□**問 5**　X と Y が共同して Z に暴行を加え負傷させた場合、X および Y は、Z に対して、連帯して損害賠償責任を負う。

□□□**問 6**　事務管理を行った者は、本来その事務を行うはずだった者（本人）に対して、報酬の請求ができる。

正解　1×　2×　3○　4×　5○　6×

1：加害者に**故意**または**過失**があることも必要である。

2：不法行為の成立要件として必要な因果関係は、「その行為があれば、通常はその結果が発生したであろうと一般的に予見できる」関係である**相当因果関係**を意味する。条件関係のみだと損害が無限に拡大する可能性があるためである。

3：**本問の記述のとおり**。なお、過失相殺において必要な**事理弁識能力**（物事のよしあしが判断できる能力）とは区別しておくこと。

4：本問は**損益**相殺に関する記述である。**過失**相殺とは、不法行為を受けた被害者にも一定の過失（落ち度）があり、それが損害発生や拡大の一因となっていた場合、その被害者の過失（落ち度）分を損害額から差し引くことをいう（民法 722 条 2 項）。

5：本問のような共同不法行為の場合、加害者は**連帯**して損害賠償責任を**負う**。

6：事務管理者に報酬請求権は**認められない**。

予想問題にチャレンジ！

問題　債権に関する次の①～④の記述のうち、その内容が適切なものを 1 つだけ選びなさい。

① 未成年者に暴行を受けたが、その加害者が責任能力すら備えていない場合には、被害者は誰に対しても不法行為責任を問うことができない。

② 火事を発生させ、近隣の家屋に延焼させ損害を与えた場合は、不法行為になるので、重大ではない過失があった場合にも責任を負う。

③ 不当利得であったことを知らずに、利益を受け取り、その利益がすでに手元にない場合であっても、その返還請求を受けた場合には、返還しなければならない。

④ インターネット上の書き込みで他者の名誉を毀損し、それが不法行為となる場合、書き込みをした者は、名誉毀損によって受けた精神的苦痛に対して慰謝料という金銭を支払う責任を負う。

解答	

正解	④

① ×　責任能力のない未成年の加害者に親権者や後見人などがいて、その親権者の**監督義務違反**が問える場合、その親権者などに**不法行為責任**を問うことができる（民法 714 条）。

② ×　火事により他者に損害を与えた場合には、**故意または重大な過失**があった場合にのみ不法行為責任を負う、と民法の規定が特別法により修正されている（失火責任法）。

③ ×　法律上の原因がないことについて善意である場合は、不当利得は現に利益の存する限度（**現存利益**）の範囲でのみ、損失者に利益を返還する義務を負う（民法 703 条）。

④ ○　不法行為を構成する以上、書き込みをした者は**損害賠償責任**を負い、民法は損害賠償は**金銭**によることを原則としている（民法 709 条、722 条 1 項）。

予想問題にチャレンジ！

問題　不法行為に関する次の①～④の記述のうち、その内容が最も適切でないものを１つだけ選びなさい。

① ＡがＢに暴行を加え負傷させた場合、Ｂが現実に支出した治療費等だけではなく、Ｂが仕事を休んだことにより得られなかった額についても不法行為に基づく損害賠償責任を負う。

② ３歳児のＡが親権者Ｂと公園で遊んでいたところ、Ａの投げた石がＣに当たって負傷した。この場合、ＡはＣに対して不法行為に基づく損害賠償責任を負わないが、Ｂは原則として、民法の監督義務者等の責任の規定に基づいて、Ｃに対して損害賠償責任を負う。

③ Ｘが飼い犬と散歩していた際、その犬がＹに襲いかかったので、Ｙはその犬への反撃行為を行い負傷させた。この場合、ＹはＸに対して損害賠償責任を負わない。

④ Ｘ社が所有し使用しているビルの外壁が崩落し、隣接するＹ所有の建物を破損させた場合、Ｘ社は当該外壁の崩落につき過失がある場合に限り、Ｙに対して損害賠償責任を負う。

解答	

正解	④

① ○　不法行為責任における損害には、現実的な出費である**積極的**損害のみならず、その損害がなければ得られるはずだった**消極的**損害も含まれる。

② ○　本問のＡは３歳児であり**責任能力**がないので、不法行為（損害賠償）責任を**負わない**。しかし、ＢはそのＡに対する監督義務違反を理由に、不法行為（損害賠償）責任を**負う**。

③ ○　本問は**緊急避難**のケースであり、ＹはＸに損害賠償責任を**負わない**。

④ ×　本問は土地工作物責任についての問題であるが、所有者の責任は**無過失責任**であり、当該ビルを「所有」しているＸ社は過失がなくてもＹに対して損害賠償責任を**負う**（民法 717 条１項）。

第３章
債権の管理と回収

第1節 通常の債権の管理

学習日 ／

頻出度 B

この章では債権の管理について確認しますが、ここでの債権は代金債権をイメージしましょう。つまり、他者に譲渡するなどで現金化して、資金調達の手段として使用できる債権です。

Ⅰ 日常的な債権の管理

重要度 ★★

POINT

各種債権の消滅事由は比較的よく出題される。相殺が最も出題されるが、他の事由も押さえたい。時効制度も割とよく出るので、しっかり押さえておこう。

1 債権の存在確認と債権の消滅事由

あまり考えたことがないかもしれませんが、私たちが債権を回収するにあたっては、そもそもその債権が存在しているかどうかを確認する必要があります。例えば、契約に何らかの問題があって、契約自体が無効になっていたため、債権が存在していないようなケースがあるからです。

そこで、そもそも、どのような場合に債権が消滅するのかを確認しておきましょう。

(1) 内容の実現による消滅

①弁済

借りたお金を期日どおりに返すケースなど、債務者が、**債務の本旨《ほんし》**どおりに債務を履行することです。そして、債務者は、債権者に対し債務の一部でも弁済をするときは、弁済と引換えに、そのことを証する**受取証書**の交付を債権者に請求することができます。これはいわゆる領収書をイメージすればよいでしょう。後で弁済を受けていないとい

用 語

債務の本旨

弁済すべき時、場所において、契約した債務の内容どおりの提供をすること。

キーワードでCHECK! 代物弁済 ⇒

われた際に、支払ったと証明する手段になります。

②代物弁済《だいぶつべんさい》

代物弁済とは、弁済者と**債権者**との**契約**で、本来の給付の代わりに、他の形で給付をすることで債務を消滅させることです。例えば、借金を返す代わりに、同等の価値がある骨董品を引き渡すケースなどです。

③ 供託《きょうたく》

債務者が何かしらの理由で、直接債権者に支払等ができない場合、金銭等を供託所というところに**寄託《きたく》**することで、債務を免れることを**供託**といいます。例えば、債権者が借金の返済の受領を拒んだ場合、供託所に寄託することで、債務者は債務を免れます。

(2) 内容の実現が「不能」であることによる債権の消滅

例えば、売買契約の目的物となっていた家屋が地震で倒壊し、売主が買主に引き渡せなくなるなど、履行が不可能となった場合です。この場合、そもそも履行が実現不能となるので、債権は消滅します。

(3) 内容の実現が「不要」となったことによる消滅

①相殺《そうさい》

相殺とは、債務者が債権者に対して、債権を有している場合、両者の債権を**対当額**で消滅させることです。例えば、A が B に対して 1 億円の借金がある一方、B も A に対して別途 2 億円の借金をしている場合、**対当額**の範囲で互いの債権債務を消滅させます（民法 505 条 1 項）。

プラスα

代物弁済の場合にも、債務者は**受取証書**の交付を債権者に請求できます。

用 語

寄託
預けること。

本来の債務の給付の代わりに、他の形で**給付**することで債権を消滅させること。後ほど出てくる更改との違いは意識しておこう。

◆**相殺の例**

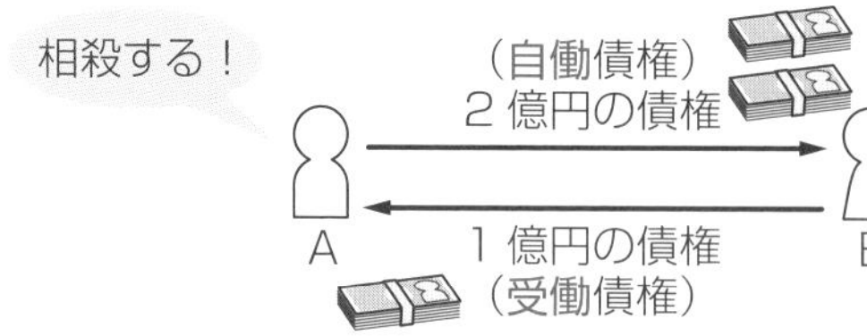

この場合、AB ともに 1 億円の範囲で債権債務が消滅する。

上の図でいえば、相殺の意思表示を**行う** A が有している債権を**自働**《じどう》債権、その相手方が有している債権を**受働**《じゅどう》債権といいます。もちろんこれは、お互いの債務が金銭債務という**同じ種類**の債務だから行える方法で、例えば、A が B に対して有する債権が、建物の引渡請求権であった場合など、異なる種類の債権債務間では相殺**できません**。

また、相殺を行おうとする A の債権（＝ B の債務）の履行期が到来していない場合、A が相殺してしまうと、B は履行期の前に弁済をした形になります。そこで、相殺を行うには、**互いの**債務の**履行期**が**到来**していることが必要です。

ただし、B の債務が履行期前であっても、相殺してもらって構わないと思えば（**期限の利益**の**放棄**といいます）、相殺は可能です。

覚えよう！｜自働債権と受働債権

相殺の意思表示を行う側が持っている債権が
……**自働債権**

相殺の意思表示を行われる側が持っている債権が
……**受働債権**

プラスα

相殺を行うためには、2 つの債権が相殺するのに適した状態である必要があり、これを**相殺適状**《そうさいてきじょう》といいます（民法 505 条）。この要件としては、①双方の債権が**同種**の目的を有すること、②双方の債務が**弁済期**にあること、③債権が**対立**していること（互いに向き合っている）です。

用 語

期限の利益

もし皆さんが 1 か月後に 1,000 万円を支払わねばならない債務を負っている場合、支払わなくてよい 1 か月間は「期限の利益」になる。もちろん、1 か月後に支払わねばならないが、その 1 か月間は 1,000 万円を運用する等、自由に使用できる利益がある。

プラスα

期限の利益は放棄できますが、**相手方の利益**を害する場合は、原則として、できません。

キーワードで CHECK! 免除／混同 ⇒

②更改《こうかい》

更改とは、新規に別の債務を成立させることで、前の債務を消滅させることです。例えば、XがYに借りていた100万円について、この債務の履行の代わりに、XがYに値打ちのある骨董品の譲渡を行うという新たな債務を成立させることで、返済をなしとするケースです。

プラスα

更改は、代物弁済と似ていますが、代物弁済は別の「給付」を行うことで、債務を消滅させることです。更改は、別の「債務」を成立させる点に違いがあります。

③免除《めんじょ》

債権者が債権を**無条件**で消滅させることで、まさに債権者の一存で、債務を消滅することです。貸していた金銭の返却を不要と通告するケースなどです。“債権者の一存”で消滅するので、免除の際に債務者の承諾は**不要**です。

CHECK

免除について、債務者の同意が**不要**である点は、過去問でも問われたことがあります。

④混同《こんどう》

債権者と債務者が**同一人**となることで、債務が消滅するケースを**混同**といいます。例えば、父親から金銭を借りていた子が、父を相続したことで返済する義務が消滅するケースなどで、相続の際に生じることが多いです。

(4) その他の債権消滅事由

①消滅時効

債権者がその権利を行使しようとしない状態が一定期間続いた場合に、その権利が消滅することを**消滅時効**といいます。例えば、貸していた金銭について、貸主が借主に対して一定期間、返済を要求しなかった場合、その金銭債権は消滅してしまいます。ただし、しっかり返済したいと考える債務者もいることにも配慮し、一定の時間経過で自動的に完全に債務が消滅するわけではなく、時効制度を利用する意思表示（**時効の援用《えんよう》**という）を行わなければ、債権債務は消滅しません。

プラスα

時効の援用は裁判外で行っても認められます。具体的には、時効が成立したことを知らせる内容証明郵便があります。内容証明郵便とは、誰が、誰宛てに、いつ、どんな内容の手紙を出したのかということを郵便局が公的に証明する郵便です。

債権者が債権を**無条件**で消滅させることを**免除**といい、債権者と債務者が**同一人**となることで、債務が消滅するケースを**混同**という。

②契約の解除

債務不履行等によって、債権者が契約の破棄を意思表示することです。業務を発注したにもかかわらず、業者が一向に着手する気配がないことから、契約を解除するケースなどがこれにあたりますが、当然、債務も消滅することになります。この解除によって、契約は**当初からなかった**ものとして、**遡って**消滅します。

プラスα

契約の効力などが遡って消滅することを遡《そ》及《きゅう》効《こう》とも呼びます。

③法律行為の取消し

上記の解除と似ていますが、**制限行為能力者**が行った法律行為などについて、遡及的になかったものとすることを「取消し」といいます。未成年者である子が、その父親の代理人と称して父親の不動産を売却しようとしましたが、後にこれを知った父親が、この売買行為を取り消すようなケースです。

用 語

制限行為能力者

民法上、単独では完全な法律行為を行うことのできない者のこと。未成年者、成年被後見人、被保佐人、被補助人が該当する。

2　時効について

時効とは、一定の事実状態が所定の期間を超えて継続して、定着してしまったような場合、その現状を事実関係として認定することで法律関係を安定させようとする制度です。長い間、特定の事実が存在する場合、実際のところは別として、権利関係もその事実どおりにしてしまおうという制度です。時効制度には、次の要点がありますので、ここは押さえておきましょう。

プラスα

今まで見てきた債権の消滅事由の中でも「消滅時効」は重要です。そこで、ここでは、そもそも時効制度とは何か？…といった点から確認します。

（1）時効の種類について

時効には、取得時効と消滅時効の２つがあります。取得時効は、時間の経過で権利を「得る」パターン。消滅時効は「失う」パターンとのイメージでよいでしょう。

キーワードで CHECK!　**時効の援用《えんよう》**　⇒

①取得時効

本当は、権利を主張する法的な根拠がないにもかかわらず、正当な権利者として自己の権利を主張し続けていた者に、その権利を認定するものです。例えば、他人の土地に無権利のまま住み続けることで、その土地が自分のものであると主張するケースです。

プラスα

取得時効の成立には、ただ単に他人の物を占有しているだけでは足りず、「所有の意思」（自分の物であると思う）が必要とされます。また、取得時効には最低でも10年間の占有が必要となります。

②消滅時効

これは先ほど確認しましたが、自分の権利を一定の期間主張しないことで、権利が消滅するものです。他人に金を貸していた人が、その後、全く返済を督促《とくそく》せずに所定の期間を経過した場合、時効によりその債権は消滅して、債権者は債務者への貸金の返還を要求できなくなります。

(2) 時効の援用

これも先ほど触れましたが、ただ単に時間の経過のみで、完全に権利を取得したり、失ったりはしません。最終的には、取得時効であれ、消滅時効であれ、時効が成立したことを主張して、利益を受ける者がその旨の意思表示をすること（**時効の援用**という）が必要です。

(3) 時効の完成猶予と時効の更新

ここまで述べてきたように、一定期間の経過で権利が発生したり（取得時効）、消滅したり（消滅時効）しますが、それで不利益を受ける人は黙って見ているわけにはいきません。

取得時効を例にすれば、ある土地について、本来の権利者であるAが利用していないことをよいことに、Bがその土地を何かしらの理由で自分の土地だと信じて、居座っていたとします（次ページの図参照）。この場合、Bがその土

プラスα

「時効の完成猶予」と「時効の更新」は、2020年4月1日施行の改正民法（債権法）に基づく制度であり、その前はそれぞれ「時効の停止」「時効の中断」と呼ばれていた制度です。

取得時効であれ消滅時効であれ、時効の完成後に、時効が成立したことを主張して**利益を受ける**者が、時効完成の**意思表示**をすることをいう。

地に 10 年または 20 年居座ると、その土地は本当に B の土地となってしまいます。これでは A はたまったものではありません。そこで、取得時効の完成を猶予する**時効の完成猶予**という制度があります。

これは、取得時効でいえば、本来の権利者が「それは私の土地だ！」と**裁判上の請求**などをすることで、消滅時効でいえば、権利を有する者が「履行しなさい！」と**裁判上の請求**などをすることで、時効の完成が猶予されます。

そして、「裁判上の請求」のような時効の完成と進行をくつがえすような事実が終了した時点から再度、時効の進行がスタートするとするのが、**時効の更新**です。

CHECK

確定判決によって権利が確定したときや債務者が債務（権利）を**承認**したときは、その時から新たに時効が進行することになります（時効の更新、民法 147 条 2 項、148 条 2 項、152 条 1 項）。

◆取得時効の完成猶予の例

なお、「請求」といっても、訴訟提起などの「裁判上の請求」と、単に請求書を送るだけといった請求は、法律上“別もの”と考えましょう。後者は**催告**と呼ばれ、この**催告**を行うと、その時から **6 か月間**だけ、時効の完成が猶予されることになります（民法 150 条 1 項）。

一問一答で確認しよう！

□□□**問 1**　民法上、債務者は、弁済を受領する者に対して、その弁済と引換えに債権証書の交付を請求することができる。

□□□**問 2**　時効の成立により、その利益を受けようとする者がその旨の意思表示を行うことを時効の援用という。

□□□**問 3**　債権者である A が、その債務者である B に対する債権について免除しようとする場合、事前に B の承諾を得る必要がある。

□□□**問 4**　A 社は B 社に対して、履行期の到来していない代金債権を有し、B 社は A 社に対して、履行期の到来した代金債権を有している場合、A 社は、この両債権について相殺をすることができない。

□□□**問 5**　A 社は B 社に対して、履行期の到来している代金債権を有し、B 社は A 社に対して、履行期の到来していない代金債権を有している場合、A 社は、この両債権について相殺をすることができない。

正解　1×　2○　3×　4○　5×

1：**債権**証書ではなく、**受取**証書である（民法 486 条）。なお、本文中の解説には出てこないが債権証書とは、債権があることを証明する書面であり、この債権に関する証書がある場合、弁済をした者が全部の弁済をしたときは、債権者にその証書の返還を請求することができる（民法 487 条）。

2：時効の援用とは、時効の成立により、その**利益**を受けようとする者がその旨の**意思表示**を行うことである。

3：債務の免除は、債権者が**一方的**な意思表示により行い、債務者の承諾は不要である（民法 519 条）。

4：A 社が相殺を行うということは、B 社への支払を強制するに等しいが、A 社が B 社に対して有する債権の**履行期**が**到来していない**ため、A 社は相殺することが**できない**。

5：問 4 とは異なり、相殺を行おうとしている A 社が B 社に対して有する債権の**履行期**は**到来している**ため、A 社が自己の負う B 社に対する債務の期限の利益を放棄しても構わないのであれば、A 社は相殺することが**できる**。

予想問題にチャレンジ！

問題 債権の管理に関する次の①～④の記述のうち、その内容が適切でないものを１つだけ選びなさい。

① 消滅時効の期間が経過すれば、直ちにその権利も消滅するので、債権の管理上消滅時効の期間には注意が必要である。

② 互いの持つ債権が互いに履行期が到来していても、互いの債権の種類が同じでないと相殺できない。

③ AはBから商品を購入したが、Bは代金の受け取りを正当な理由なく拒否したため、Aは代金を供託所に寄託した。この場合、AのBに対する債務は消滅する。

④ 自身が所有権を持つ土地に、他者が居座っている場合、その土地を取り返せなくても、裁判上の請求などをすることによって、取得時効による土地の所有権取得の完成を猶予することができる。

解答	

正解	①

① × 単に時間の経過のみで権利を失うことはなく、時効の効果を得るには利益を受ける者がその**意思表示**をする必要がある（**時効の援用**）。

② ○ 債権の相殺を行う場合には、互いに持つ**債権が同じ種類**でないとできない。

③ ○ 供託所に寄託することによって債務を免れる制度を**供託**という。

④ ○ 取得時効により権利を他者に取得されそうな場合、裁判上の請求などをすることにより、時効の完成を猶予することができる（**時効の完成猶予**）。

予想問題にチャレンジ！

問題　次の①～④の記述のうち、その内容が最も適切なものを１つだけ選びなさい。

① 債務者が債務の弁済を行った場合、債権者に対して受取証書の交付を請求できるが、これは全額の弁済を行った場合に限る。

② 売買契約の目的である家屋が地震で倒壊し、売主がその家屋を買主に引渡しできなくなった状態を履行遅滞という。

③ ＸがＹに貸していた金銭について、これを返済する代わりに、Ｙが宝石を給付することによって、当該返済をなしにすることを相殺という。

④ 債権者がその権利を行使しようとしない状態が一定期間続いた場合に、その権利が消滅することを消滅時効という。

解答	

正解	④

① ×　受取証書の交付は、債務の**一部**でも弁済すれば請求できる。もちろん、その**一部**の額についての受取証書である。

② ×　売買契約の目的である家屋が地震で倒壊し、売主がその家屋を買主に引渡しできなくなった状態は、履行**不能**である。履行**遅滞**は、履行が遅れている状態のことを指す。

③ ×　本問のようなケースを**代物弁済**という。**相殺**とは、ＸとＹが互いに貸し借りがある場合に、重複する部分をなかったことにすることをいう。

④ ○　本問のように、債権者がその権利を行使しようとしない状態が一定期間続いた場合、その権利を消滅させる制度を**消滅時効**という。なお、権利行使をしない状態が一定期間継続したとしても、それで確定的に権利が消滅するわけではなく、確定的に権利を消滅させるためには、時効により利益を受ける者が**時効の援用**を行う必要がある。

第2節 手形・小切手による取引の決済

学習日 ／

個人間での取引における決済は現金によることがほとんどですが、企業間の取引では手形や小切手による決済が行われています。ここでは決済手段としての手形と小切手について確認していきます。

I 手形と小切手について

重要度 ★★

POINT
手形と小切手の基礎的知識は、コンスタントな出題が確認されている。本書の赤字部分を押さえていれば、試験対策として十分と考える。

1 手形と小切手というもの

(1) 手形と小切手

現在ではインターネット等を利用した決済が多く利用され、日常生活において手形や小切手を目にすることはあまりないと思いますが、ビジネスの現場では今でも一般的に使用されています。

> **プラスα**
> 2026年度末までに、約束手形の廃止と、小切手の全面的な電子化が予定されています。

特にビジネスにおいては、多額の現金の移動をすべきことが日常的にあり、それには労力だけではなく危険が伴います。そこで額面（金額）等を入れた手形や小切手を現金の代わりに使用して、決済に代えるしくみが手形と小切手であり、まさに信用や送金の手段（道具）として用いられるものと考えてよいでしょう。

なお、手形や小切手の支払期日を過ぎても、何らかの理由で手形や小切手の所持人（債権者）へ額面金額が引き渡されず、その手形や小切手による決済ができなくなることを**不《ふ》渡《わた》り**といいます。

> **プラスα**
> 後ほど解説しますが、不渡りを**6か月**以内に**2回**出すと、銀行取引が停止され、事実上、取引ができない状態になりますので、当該会社は倒産の危険に直面します。

キーワードでCHECK! 文言証券性／要式証券性 ⇒

(2) 手形・小切手の法的性質

まず手形と小切手には、次の5つの性質があります。

①手形と小切手は、一定の金額を記載して**振り出す**ことによって、証券に表示された内容の債権が発生します。実際の取引関係はともかく、「証券に記載した権利」が発生するというイメージです。これを**設権《せっけん》証券性**といいます。

②手形と小切手がいったん振り出され、これにより発生した債権は、振出しの原因となった売買や消費貸借などの取引とは切り離されて、これとは別個の独立した債権となります。つまり、振出しの原因となった売買などの取引が何らかの理由で取り消されたり、無効となったときでも、一度振り出された手形と小切手上の法律関係は影響を受けることは**ありません**。これを**無因《むいん》証券性**といいます。

③手形と小切手の権利の「設定」は証券の作成によって行われ、権利の「移転」は証券の引渡しによって行われます。また、その権利の「行使」は証券の提示によって行われます。つまり、権利の発生・移転・行使のすべての段階で証券が必要とされます。そのため証券上の権利や義務の内容は、その証券に記載された事項に基づいて決定されます。これを**文言《もんごん》証券性**といいます。

④証券の記載事項は、法律により定められています。これを**要式《ようしき》証券性**といいます。

⑤債権などの財産権を表す証券で、権利移転には証券の交付を必要とし、権利行使には原則として証券の所持を必

用語

(手形等の)振出し

手形等を作成して、世に送り出す行為のこと。

プラスα

手形と小切手についての問題の中では、この5つの性質がよく出題されていました。この5つの性質は押さえておきましょう。

プラスα

手形・小切手を有効に振り出してしまえば、振り出した証券の記載どおりの権利が発生します。ということは、その証券を作成する原因となった取引からは独立した存在になるのです。

手形上の権利義務の内容は、証券に記載された事項に基づき決定されることを**文言証券性**、証券の記載事項が法律で定められていることを**要式証券性**という。

要とするものを有価証券といいますが、手形と小切手は、この有価証券の典型です。これを**有価証券性**といいます。

2　手形・小切手の利用例

(1) 約束手形による取引の流れ

①**約束手形**の振出し

約束手形の振出人となろうとする場合、通常は銀行に当座勘定口座を設けて、銀行に手形金支払の窓口となることを委託します。そして、振出人となる者は、銀行から交付された統一手形用紙に必要事項を記入して、これを支払先（取引先・受取人）に交付します。

②約束手形の譲渡と裏書

約束手形の受取人は、受け取った手形を手形の**満期**日前に譲渡することもできます。例えば、自分の取引先に対する代金支払に充てるため、取引先に譲渡するなどです。

また、銀行に手形を持ち込むことで譲渡して、手形を現金化することもできますが、これらを手形の**割引**《わりびき》といいます。「割引」というのは、通常は手形を譲渡する際、少し安く売るためです。そして、このように手形の譲渡を行う場合に必要となるのが裏書《うらがき》という行為です。

裏書は、手形の“裏面”に「表記金額を○○殿（又はその指図人）へお支払いください」といった裏書文句、被裏書人（手形の譲受人）の名称を記入して、裏書人（手形の譲渡人）が署名捺印または記名押印することをいいます。

そして、この裏書によって、手形上の権利が裏書人から被裏書人に移転します。これを**権利移転的**効力といいます。

なお、手形が振り出され、手形面に記載された受取人が第一裏書人となり、第一裏書の被裏書人が第二裏書の裏書人となるといったように、手形の受取人から最後の被裏書

用 語

約束手形

手形の振出人が、受取人（名宛人）に対して、一定の期日に一定の金額を支払うことを約束した支払約束証券のこと。一般的にいう手形は、この約束手形を意味することが多いため、この約束手形を前提に解説する。

用 語

満期

手形や小切手上に支払日として記載されている日のこと。支払期日ともいう。

プラスα

手形を譲渡することで換金することを割引といいますが、満期日までの利息額や手数料を差し引いた金額で換金することになるので、このようなネーミングになっています。

キーワードでCHECK!　**担保的効力**　⇒

人までがそれぞれ途切れることなく順次連続して記載されていることを裏書の連続と呼びます。この裏書の連続があれば、最後の被裏書人は**正当**な**権利者**と推定されます。

また、裏書には、先に述べた**権利移転的**効力のほかに、以下の効力があります。

ア）人的抗弁の切断

手形授受の原因となった売買などの取引関係（原因関係）が無効であったり、取り消されたりしたときでも、被裏書人がその事実を知って譲り受けたのでない限り、手形債務者は被裏書人からの手形金の支払請求を拒否することは**できません**。これを**人的抗弁の切断**といいます。

イ）担保的効力

手形が所持人によって適法に呈示《ていじ》されたものの振出人が支払を拒んだ場合、振出人に代わって裏書人が手形上の債務を負担することになります（遡求《そきゅう》義務）。

つまり、振出人の支払が裏書人によって担保されることになり、手形の支払がより確実になります。

この手形はA社がB社に対して振り出したとする。

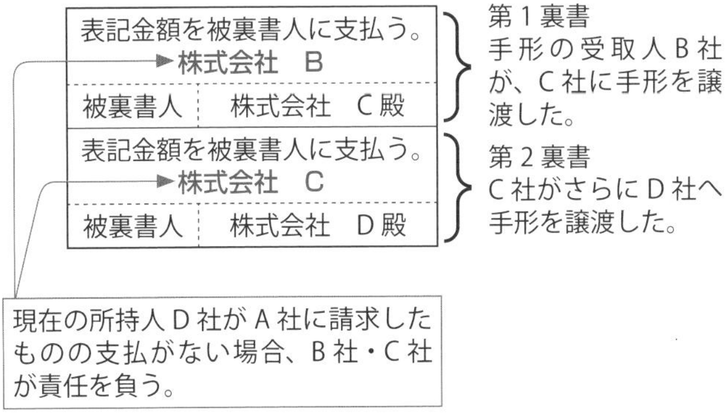

CHECK

左の例でいえば、現在の手形所持人であるD社が振出人のA社に手形金を請求したが、支払を受けられない場合、各裏書人であるB社とC社が手形金を支払う義務を負います。裏書人が担保する形をとることで、より手形の信頼度が上がるしくみです。

手形について振出人が支払を拒んだ場合、振出人に代わって、**裏書人**が手形上の債務を負担する（**遡求**義務）。この効力を担保的効力という。

ウ）資格授与的効力

手形を譲渡する場合、裏書があればその裏書に対応する手形上の権利の移転があったものと推定されます（手形法16条1項、77条1項）。つまり、裏書の連続のある手形を所持している者は、そうでないという反証がない限りその手形についての正当な権利者として扱われます。

③約束手形の支払の受け方

約束手形の所持人が、その手形について支払を受けるためには、**支払呈示期間**内に、振出人に対して手形を呈示しなければなりません。通常の取引で使用される一覧払い以外の手形の**支払呈示期間**は、**満期**かそれに続く**2取引日内**です（手形法38条1項、77条1項）。

実際には、この手形の呈示は所持人の取引銀行を通して行われます。つまり、手形の所持人が取引銀行に手形を持ち込んで、取立てを依頼します。取立てを依頼された銀行は、満期に**手形交換所**を通じて支払銀行に手形を呈示することが通常です。

なお、手形の**支払呈示期間**を経過してしまうと、手形自体の効力がなくなるわけではありませんが、取引銀行の部分の記載の効力がなくなるため、自ら振出人の下へ出向いて手形を呈示し、支払を求めなければならなくなりますし、先ほどの「裏書人」への権利が消滅します。

(2) 小切手による取引の流れ

①小切手の振出し

まず、小切手を振り出すためには、銀行と当座勘定取引契約を締結し、小切手支払の窓口となることを委託して、統一小切手用紙の交付を受けます。そして、この統一小切手用紙を使って小切手を振り出します。

用語

2取引日内

取引日とは、実際に取引をした日のことなので、満期（取引日）を含めると、それに続く2取引日は合計3日間となる。

用語

手形交換所

一定地域内に所在する金融機関の申し合わせによって、決まった時と場所へ約束手形や小切手などを持ち寄り、その決済交換を行う場所のこと。

キーワードでCHECK!　手形の種類　⇒

②小切手の支払

小切手の所持人が支払を受けるときは、小切手の裏面に住所、氏名を記入し、押印して支払銀行に呈示します。この呈示は、振出日の翌日から起算して10日以内にしなければなりません（小切手法29条1項）。

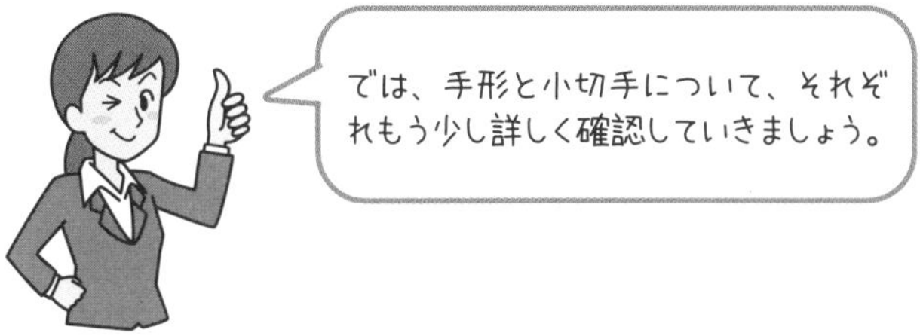

Ⅱ 手形について

重要度 ★

POINT
手形と小切手に関する問題は、先ほどまでの基礎的知識で対応できることが多い。そこで、赤字部分は押さえ、後は一読しておけば試験対策は十分である。

1　手形の種類

今までは約束手形を前提に解説してきましたが、実は手形には、約束手形と為替《かわせ》手形の2種類があります。

①約束手形

手形の振出人が、受取人（名宛人）に対して、一定の期日に一定の金額を支払うことを約束した支払約束証券です。振出人自身が“支払の約束”をするものです。

②為替手形

手形の振出人が、支払人に対して、一定の期日に一定の金額を支払うように「委託した」支払委託証券です。これは、振出人が他人に支払を委託（依頼）するものです。

振出人が「受取人」に対して、一定期日に一定金額を支払うことを約束するものを**約束**手形、振出人が「支払人」に支払を委託するものを**為替**手形という。

2　主な手形の記載事項

手形はその記載事項が厳格に法定されており、手形の記載事項に不備があれば、手形自体が無効となり、支払を受けることができなくなってしまいます。そこで、手形を受け取る際の注意事項と手形の記載事項について説明します。

(1) 約束手形の記載事項

手形に記載する事項には、①必要的記載事項、②有益的記載事項（任意的記載事項)、③無益的記載事項、④有害的記載事項があります。

①必要的記載事項

これは手形を振り出す際に、必ず記載しなければならない事項です。必要的記載事項が 1 つでも欠けていると、原則として、その手形は**無効**となります。

ア）約束手形文句

約束手形であることを示す文字です。統一手形用紙ではすでに印字されています。

イ）手形金額

手形金額をアラビア数字で記載する場合、**チェックライター**の使用が必要です。そして、手書きの場合には壱、弐、参というように漢数字を使用します。

ウ）支払約束文句

統一手形用紙には「上記金額をあなたまたはあなたの指図人へこの約束手形と引換えにお支払いいたします。」といった文言が印字されています。これを支払約束文句といいますが、これに条件を付けると、手形そのものが**無効**に

プラスα

手形（小切手）の記載事項が法定されている性質のことを**要式証券性**といいます（p.137 参照）。

プラスα

手形として使用する用紙は、法律上は特に定めはありませんが、現実の商取引では全国銀行協会により専用の用紙が定められており、これを統一手形用紙と呼んでいます。この統一手形用紙を用いなければ、銀行等の金融機関では取り扱ってもらえません。

プラスα

必要的記載事項は、1 つでも欠けると**無効**となるため、手形要件とも呼ばれます。

用語

チェックライター

チェックライター（check writer)とは、手形や小切手、株券、領収書等の用紙へ印字するための専用の機械のこと。数字のほか「,（カンマ)」や「※」などの特定の記号が印字できる。

キーワードでCHECK!　必要的記載事項　⇒

なります。例えば、約束手形の手形面に「A商品と引換えに支払います」といった条件を追加すると、その手形自体が**無効**となるということです。

プラスα
手形面に条件を付けることについては、過去に出題実績があります。

エ）振出人の署名

署名については、法律上は自署（手書き）でも記名押印でも構いません。ただし、実務では自署の場合でも、銀行に事前に届け出た印鑑が押されていなければ支払は受けられません。会社などの法人が振出人である場合には、社名、代表者の肩書、代表者の氏名、そして前述した銀行届出印の押印が必要です。

オ）支払期日（満期）

支払期日とは、手形金の支払日です。この支払期日には、確定日払いと日付後定期払い、一覧払い、一覧後定期払いの４種類があります。

これは出題可能性が低いので、そのようなものがあると眺めておけば十分と思われます。

プラスα
必要的記載事項としては、ほかに支払地、受取人、振出日、振出地があります。

②有益的記載事項

手形上へ記載するかどうかは振出人の任意（自由）ですが、記載することで法的な効力が生じる事項です。これには、利息文句や支払場所などがあります。

③無益的記載事項

記載しても、法的な効力が生じない事項です。要するに、記載することに害はありませんが、プラスにもならない意味のないものとして扱われるものです。

・支払遅延による損害賠償額の予定
・確定日払手形と日付後定期払手形における利息文句

手形金額や支払約束文句など、手形を振り出す際に、必ず記載しなければならない事項であり、これが１つでも欠けると、原則として、その手形が**無効**となる。

・「本手形は取立てしないこと」とする不呈示約款など

④有害的記載事項

記載してしまうと、記載自体だけではなく、手形が無効となる事項です。

・支払期日欄に「手形金の支払を**分割払い**とする」などの**分割払い**の記載

・「商品と引換えに支払うこととする」など、手形の**支払**に**条件**を付けること

3　白地《しらじ》手形について

先ほどの必要的記載事項（手形要件）の記載を欠いた手形は、手形としての効力を持ちません（無効）。しかし、実務上では、この手形要件の記載を欠く手形も流通しており、白地手形はその代表例です。

この白地手形とは、手形要件の全部または一部を白地（欠いた状態）にしておいて、後日、手形の所持人に空白を補充させる趣旨で振り出した手形です。

白地手形は、手形要件を欠いているので“そのまま”では手形としての効力を生じませんが、将来的に手形要件が補充されることで、有効な手形となることが予定された未完成な手形として、商慣習法上、無効な手形とは**されていない**ものです。

プラスα

白地手形が流通しているのは、手形振出しの時点で受取人が誰か、また、手形金額がいくらかなどの事項が確定していない場合もあるからです。

キーワードでCHECK!　白地手形　⇒

Ⅲ 小切手について

重要度 ★

POINT

「小切手」については、解説を読んで、各用語のイメージがつかめるようにしておけば試験対策としては十分だ。

1　小切手の種類

小切手とは、小切手の振出人が支払人に対して、一定の期日に一定の金額を支払うように委託した支払委託証券であり、この点では為替手形と同じです。

ただし、為替手形がもっぱら信用や送金の手段（道具）として用いられるのに対し、小切手は支払の手段（道具）であって、現金の代わりとして用いられる点で異なります。

また、小切手の支払人となるのは銀行や法令によってこれと同視される信用金庫等に限られ、小切手の振出人は、支払人となる銀行等との間で当座勘定取引契約を締結しなければなりません（小切手法３条、59 条）。

そして、振出人は、当座預金口座のある銀行等に小切手振出しの際に使用する印鑑の届出をして、小切手帳（統一小切手用紙）の交付を受けることになります。この小切手には、次のような種類があります。

(1) 線引《せんびき》小切手

小切手は、手形とは異なり**受取人**の名称が記載されていないのが普通です。そのため、不正に小切手を取得した者が支払を受けてしまう可能性があり、これを防止するために考案されたのが線引小切手です（小切手法37条、38条）。

線引小切手には、**一般線引**小切手と**特定線引**小切手があります。**一般線引**小切手とは、小切手用紙の表面に２本の平行線を引くか、またはその平行線の間に「銀行渡り」「銀

手形要件の全部または一部を欠いた状態にしたままで、後日、手形の所持人に空白を補充させる趣旨で振り出した手形のことで、商慣習法上、無効な手形**ではない**。

行」「Bank」などの文字を記載した小切手です。この場合、支払銀行は、他の銀行か支払銀行の取引先に対してしか支払をすることができません（小切手法 38 条 1 項）。

そして、もう 1 つの**特定線引**小切手とは、小切手用紙の表面に 2 本の平行線を引き、**その間**に○○銀行といったように特定の銀行名を記載した小切手です。支払銀行は、2 本の線の**間**に記載された銀行に対してだけしか支払をすることができません。記載された銀行と支払銀行が同じであるときは、支払銀行は自己の取引先に対してしか支払うことができません（同条 2 項）。

(2) 先《さき》日《ひ》付《づけ》小切手

これは、実際に振り出す日より、後（将来）の日付を振出日として記載した小切手です。実際に小切手を振り出す日には資金の準備ができないが、後日であれば準備できるという場合に、取立てを資金が準備できる日以降とする約束で振り出します。このような形の小切手も、小切手法上は**有効**です。なお、法律上は振出日の前であっても支払を受けることができます（小切手法 28 条 2 項）。

(3) 自己宛小切手（預金小切手）

銀行が**自分自身**を**支払人**として振り出す小切手を自己宛小切手、または預金小切手といいます（小切手法 6 条 3 項）。他の種類の小切手の場合には、取立てのために支払銀行に呈示された際に、振出人の当座預金に支払に必要な資金がなければ不渡りになってしまいます。しかし、自己宛小切手の場合には、銀行に資金がないことはよほどのことがなければ考えられませんから、不渡りになる危険性がほとんどなく、信用力の高い小切手です。

キーワードで CHECK!　**特定線引小切手**　⇒

2　小切手の記載事項

手形同様に、小切手についても記載しなければならない事項が小切手法1条に定められています（必要的記載事項）。

小切手の必要的記載事項は、小切手文句、小切手金額、支払委託文句、支払人の名称、支払地、振出日、振出地、振出人の署名です。統一小切手用紙ではこの事項のうち、小切手金額、振出日、振出人以外の事項はすでに印刷されています。したがって、記入が必要なのはこの3つの事項となります。

小切手の場合、その支払の確実性を保証するため、その支払人は、銀行または法令によってこれと同視される機関（信用金庫等）に限られます。

そして、小切手はもっぱら支払の手段である以上、常に**一覧払い**とされています。**一覧払い**とは、「常に」支払のために呈示された日を満期とすることです。ですので、小切手については満期（支払期日）を記載しても意味はありません。

プラスα

呈示された日を満期とするということは、呈示されたら、その日に支払に応じねばならないということです。

Ⅳ 手形・小切手のトラブル

重要度 ★

POINT

手形・小切手のトラブルに関しては、出題されても基礎的な事項に限られる。赤字部分を押さえて、後は余力があれば理解しておく程度でよい。

1　手形・小切手の不渡り

手形・小切手の振出人の当座預金の残高が不足しているために、手形金・小切手金の引き落としができないことを、その手形・小切手が**不渡り**になったと表現します。

一度、手形・小切手の**不渡り**を出した者が、その時から**6か月**以内に**2回目**の**不渡り**を出したときは、その者は銀行取引停止処分となり、この処分の通知の日から2年間、

プラスα

手形の不渡事由には、その原因等によって、0号～2号不渡事由までの3種類があります。例えば、0号不渡事由は、振出人の署名が不完全といった手形に不備があるなどの場合で、この事由は、不渡事由といっても振出人は不渡処分を受けません。

小切手用紙の表面に2本の平行線を引き、**その間**に○○銀行といったように特定の銀行名を記載した小切手のことを**特定線引**小切手という。

手形交換所に加盟しているすべての銀行等で当座勘定取引や貸出取引が禁止されます（不渡処分）。

2　手形が偽造された場合

(1) 手形の偽造と責任

手形を振り出す権限のない者が、勝手に他人名義で手形を振り出したり、また、権限のない者が勝手に裏書することを偽造と呼びます。

名義を勝手に使われた者は、保護の対象であり、手形金の支払義務を負わないのが原則です。しかし、他方で手形の流通性を重視する観点から、本人の名義を信頼して手形を受け取った者の保護も考える必要があります。

ここでは事例を使って具体的に説明しましょう。A 社の社員である X が、A 社を振出人とする約束手形を偽造した場合です。偽造手形の受取人を B 社、その手形を B 社が C 社に裏書譲渡し、現在は C 社が手形所持人である場合で考えます。

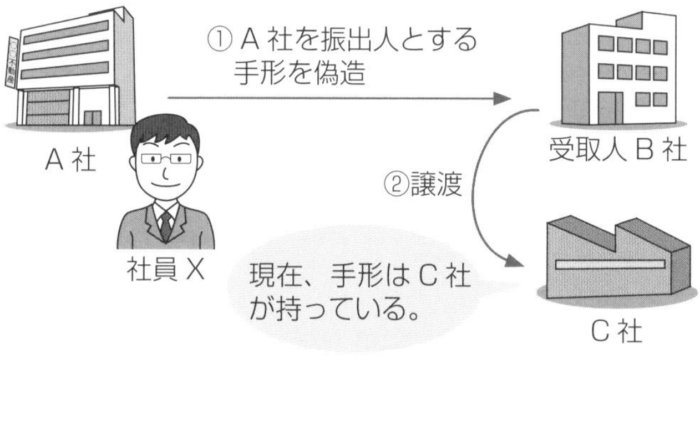

プラスα

手形の盗難や紛失については、盗難等にあった手形を無効にしておく制度として**公示催告制度**があります（非訟事件手続法 99 条以下）。手形の紛失者等が、裁判所に申し立てて、手形の無効を宣言してもらう制度です。

プラスα

左の具体例は、応用問題です。出題可能性は低いですが、このような事例問題が出題されたケースも想定して、紹介しておきます。

キーワードでCHECK!　公示催告制度　⇒

① A 社の責任

A 社は手形偽造の被害者であり、原則として責任を**負いません**。ただし、これには例外があり、偽造者 X と、被害者（被偽造者）である A 社との間に**表見代理**（民法 109 条、110 条）が成立する場合には、A 社は、（C 社が真正の手形であると信じたことに過失がなければ）C 社に対して手形上の責任を負うことになります。

また、偽造者 X は、A 社の従業員（被用者）ですから、その職務に関して手形の偽造を行ったのであれば、A 社は**使用者責任**を負担します（民法 715 条）。

② B 社の責任

A 社の手形の振出しが偽造を理由として無効となったときでも、B 社は手形行為独立の原則により、裏書人としての担保責任を**負わなければなりません**（手形法 7 条、77 条 2 項）。手形の振出しが無効であっても、裏書自体に無効原因がない限り、その裏書は有効であり、C 社は、B 社に対して手形金を請求**できる**のです。

③偽造者 X の責任

手形を偽造する行為は手形所持人 C 社に対する**不法行為**であり、C 社は X に対して**不法行為**に基づく損害賠償を請求することができます（民法 709 条）。さらに偽造者 X については無権代理人が負う責任が類推されて手形金の支払責任を負うことになります（手形法 8 条、77 条 2 項）。

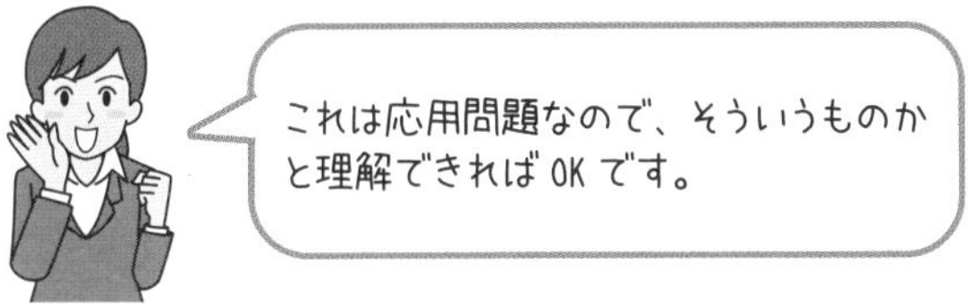

用語

表見代理

無権代理人に代理権が存在するかのような外観を呈している場合、その外観を信頼した相手方を保護するため、有権代理と同様の法律上の効果を認める制度。

使用者責任

ある事業のために他人を使用する者（**使用者**）が、被用者がその事業の執行について第三者に損害を加えた場合、その損害を賠償しなければならない使用者の不法行為**責任**。

用語

不法行為

他人の**権利**や利益を故意・過失をもって、違法に侵害する行為のこと。被害者への損害を賠償する責任を負う。

手形について盗難等にあった場合、利用されることを防ぐため、裁判所に申し立てることで、その手形の**無効**を宣言してもらう制度のこと。

一問一答で確認しよう！

□□□**問 1**　約束手形の必要的記載事項である支払約束文句に条件を付けた場合、手形自体が無効となる。

□□□**問 2**　線引小切手は、小切手の表面に 2 本の平行線を引くことによって行われるが、その目的は小切手を手形に変更することである。

□□□**問 3**　自己宛小切手（預金小切手）とは、銀行が自分自身を支払人として振り出す小切手であり信用力が高い。

□□□**問 4**　先日付小切手とは、実際に小切手を振り出す日よりも先の日付を振出日として記載する小切手であり、このような小切手は法律上は無効である。

□□□**問 5**　約束手形の所持人が、その支払を受けるためには、満期かそれに続く 2 取引日内に、支払人に手形を呈示しなければならないが、この期間を支払呈示期間という。

□□□**問 6**　裏書によって手形上の権利が裏書人から被裏書人に移転することを裏書の権利移転的効力と呼ぶ。

□□□**問 7**　手形授受の原因となった売買などの取引関係（原因関係）が無効であったり、取り消された場合でも、原則として、手形債務者は被裏書人からの手形金の支払請求を拒否することはできない。

正解　1○　2×　3○　4×　5○　6○　7○

1：支払約束文句は**無条件**でなければならない。条件が付されている場合、手形自体が**無効**となる。

2：線引は、**不正な取得者**に対する**支払**がなされることを防止することが目的である。

3：支払人である銀行に、資金がないことは通常考えられないため、信用度の**高い**小切手である。

4：本問のような小切手を先日付小切手といい、法律上**有効**である。

5：約束手形の所持人が、その手形について支払を受けるための期間を**支払呈示期間**といい、満期かそれに続く 2 取引日内とされている（手形法 38 条 1 項、77 条 1 項）。

6：本問のような効力を裏書の**権利移転的効力**と呼ぶ。

7：**本問の記述のとおり**。これは**人的抗弁の切断**に関する記述である。

予想問題にチャレンジ！

問題　手形に関する次のアおよびイの文についての①～④の記述のうち、その内容が最も適切なものを 1 つだけ選びなさい。

ア　約束手形の受取人は、受け取った手形を手形の満期日前に譲渡することはできない。

イ　小切手はもっぱら支払の手段であるため、支払のために呈示された日が満期となる。

①　アおよびイのいずれも適切である。

②　アのみが適切である。

③　イのみが適切である。

④　アおよびイのいずれも適切でない。

解答	

正解	③

ア　×　約束手形は、満期日前に**譲渡することができ**、譲渡の際に必要となるのが裏書という行為である。

イ　○　小切手は、常に支払のための呈示がなされた日を**満期**とする一覧払いである。

予想問題にチャレンジ！

問題　手形・小切手に関する次の①〜④の記述のうち、その内容が適切なものを１つだけ選びなさい。

① 手形に必要的記載事項が書かれていない場合、その手形は無効であり、有効になることはない。

② 銀行などが自らを支払人として振り出す小切手は、線引小切手と呼ばれている。

③ 他者からもらった手形を譲渡する方法で債権を支払った場合には、弁済は済んでいるのであり、再度この債権に対し金銭を支払う必要は絶対にない。

④ 手形の不渡りを出した者は、その後６か月以内に２回目の手形の不渡りを出すと、銀行取引停止処分を受ける。

解答	

正解	④

① ×　手形要件の全部または一部を欠いている白地手形は、そのままでは有効にならないが、将来的に**手形要件が補充**されれば**有効な手形**となる。

② ×　銀行などが自らを支払人として振り出す小切手は、**自己宛小切手**と呼ばれている。

③ ×　手形の振出しに偽造などがあり、手形が無効になった場合、手形の裏書人は**担保責任**を負うため（手形法７条、77条２項）、手形金を請求される可能性がある。

④ ○　手形の不渡りを出した者は、その後**６か月以内**に**２回**目の手形の不渡りを出すと、**銀行取引停止処分**を受けるため、当該会社は倒産の危機に直面する。

予想問題にチャレンジ！

問題　手形および小切手に関する次の①～④の記述のうち、その内容が最も適切でないものを１つだけ選びなさい。

① 白地手形は、手形要件の全部または一部が空白であるため、そのままでは手形としての効力は生じないが、手形要件が補充されれば有効な手形となる。

② 買主が、購入した商品代金の支払のために売主に対して約束手形を振り出した場合に、その後、当該商品の売買契約が詐欺を理由として取り消されても、約束手形上の債権はその影響を受けず、無効とはならない。

③ 手形の振出人が、統一手形用紙に印刷されている「上記金額をあなたまたはあなたの指図人へこの約束手形と引換えにお支払いいたします」という支払約束文句に、「商品の受領と引換えに手形金を支払います」という条件を書き加えた場合でも、当該手形は無効とはならない。

④ 手形の所持人が、振出人に対して適法に手形を呈示し手形金を請求したものの支払を拒んだ場合には、裏書人が手形金を支払うことになる。

解答	

正解	③

① ○　白地手形は、手形要件を欠いているが、後日、手形の所持人に手形要件を補充させる趣旨で振り出した手形であり、**商慣習法**上、無効な手形とはされていない。

② ○　手形の振出しにより発生した債権は、振出しの原因となった取引とは切り離され、別個の独立した債権となり、振出しの原因となった取引の取消しや無効の影響を受けない。この性質を**無因証券性**という。

③ ×　手形の必要的記載事項の支払約束文句は、「一定の金額を支払うべき旨の**単純な約束**」でなければならず、支払に条件を付ける文言を記載した場合、当該手形が**無効**となる。

④ ○　このような裏書の効力を**担保的効力**という。

第3節 債権の担保について

学習日 ／

頻出度 A

担保とは、債権回収が困難になったときに備えて、あらかじめ相手の履行を確保しておくことです。担保には「保証」や「連帯債務」からなる人的担保と、「留置権」等の物的担保があります。

I 担保の必要性

重要度 ★★★

POINT

債権の担保は「超頻出」項目なので、この節の赤字部分はすべてしっかり押さえておくこと。それだけで、試験での得点UPが期待できる。

1 人的担保と物的担保

担保とは、債務者の財産が僅少であったり、財務内容が不安定であったりする場合に、将来の債権回収に備えて設定されるものです。

この担保には、債務者が履行できなくなった場合に備えて、他の誰かに履行を求めるようにしておく人的担保と、債務者が履行できなくなった場合、不動産等の物の権利から優先的に債権回収ができる物的担保に分けられます。以下、それぞれの要点を確認していきましょう。

(1) 人的担保について

人的担保には、保証債務と連帯債務の2つがあります。

①保証債務

保証債務とは、債務者がその債務を履行しない場合に、債務者の保証人に履行の責任を負わせるものです。保証債務自体は、主たる債務とは別個のものなので、保証人とな

プラスα

もし債務者が支払不能となった場合、物的担保を有していない債権者は、自分以外にも別の債権者がいると、それぞれの債権額に応じた金額しか回収することができません。これを債権者平等の原則といいます。

プラスα

保証契約は、書面でしなければ、その効力を生じません。

キーワードでCHECK! 補充性 ⇒

る者は、債権者と独自に契約を行います。

そして、保証債務は、主たる債務より**重い内容**となることが認められず、保証債務の金額は、保証債務成立後に軽減されることはあっても、**増額**は認められません。あくまで保証人は主たる債務者の二次的責任を負う者なので、メインの債務より**重く**なるのはおかしいことはわかるでしょう。

なお、保証人が保証債務を弁済することとなった場合、当然、主たる債務者にその弁済額を請求できます。この請求権のことを**求償《きゅうしょう》権**といいます。

そして、この保証債務には次の3つの性質があります。

◆保証債務の3つの性質

随伴《ずいはん》性	主たる債務が譲渡などによって、別の債務者に移転された場合、保証債務も移転先の債務を保証することになる性質。
附従《ふじゅう》性	存否は主たる債務に従い、主たる債務が消滅したら、保証債務も消滅するという性質。
補充《ほじゅう》性	保証債務は、主たる債務が履行されない場合の二次的な債務であるという性質。その具体的な現れとして、**催告の抗弁権**と**検索の抗弁権**がある。

なお、保証人が主たる債務者と連帯して、その債務を履行することを合意する連帯保証では、上記のうち**補充**性が認められていません。

②連帯債務

連帯債務とは、複数の債務者が同一の債権に対して同じ債務を負い、各連帯債務者が、債務の**全額**について履行する義務を負うものです。

各連帯債務者は、債権者に対して「債務の**全額**」の履行義務を負うことになるので、債権者はどの連帯債務者にどの程度の割合でも（**全額**でもよい）請求ができ、債権者の

用語

求償（権）

求償とは、賠償や償還を求めること。

用語

催告の抗弁権

債権者が、主たる債務者より先に保証人へ弁済請求をした場合、保証人が**まずは主たる債務者へ請求するよう求める**こと。

検索の抗弁権

保証人が、債権者に対して、**主たる債務者の財産へ執行**を行うまで、自己の保証債務の履行を拒むことができる権利のこと。

CHECK

連帯保証に**補充**性が認められないということは、**催告の抗弁権**と**検索の抗弁権**が認められないということを意味します（民法454条）。

保証債務は、主たる債務が履行されない場合の二次的な債務であるという性質。その具体的な現れとして、**催告の抗弁権**と**検索の抗弁権**がある。

担保になります。もちろん、1人の債務者が全額を弁済したとしても、各連帯債務者間において、“実質的”な負担割合を決めておくことはできますので、後で連帯債務者の間で求償することはできます。

(2) 物的担保（担保物権）について

①物的担保に共通する性質（通有《つうゆう》性）

上記のような人的担保は、保証人のなり手が見つからないことなどから限界があるため、一般的には、物的担保のほうが債権回収について有効です。

物的担保には、いくつかの種類がありますが、次のような共通性があります。

◆物的担保における共通の性質

附従《ふじゅう》性	債権が存在してはじめて担保物権が存在すること。 債権が弁済等で消滅すれば、担保物権も消滅する。
随伴《ずいはん》性	担保物権は債権を担保するものであることから、債権が移転すれば、担保物権も移転する。
不可分《ふかぶん》性	被担保債権全額の弁済を受けるまで、目的物の全部に対して担保の権利が行使できる。
物上代位《ぶつじょうだいい》性	担保物権の目的物が売却（賃貸）されたり、滅失した場合、それにより債務者が受ける金銭等に対しても、その担保物権の権利を行使できること。

②物的担保の種類

まず物的担保は、大きく法定担保物権と約定《やくじょう》担保物権に分けることができます。

法定担保物権とは、法律で定められた要件を満たすことで、自動的に生じる担保物権と考えてください。そして、約定担保物権は、当事者間の合意で成立するものです。

CHECK

左の物的担保における通有性は重要です。試験にもよく出題されるため、すべて押さえておきましょう。

プラスα

物上代位性について、売買に伴う代金や、賃料、保険金請求権、損害賠償請求権などが物上代位の対象となりえます。

キーワードでCHECK! 物的担保における不可分性 ⇒

◆法定担保物権の種類と内容

種　類	内　容
留置権《りゅうちけん》	債権の弁済があるまで、対象物を自分の手元に留めておくことが認められる権利
先取特権《さきどりとっけん》	債権者が、債務者の財産（不動産や所有物など）について、優先的に権利を主張できる権利

③約定担保物権の種類と内容

約定担保物権は、さらに民法の規定で定められている典型担保物権と、民法上には規定されていない非典型担保物権に分けられます。なお、非典型担保物権については、試験でほとんど出題されませんので、この節の最後で少し触れる程度にします。

プラスα

質権の具体例としては、AがBに100万円を貸した場合、Aが返済されない場合に備えてBの車に質権を設定し、債務不履行があった場合には、その車を優先的に処分して貸金債権を回収するケースです。なお、質権設定は車や時計などの「動産」だけでなく、「不動産」にもできます。

◆典型担保物権

種　類	内　容
質　権	債権の弁済があるまで、対象物を自分の手元に留めておき、弁済がない場合には、当該担保を競売に供して、優先弁済を受ける権利
抵当権	担保となる目的物の引渡しを受けないまま、弁済がないときには、当該担保を競売に供して優先弁済を受ける権利

Ⅱ 法定担保物権

重要度 ★★★

POINT

担保物権のうちの「法定担保物権」の詳しい内容を確認する。留置権は頻出なのでしっかり押さえること。先取特権は余力があればという程度でよい。

1　留置権について

留置権とは、債務者から債権を回収できるまで目的物を

被担保債権の全額の弁済を受けるまで、目的物の全部に対して、担保の権利が行使できるという性質のこと。

債権者の手元に留めておくことができる権利です。例えば、携帯電話の修理を請け負った携帯ショップが、依頼者から修理代金の支払がなされるまで、当該携帯電話を預かっておくケースで、「支払うまでは返さないよ」といったように、債権者が目的物を手元に留置することによって、債務者に債務の履行を心理的に促すという効果があります。

そして、「手元に留めておける権利」である以上、留置権が成立するには、債権者が目的物を**占有**していることが要件となります。もし留置権者が目的物を手放してしまった場合、留置権は**消滅**します（民法 302 条）。

また、留置権が成立するためには、上の携帯電話とその修理代金といったように、その目的物と債権の間に一定の関係性が必要とされ、この一定の関係のことを**牽連性**《けんれんせい》といいます。

この点、民法の特別法である商法においては特別な規定があり、商法上の留置権が成立するためには、留置する物と被担保債権との間の**牽連性**は**不要**とされています。

このように、留置権は皆さんがイメージする担保らしくないかもしれませんが、実際にこの留置権には、優先弁済効力が**ありません**。つまり、債務者が代金を支払わない場合、債権者が目的物の所有権を取得したり、裁判所の**競売手続**を経ずに、留置権を理由として、売却することが**できません**。しかし、いつまでも債権者がその物を保管しているのも酷なので、債権者は一定の要件を満たすことで、目的物について**競売の申立て**をすることができます（民事執行法 195 条）。

なお、この留置権も担保「物権」である以上、留置権を有する者は、誰に対しても権利の主張ができます。先ほどの携帯電話の例でいえば、修理を依頼した修理代金の債務者が、その代金を支払う前に当該携帯を友人に売却したとします。そして、その友人が携帯ショップに携帯電話を引

プラスα

留置権が成立するためには、左の**牽連性**だけではなく、そもそも被担保債権が**弁済期**にあることが必要です。

プラスα

商法上の留置権のことを「商事留置権」といいます。取引の両者が商人の場合において、債権の支払を受けるまで、取引によって占有することとなった目的物を留め置くことができるというものです。

キーワードで CHECK!　**留置権における牽連性　⇒**

き渡すよう請求した場合、携帯ショップはその友人に対しても留置権を主張**できます**。

2　先取特権について

先取特権とは、法律で定められた一定の債権を有する者が、債務者の財産から、他の債権者よりも優先的に弁済を受けることが認められる権利をいいます（民法 303 条）。

この先取特権には、一般の先取特権、動産の先取特権、不動産の先取特権があり、少しわかりにくいかもしれませんが、このうちの「動産売買の先取特権」（民法 311 条 5 号）を例にすれば、動産を売却した売主（債権者）は、その代金（とその利息）の支払を受けるまでは、その動産について先取特権を有します。

具体的には、競売申立てが可能となりますが、もし債務者が目的動産を第三者に引き渡してしまった場合、その第三者の手元にある当該動産にまでは、動産売買の先取特権は**及ばない**という限界もあります（民法 333 条）。

プラスα

先取特権は未払給料にも適用されます。仮に A 社の従業員が A 社から給料をもらっていなかった場合、A 社が銀行等から借入金があったとしても、A 社の残余財産から優先的に支払を受けることができます。

Ⅲ 約定担保物権

重要度 ★★★

POINT

この項目中の質権と抵当権は頻出なので、しっかり押さえておくこと。譲《じょう》渡《と》担《たん》保《ぽ》権は、まれに出題される程度なので、余力があればという程度でよい。

1　質権について

（1）質権とは

質権とは、債務者から担保として受け取った物を**占有**し、当該目的物について、他者に先立って優先的に自己の債権の弁済を受ける権利を有する担保物権のことです。

要するに、債権者が、債務者から債権の肩代わりとして物を預かり、もし弁済されない場合は、その物を競売して

CHECK

左の「他者に先立って」優先的に自己の債権の弁済を受ける場合の「他者」とは、担保権を有しない一般債権者をイメージしましょう。

民法上の留置権の**成立要件**の 1 つで、被担保債権と目的物の一定の結びつき（関係性）のこと。ただし、**商事留置権**では不要とされている。

自己の債権の弁済に充てるという担保です。

そして、質権には動産質、不動産質、権利質の3種類があり、このうち権利質とは、債権などの財産権自体に質権を設定するものです。具体的には、債権に質権を設定した場合（債権質の場合）、債務者の弁済がないときには、質権者は質入れされた債権を実行し、第三債務者に対して**直接**に取り立てることができます（民法366条1項）。ただし、その質入れされた債権が**履行期**にある必要があります。

◆権利質の構造

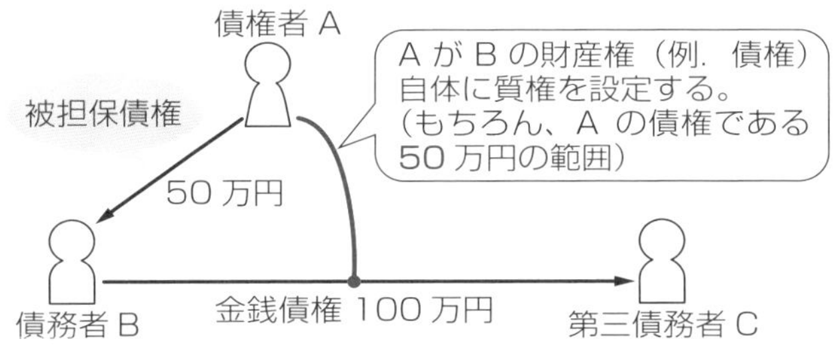

この質権は、債権者と質権設定者との間で交わされた契約によって設定しますが、この質権設定についての契約については、目的物の**引渡し**がなければ質権は成立せず、効力を生じません（民法344条）。このような契約を**要物《ようぶつ》契約**といいます。

(2) 質権の効力

質権が設定されるとその効力として、まず質権者は、債権の弁済があるまでは目的物を手元に留置することができます（目的物が**不動産**の場合、当該不動産を**使用収益**することも認められています）。このような効果を質権の**留置的**効力と呼びます。

そして、債務が弁済されない場合、当該目的物を売却して、

プラスα

抵当権と質権の大きな違いは、債務者（設定者）が、担保目的物を手元に置いておけるかという点です。置いておけるのが**抵当権**であり、債務者が質権者（債権者）に目的物を預けることが条件となるのが**質権**です。

用語

要物契約

契約成立のために、当事者の意思が合致し、さらに一方の当事者からの目的物の**引渡し**があることを要件とする契約をいう。目的物を引き渡さなければ、そもそも契約自体が**成立しない**。

キーワードでCHECK! **抵当権の性質** ⇒

その代金から優先弁済を受けることができます。なお、上で述べたように権利質については、第三債務者への**直接**の取立てが可能です。

(3) 質権の対抗要件

当該目的物や財産権について、自己が質権を有していることを第三者に対抗するための要件としては、動産質の場合、当該目的物の**占有継続**が必要となります。つまり、質権者が目的物を任意で債務者に返還した場合などは、自分が質権者であることを「第三者」に対抗できなくなります。

用語

対抗要件
契約当事者以外の第三者にも、自分に権利があることを主張（対抗）できるための要件。

2 抵当権について

(1) 抵当権とは

抵当権とは、債務者または第三者（物上保証人）が債務の担保に供した物につき、債権者が提供者からその**占有**を**移転せず**に、その使用収益にまかせておきながら、債務が弁済されない場合にその物の価額から優先弁済を受けることのできる担保物権をいいます（民法 369 条）。

抵当権の目的物とすることができる権利は、民法に定められていて、土地建物等の不動産、地上権、永小作権です。なお、抵当権は 1 つの目的物に対して**複数**設定でき、1 つの建物等に 1 番抵当権、2 番抵当権と順位を決めて、優先順位は登記の前後で決まります（民法 373 条）。

プラスα

債務者が自分の住む建物に抵当権を設定した場合、占有の移転が**不要**なので、そのまま住み続けられますが、債務を弁済できない場合、抵当権が実行されて、建物が競売に付されることとなります。

(2) 抵当権の設定および登記

抵当権は、債権者と不動産等の所有者（抵当権設定者）との間に交わされる抵当権設定契約によって成立します。第三者への対抗要件としては、**登記**が必要です。抵当権の場合、**登記**は対抗要件ですが（民法 177 条）、成立要件では**ありません**ので、**登記**を行わなくても成立はします。

CHECK

抵当権の登記は、対抗要件ですが、成立要件では**ありません**。登記を行わなくても、抵当権は成立**します**。

抵当権は、目的物の**占有**を**移転せず**に、その価値を把握する担保物権なので、目的物を設定者の手元に留めておくことができる。

（3）抵当権の効力

抵当権には、優先弁済的効力、附従性、随伴性、不可分性、物上代位性が認められています。そして、抵当権の及ぶ範囲は、抵当不動産だけではなく、当該不動産と一体をなしていると考えられるものにも及びます。

①被担保債権の範囲

金銭債権の「利息」については、満期に至った「**最後の2年分**」についてのみ抵当権を実行できるとされています（民法375条）。

②抵当権の効力が及ぶ範囲

抵当権は抵当不動産ばかりではなく、当該不動産と経済的に一体となっていると考えられる付属物にも、その効力が及びます。例えば、ある家に抵当権を設定した場合、その家の「畳」にも抵当権の効力が及び、抵当権を実行して競売される場合は、畳ごと競売に付されます。

この発展的な解釈として、判例では、借地上の建物について抵当権を設定した場合には、その**土地賃借権**にも抵当権の効力が及ぶとされています（最判昭40.5.4）。つまり、このケースで抵当権を設定したのは「建物」ですが、抵当権が実行されて、建物が競売されて買い受けたとしても、**土地賃借権**が一緒についてこないと、その土地上に建物を有する権利がなくなるのです。

③物上代位

物上代位とは、抵当権の目的物の売却、賃貸、あるいは滅失等によって債務者が受け取ることができる保険等の金銭給付についても、抵当権を行使できることです。

例えば、抵当権の目的となっている建物が火災で焼失し

プラスα

抵当権にも附従性や随伴性がありますので、被担保債権が消滅すれば、抵当権も**消滅**しますし、被担保債権が移転すれば、抵当権も一緒に**移転**します。

プラスα

どの程度の債権の担保であるかは抵当権登記を見ればわかりますが、延滞利息額までは登記されません。被担保債権の範囲の規定は、後順位抵当権者等が登記から利息についての情報を得ることができず、不利な状況に置かれることを避けるためにあります。抵当権設定者に対してはこのような制限はありません。

プラスα

物上代位のイメージ

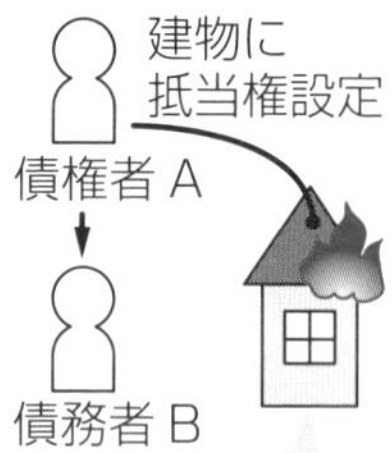

火災により建物が滅失しても、その保険金等に対して抵当権の効力が及ぶ。

キーワードでCHECK!　抵当権の物上代位性　⇒

た場合、抵当権者は担保がなくなってしまいます。しかし、その建物が火災保険に入っていて、建物所有者が保険金を受領できる場合、その火災保険金から回収することが**できる**というものです。

ただし、この物上代位を行使するためには、目的物の代わりとなる金銭等の債務者への払渡しまたは**引渡しの前**に**差し押さえる**ことが必要です。

プラスα

被担保債権について一定の極度額を定めて、その極度額の限度で、一定の範囲に属する不特定の債権を担保する抵当権を根抵当権といいます。

3　譲渡担保について

約定担保物権には、民法上に規定されている質権と抵当権のほかにも、民法上には規定されていない譲渡担保、仮登記担保などといった**非典型**担保物権があります。この点、試験では譲渡担保について問われる可能性があるので、譲渡担保について確認しておきます。

プラスα

譲渡担保は、判例で認められた物的担保です。

譲渡担保とは、債権の担保のために、目的物の所有権を一度債権者に譲渡した形をとって、債務が弁済されれば、その所有権を債務者に戻す方法をとる担保です。質権や抵当権では、目的物を担保権者に引き渡したり、抵当権登記を設定したりしますが、所有権までは移転しないところ、この譲渡担保では形式上とはいえ、所有権を移転させて、債務が弁済されなければ担保権者がそのまま所有権を取得します。

譲渡担保の目的物としては、工場等にある工具や機械等の企業用動産を用いることが多く、例えば、ある工場が債務を負っている場合、その債権の担保として、工場内の大型の機械の所有権を債権者に譲渡する形をとり、債務が弁済されれば、その機械の所有権を戻してもらいます。

なお、一定範囲内に特定等ができれば、「工場内にある部品のすべて」や「保管されている商品すべて」という形での担保方法も**可能**であり、これを**集合譲渡担保**といいます。

プラスα

譲渡担保権の実行に際して、被担保債権の額が目的物の価額より少ない場合、小さな借金と引換えに高価な物を差し押さえられるということは不公平です。そこで、被担保債権の額と目的物の価額との清算（売却額が被担保債権額を上回れば、その分を債務者に渡す）が必要とされています。

目的物が売却・賃貸・滅失等することで債務者が受け取る金銭給付について抵当権を行使できること。債務者への**引渡し前**に、**差し押さえる**必要がある。

一問一答で確認しよう！

□□□**問 1**　A の債務について保証人となった B は、債権者が A より先に B へと保証債務の弁済請求をしてきた場合、まずは A に請求することを求めることができる。

□□□**問 2**　A の債務について連帯保証人となった B は、債権者が A より先に B へと保証債務の弁済請求をしてきた場合、まずは A に請求することを求めることができる。

□□□**問 3**　連帯債務において、連帯債務者のうちの 1 人が債務のすべてを履行したとしても、他の連帯債務者の債務が消滅するわけではない。

□□□**問 4**　B に対して 100 万円の金銭債権を有する A が、B 所有の土地に抵当権も有する場合、B が A に対して 80 万円を弁済したならば、残り 20 万円を弁済しなかったとしても、A は当該抵当権を実行することができない。

□□□**問 5**　B に対して 100 万円の金銭債権を有する A が、B 所有の建物に抵当権も有する場合で、当該建物が火災で焼失し、B が火災保険金を得ることができる場合は、A はその火災保険金に対しても抵当権の効力を及ぼすことができる。

正解　1○　2×　3×　4×　5○

1：このような保証人の権利を**催告の抗弁権**という。

2：「連帯」保証人については、**補充性**が認められないため、**催告の抗弁権**と**検索の抗弁権**が認められない。

3：連帯債務は、複数の債務者が同一の債権に対して同じ債務を負い、**各連帯債務者**が、債務の**全額**について履行する義務を負うものなので、連帯債務者のうちの 1 人が債務のすべてを履行すれば、他の連帯債務者の債務は**消滅する**。

4：抵当権には**不可分性**があるため、**全額**の弁済を受けるまでは、目的物の全部に対して担保権を行使**できる**。

5：本問のような効力を抵当権の**物上代位性**といい、本問のような火災保険金等に対しても抵当権の効力が**及ぶ**。なお、かかる**物上代位**を行うためには、当該金銭等の債務者への払渡しまたは**引渡しの前**に、**差し押さえ**なければならない。

予想問題にチャレンジ！

問題　抵当権に関する次のアおよびイの文についての①～④の記述のうち、その内容が最も適切なものを 1 つだけ選びなさい。

ア　債務者の保有する土地に既に抵当権が設定されていた場合であっても、その土地に再度抵当権を設定することができる。

イ　債務者の保有する土地に抵当権を設定した場合、その担保される範囲は債権の元本だけでなく、満期に至った最後の 2 年分の利息についてのみ抵当権を実行できる。

① アおよびイのいずれも適切である。

② アのみが適切である。

③ イのみが適切である。

④ アおよびイのいずれも適切でない。

解答	

正解	①

ア ○　抵当権は 1 つの目的物に対して**複数設定**できる（民法 373 条）。

イ ○　金銭債権の利息については、満期に至った最後の 2 年分についてのみ抵当権を実行できる（民法 375 条）。

予想問題にチャレンジ！

問題　担保物権に関する次の①～④の記述のうち、その内容が適切なものを 1 つだけ選びなさい。

① 債権の存在に附従して担保物権が存在し、債権が弁済等で消滅することで担保物権も消滅するという性質を随伴性という。

② 抵当権または質権を設定しようとする場合、設定者としては、その目的物の占有を債権者に移転しなければ、ともに成立することはない。

③ 法律で定められた要件を満たすことで生じる担保物権を法定担保物権といい、当事者間の合意で成立する担保物権を約定担保物権というが、留置権は法定担保物権に分類される。

④ 抵当権が及ぶ範囲は、抵当不動産に限られ、その付属物等に及ぶことはない。

解答	

正解	③

① ×　債権の存在に附従して担保物権が存在し、債権が弁済等で消滅することで担保物権も消滅するという性質を**附従性**という。

② ×　抵当権は要物契約**ではない**ため、占有等を移転しなくても**成立する**。なお、質権は要物契約**である**ため、目的物の占有を移転することが**成立要件**となる。

③ ○　法律で定められた要件を満たすことで生じる担保物権を**法定担保物権**といい、これには**留置権**と**先取特権**がある。また、当事者間の合意で成立する担保物権を**約定担保物権**といい、これには**質権**と**抵当権**がある。

④ ×　抵当権は、抵当不動産自体**だけではなく**、当該不動産と一体をなしていると考えられるものにも**及ぶ**。例えば、抵当不動産が日本庭園であった場合、そこに置かれている石灯籠等にも**及ぶ**。

第４章

法人の財産管理と法律

第1節 法人の財産取得に関連する法律

学習日 ／

企業が活動していくためには様々な財産が必要です。財産の主なものとして土地や建物、設備、債権、特許権や著作権等の知的財産権などがあります。これら財産にかかわる法律を確認します。

Ⅰ 法人の財産取得

重要度 ★★

POINT

この項目は所有権の取得に関して、第三者への対抗要件の話が中心となる。対抗要件は事例問題で出題されるので要注意。即時取得《そくじしゅとく》もよく出題される。

1 財産の取得契約について

財産を取得するということは、その財産について所有権の移転を受けるということです。所有権の移転を受ける契約には、売買契約と贈与契約（企業が企業活動の中で財産の贈与を受けることは稀ですが…）があります。

ここまで見てきたとおり、売買契約は当事者の**意思表示の合致**があればそれだけで成立しますが、実務の取引では、当事者の一方が表示された意思どおりに財産の引渡しや代金支払をしなかった場合を考えて、現実に財産の引渡しや所有権移転登記、あるいは代金支払があったときに所有権が移転するという特約を結ぶことが多いです。

CHECK

「意思表示の合致した時」について別の言い方をすると**売買契約の成立時**ともいえます。

（1）法人と「動産」の取得について

①動産とは

民法上、土地と建物は不動産に分類されますが、この不動産**以外**の物を動産といいます（民法 86 条 2 項）。

キーワードで CHECK! 即時取得の要件 ⇒

②動産と第三者対抗要件

動産の**二重譲渡**があったときは、**引渡し**が第三者**対抗要件**となり、先に**引渡し**を受けたほうが優先します。

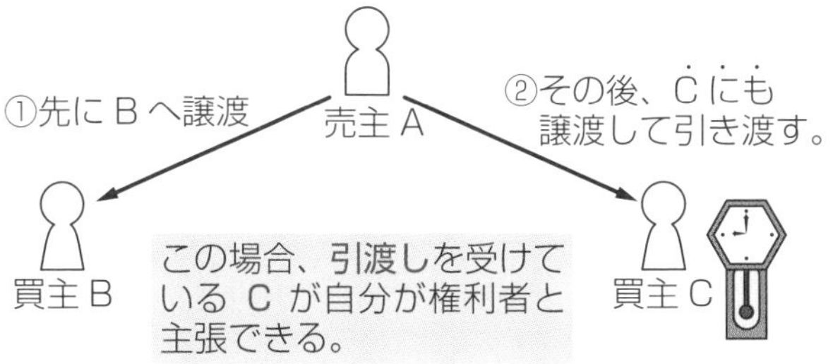

③動産の即時取得

所有権者でない者から動産を譲り受けた場合、原則として、所有権は移転しません。しかし、**動産**については、**取引行為**によって、平穏・公然に動産の**占有**を始めた者は、**善意・無過失**であれば、即時にその動産について行使する権利を取得します（民法 192 条）。これを即時取得と呼びます。

要するに、**善意・無過失**で他人から物を買い受けた者は、たとえ売主がその**動産**の権利者でなかったとしても、その**動産**の所有権を取得してしまうということです。

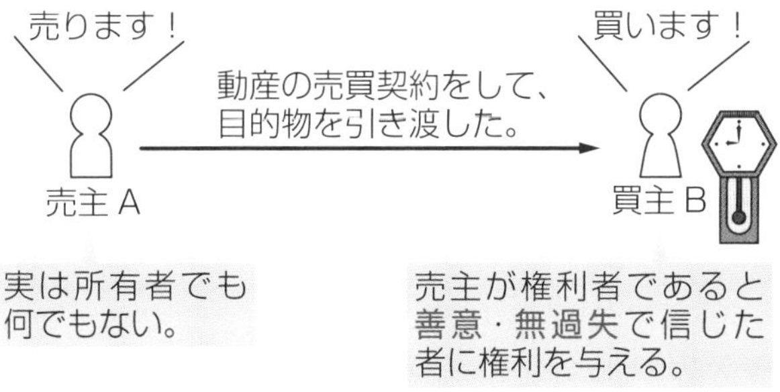

用 語

二重譲渡
同一物を複数の者に譲渡すること。左のように、A が B に時計を譲渡後、A が同じ時計を第三者 C に譲渡する場合など。

対抗要件
自分の権利を第三者に対して主張するために必要な要件のこと。上記の「二重譲渡」があった場合、自分こそが権利者であると主張できるための要件と考えてもよい。

CHECK

即時取得の制度は目的物が**動産**であることと、**取引行為**であることが前提となります。つまり、相続によって取得した物の中に、他人の物が紛れ込んでいても、相続は**取引行為**ではないため、即時取得できません。この点は何度も出題されています。

プラスα

ただし、その占有物が盗品や遺失物であるときは、即時取得が認められないこともあります。

即時取得が成立するためには、①**動産**について、②**取引行為**によって、③平穏・公然に、④動産の占有を始めた者が、⑤**善意・無過失**であることが必要である。

（2）法人と「不動産」の対抗要件について

土地と、土地の定着物（建物など）を不動産と呼びます（民法 86 条 1 項）。民法は、不動産に関する物権の得喪《とくそう》（得ることや失うこと）および変更は、不動産登記法その他の登記に関する法律の定めるところに従って、その**登記**をしなければ、第三者に対抗できないと規定しています（民法 177 条）。

つまり、不動産の二重譲渡があったときは、先に**登記**をしたほうが優先します。

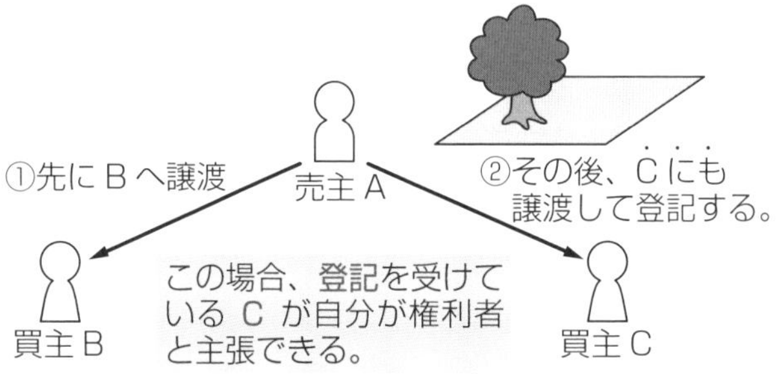

2　財産としての「債権」について

（1）債権の譲渡性

債権も売買や譲渡の目的物である財産です。原則として、債権も他の財産同様に譲渡契約によって譲渡することができます（民法 466 条 1 項）。しかし、債権については当事者（債権者、債務者）が**合意**することで、譲渡を禁止することもできます。

（2）債権譲渡の対抗要件

債権の譲渡は、**譲渡人**が債務者に**通知**をし、または**債務者**が**承諾**をしなければ、債務者その他の第三者に対抗することができません（民法 467 条 1 項）。そして、この通知または承諾は、**確定日付**のある**証書**によってしなければ、債

プラスα

先ほど「動産」については「引渡し」が第三者への対抗要件となると述べましたが、**法人**の場合、「動産」についても登記をすることができ、第三者への対抗要件とすることができます（動産及び債権の譲渡の対抗要件に関する民法の特例等に関する法律 3 条）。

キーワードで CHECK!　**債権譲渡の債務者への対抗要件　⇒**

務者以外の第三者に対抗することができません（同条２項）。

◆債権譲渡のイメージ

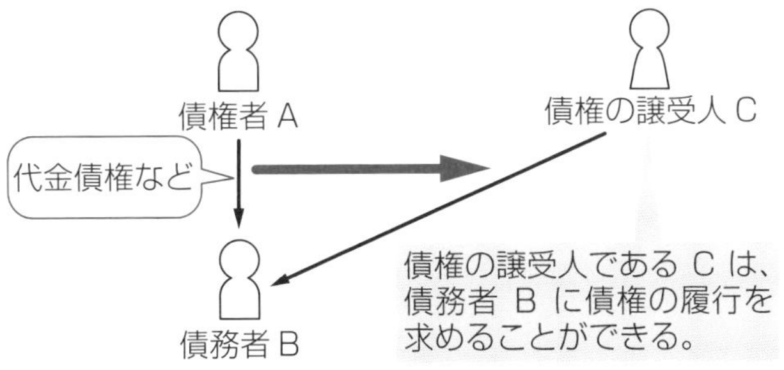

3　固定資産の管理について

（1）不動産の管理

①不動産登記について

不動産登記制度は、不動産に関する権利を公示して、不動産について新たに権利関係に入ろうとする者に対して権利の内容を知らせ、取引の安全を図るための制度です。

誰でも、その不動産を管轄している法務局、地方法務局、その支局、出張所で登記事項を証明した書類（登記事項証明書等）の発行を受けることができます。また、登記事項を証明した書類は、オンラインによる請求もできます。

②不動産登記簿（記録）

不動産登記簿（磁気ディスクで調製したものは不動産**登記記録**）は、土地および建物のそれぞれについて備えられます。

そして、不動産登記簿（不動産**登記記録**）は、不動産の物理的現況（土地であれば**面積**や**地番**などの表示）を記録した**表題部**と、所有権や抵当権などの権利の登記を記録した**権利部**に分かれ、**権利部**はさらに、**所有権**に関する甲区

プラスα

債権の「譲渡人」に債務者への通知を求めたのは、もし譲受人の通知で足りるとなると、債権を譲り受けてもいないのに、譲り受けたと主張して、債権の請求をしてくる者が出てきて、債務者が本当に履行を行ってよいかわからなくなるためです。また、債権譲渡について、債務者が承諾する場合は、債務者が新債権者を認識するので、誰が真の債権者かわかります。

CHECK

左の不動産登記簿の構成は、何度か出題された実績がありますので、覚えておきましょう。

なお、その不動産が差押えを受けているかという内容は、**所有権**に関することに含まれるので、**甲区**に記録されます。

債権の譲渡は、**譲渡人**が債務者に**通知**をし、または**債務者**が**承諾**をしなければ、債務者その他の第三者に対抗することができない（民法 467 条 1 項）。

と、**所有権以外**の権利に関する乙区に分かれます。

4　流動資産の管理について

(1) 商品・原材料の管理

商品や原材料は一般に棚卸《たなおろし》資産と呼ばれます。売却がなされる前または製品化される前の状態の財産です。一つ一つは少額のものであっても、一定数をまとめて（集合物として)、借入金の担保として利用することも可能です。

(2) 預金の管理

金融機関に預金者が金銭を寄託し、受託した金融機関がこれを運用しつつも、預金者から返還の請求があったときは、預金者に受託した金銭と同額の金銭を返還する制度を預金と呼びます。預金契約の法的性質は消費寄託契約です。

そして、金融機関に対して預金債権があることを証明する書類が預金通帳・証書です。預金者が預金の払戻しを受けるには、この預金通帳・証書と金融機関に届け出た印章（印鑑）が必要となります。

なお、預金の払戻しについて正当な権利者でない者が、何らかの形で取得した預金通帳・証書等を持参した場合、金融機関がその持参者を預金者と**無過失**で信じて支払をすれば、金融機関は免責され、真の権利者である預金者に重ねて払い戻す責任はありません（民法 478 条、預金約款)。

プラスα

もし預金通帳と印鑑を持っている者への支払にも、金融機関が免責されないとするならば、金融機関は怖くて払戻しができなくなります。それは結果、決済等の手間が増えることになるため、経済活動を阻害します。

(3) 有価証券の管理

有価証券（株券、社債券、金融債券、国債券、地方債券、手形・小切手など）を所持する者は、その有価証券が一定の作成様式に従って作成されている場合には、原則として、その証券の権利者であるとの推定を受けます。

一問一答で確認しよう！

□□□**問1**　Aは、Bに対して有する代金債権をCに譲渡し、Aがその旨をBに通知した場合、CはBに対して、譲り受けた代金債権の請求時に、自らが債権の譲受人である旨をBに対抗することができる。

□□□**問2**　不動産登記簿（不動産登記記録）は、不動産の物理的現況（土地であれば面積や地番などの表示）を記録した権利部と、所有権や抵当権などの権利の登記を記録した表題部に分かれる。

□□□**問3**　金融機関が、その窓口で届出印章とともに預金通帳を提示し、預金の払戻しを請求した者を預金者として過失なく信じて預金を払い戻した。この場合、その者が正当な権利者でないときは、民法上、その払戻しは無効とされる。

□□□**問4**　民法上、不動産について即時取得規定が適用されることはない。

正解　1○　2×　3×　4○

1：民法上、債権の譲渡は、**譲渡人**が債務者に**通知**するか、**債務者**が**承諾**をしなければ債務者その他の第三者に対抗することができない（民法467条1項）。本問では**譲渡人**のAが、**債務者**であるBに対して譲渡の**通知**を行っている以上、譲受人Cは債務者であるBに対して、自己が債権の譲受人であることを対抗することが**できる**。なお、**譲渡人**による**債務者**への**通知**を要求したのは、「譲受人」の**通知**でよいとすると、債権を譲り受けてもいないのに、勝手に譲受人と称して通知を行い、債権の請求を行った際、債務者のほうで逐一確認しなければならなくなるからである。

2：不動産登記簿（不動産登記記録）は、不動産の物理的現況（土地であれば面積や地番などの表示）を記録した**表題部**と、所有権や抵当権などの権利の登記を記録した**権利部**に分かれる。なお、**権利部**はさらに所有権に関する甲区と、所有権以外の権利に関する乙区に分かれる。

3：金融機関に対して、預金者が預金の払戻しを受けるには、預金通帳（証書）と金融機関に届け出た印章（印鑑）が必要であり、預金の払戻しについて正当な権利者でない者が、預金通帳・証書等を持参した場合、金融機関がその持参者を預金者と**無過失**で信じて支払をすれば、金融機関は**免責**され、真の権利者である預金者に重ねて払い戻す責任は**ない**（民法478条）。

4：即時取得の規定は、「**動産**」の「**取引**」であることが前提である。

予想問題にチャレンジ！

問題　即時取得に関する次の①～④の記述のうち、その内容が適切なものを 1 つだけ選びなさい。

① 土地を不法占拠している者から、そのことを知らずにその土地を買い受けた場合、その土地に対して即時取得が成立しうる。

② 同機種の他人のノートパソコンを自分のものと間違えて持ち帰った場合であっても、その他人のノートパソコンを即時取得することはない。

③ A は B から B 所有の腕時計を借りて使用していたが、A が死亡し、C が単独で相続した。この場合、C が腕時計が A のものであると無過失で信じたとき、C はその腕時計を即時取得する。

④ 窃盗を行った者からその盗品を購入した場合であっても、購入者が窃盗の事実を知らなければ、即時取得が必ず成立する。

解答	

正解	②

① ×　即時取得が成立しうるのは「**動産**」に対してのみである（民法 192 条）。

② ○　即時取得は、「**取引行為**」によることによって成立しうる（民法 192 条）。間違えて持って帰った場合、取引行為が発生していないため即時取得は成立することは**ない**。

③ ×　相続は取引行為**ではない**ため、即時取得は**成立しない**。

④ ×　即時取得は、所有権者でない者から取引によって動産を**善意・無過失**によって取得した場合に成立する。しかしながら、盗品や遺失物であった場合は即時取得が認められない**場合もある**。

予想問題にチャレンジ！

問題　次の①～④の記述のうち、その内容が最も適切なものを１つだけ選びなさい。

① 売買契約の目的物の所有権は、契約当事者間に特約がなければ、売買目的物の引渡しか、売買代金の支払のいずれかが履行された時に買主に移転する。

② Aは、Bに対する債務を担保するため、自己所有の建物に抵当権を設定したが、抵当権設定登記は経なかった。その後、Aが当該建物をCに譲渡した場合でも、Bは原則として、Cに対して当該建物に設定した抵当権を対抗できる。

③ Aは、所有する土地をBに譲渡し、Bからその代金を受領したが、Bへの所有権移転登記を行わなかった場合、その後、Aが当該土地をCにも譲渡してその所有権移転登記を行うと、Bは、原則として、Cに対して当該土地の所有権を対抗できない。

④ Aは、所有するパソコンをBに譲渡し、当該パソコンをBに引き渡した。その後、Aが当該パソコンをCにも譲渡してしまうと、BはCに対して、当該パソコンの所有権を対抗できない。

解答	

正解	③

① × 売買契約の目的物の所有権は、原則として、**売買契約の成立時**に移転する。具体的には、当事者間の**意思表示が合致**した時である。

② × 不動産に関する物権の得喪と変更は、**登記**をしなければ、第三者に対抗できず（民法177条）、担保「物権」についても同様である。したがって、抵当権設定登記を経ていないBは、Cに対して抵当権を対抗**できない**。

③ ○ 不動産に関する物権の得喪と変更は、**登記**をしなければ、第三者に対抗することができない（民法177条）。本問Bは当該土地の**登記**を受けていないため、BはCに対して当該土地の所有権を主張**できない**。

④ × 動産に関する物権の得喪と変更は、当該目的物の**引渡し**によって、第三者に対抗することができる（民法178条）。本問Bは当該パソコンの**引渡し**を受けているため、BはCに対して当該パソコンの所有権を主張**できる**。

第2節 知的財産権について

学習日 ／

知的財産を簡単にいえば、人や企業の知的活動によって生み出される情報のことです。知的財産権といっても特許権や著作権など、様々な種類がありますので、各内容等を確認していきます。

Ⅰ 知的財産権とは

重要度 ★★★

POINT

各知的財産権のうち、特許権と著作権はよく出題されるので、しっかりと押さえておくこと。その他の知的財産権も意味くらいは把握しておこう。

1　特許権について

（1）特許権の意義

自然法則を利用した**技術的思想の創作**のうち、**高度**なものを発明と呼び、有用な発明をした発明者に対し、その発明を公開する代償として、一定期間その発明を独占的・排他的に使用できる権利を付与することを特許と呼びます。

特許権は、この独占的・排他的使用権を意味し、特許権を持つ者（特許権者）は、業として特許発明を実施する権利を有します。

（2）特許要件

特許権を取得するために必要な要件を特許要件といいますが、この特許要件として、**産業上の利用可能**性、**新規**性、**進歩**性の３つがあります。

①産業上の利用可能性

特許法29条１項は「**産業上利用**することができる発明

プラスα

知的財産基本法２条１項によれば、知的財産とは「発明、考案、植物の新品種、意匠、著作物その他の人間の創造的活動により生み出されるもの（発見又は解明がされた自然の法則又は現象であって、産業上の利用可能性があるものを含む。）、商標、商号その他事業活動に用いられる商品又は役務を表示するもの及び営業秘密その他の事業活動に有用な技術上又は営業上の情報」とされています。

キーワードでCHECK!　特許要件　⇒

をした者は」「その発明について特許を受けることができる」と規定しています。つまり、特許を受けるためには、その発明が「**産業上利用**できるもの」でなければなりません。そして、この産業には、工業、**農林水産業**、**鉱業**、商業、**サービス業**が含まれます。

②新規性

新規性とは、その発明が**いまだ社会に知られていない**ことです。例えば、特許を受ける権利を有する者がその発明を出願前に公開した場合、この新規性は、原則として、**失われます**。

CHECK

なお、原則として、外国において知られている発明でも新規性は**失われます**。

③進歩性

進歩性とは、その発明の属する**技術分野**における**通常の知識**を有する者が、特許の出願時点の技術的常識に基づいて、**容易**に発明をすることが**できない**ことを意味します。

(3) 職務発明

企業の従業者等（従業員、法人の役員、国家公務員または地方公務員など）が、その性質上、当該使用者等の業務範囲に属し、企業の設備等を利用してその発明をするに至った行為が、その使用者等における従業者等の現在または過去の職務に属するものを**職務発明**と呼びます。

職務発明について、**企業**には通常実施権が認められます。また、**あらかじめ**契約や勤務規則等の定めで**使用者**等に特許を受ける権利を取得させる定めをしたとき、特許を受ける権利も発生時から**使用者**等に帰属します（**予約承継**）。この場合、従業者等は、相当の金銭等の経済上の利益（**相当の利益**）を受ける権利が認められます。

プラスα

職務発明とは要するに、仕事上発明したもののことです。

プラスα

従業者等が受ける**相当の利益**については、①決定に際し、使用者と従業員間で行われる**協議の状況**、②算定について、従業員からの**意見聴取状況**、③策定された基準開示の状況が、その決定について、**不合理**であってはならないとされます。

特許権を取得するために必要な要件を特許要件という。この特許要件は３つあり、①**産業上の利用可能**性、②**新規**性、③**進歩**性となっている。

(4) **先願《せんがん》主義**

別個独立に同じ内容の発明を完成させた者が複数ある場合、それぞれに特許を受ける権利が発生します。この場合、**最も先に出願**した者に対して、特許を認める考え方を**先願主義**といいます。

(5) 特許権の実施許諾

特許権者は、自己が有する特許発明を利用する権利（実施権）を他人に**許諾**することができます。

①専用実施権

専用実施権の設定を受けた者（専用実施権者）は、設定行為（契約等）で定めた範囲内において、業としてその特許発明の実施をする権利を専有し、専用実施権者は、特許発明を独占的・排他的に実施することができます。

その反面、他人に専用実施権を設定した特許権者は、自分で特許発明を実施することも、第三者に対して重ねて実施権を許諾することも**できなく**なります。

②通常実施権

通常実施権の設定を受けた者（通常実施権者）は、設定行為で定めた範囲内において、業としてその特許発明の実施をする権利を**有します**。そして、通常実施権を許諾した場合、同一の範囲内において、第三者に重ねて通常実施権を許諾することが**できます**し、また、その範囲内で特許権者自身が実施することも**できます**（特許法 78 条）。

(6) 特許権の発生

特許権は、特許登録原簿への**登録**により発生し、存続期間は、特許**出願日**から 20 年の経過で終了します。

プラスα

実施権には専用実施権と通常実施権があります。

プラスα

特許権者または専用実施権者は、自己の特許権や専用実施権を侵害する者、侵害するおそれがある者に対して、その侵害の**停止（差止め）**または**予防**を請求できます。また、特許権侵害は、**刑事罰**が科されることもあります。

キーワードでCHECK! **先願主義** ⇒

2　実用新案権について

(1) 実用新案権の意義

実用新案とは、自然法則を利用した技術的思想の創作（実用新案ではこれを**考案**といいます。）であって、物品の**形状**、**構造**または**組合せ**に関するものです。

この実用新案を保護するため、**登録**を受けた実用新案を独占的・排他的に実施する権利を実用新案権といいます。

プラスα

考案は、発明ほどの高度な技術的創作である必要はなく、実用新案権はいわゆる小発明を保護するために認められた権利といえます。

(2) 実用新案権の登録

実用新案として登録を受けるためには、特許要件と同じ3つの要件が必要と**なります**が、特許権とは異なって、これらの要件について実体審査は行わず設定登録が行われます。

つまり、審査が行われるのは方式上の要件を満たしているかどうか、また、登録を受けるために必要とされる基礎的要件を満たしているかどうかだけです。

(3) 発生と存続期間

実用新案権は、設定の**登録**によって発生し、実用新案登録**出願の日**から10年間存続します。

プラスα

特許権と実用新案権の登録について、更新の制度は**ありません**。

3　意匠《いしょう》権について

(1) 意匠権の意義

意匠とは、物品（物品の部分を含む。）の形状、模様若しくは色彩若しくはこれらの結合（以下「形状等」という。）、建築物（建築物の部分を含む。）の形状等または画像であって、視覚を通じて**美感**を起こさせるもの（いわゆる**デザイン**）をいいます。

物品、建築物、画像の全体に限らず、それらの一部分を意匠登録の対象とする（部分意匠制度）ことが**できます**し、一組のコーヒーセットのように、同時に使用される複数の

同時に同内容の発明者が複数人いた場合、各人に特許を受ける権利が発生するが、**最も先**に出願した者に対して、特許を認める考え方を**先願主義**という。

物品等の組合せで、全体として統一性があるものは、1つの意匠（組物の意匠）として出願して意匠登録を受けることも**できます**。

また、人形が現れたり隠れたりするおもちゃなどのように、物品等の形状等が変化する場合、その変化の前後にわたる形状、模様、色彩、そしてこれらの結合を意匠（動的意匠）として登録することも**できます**。

プラスα

さらに、1つのデザインコンセプトから創作された複数のバリエーションの意匠についても登録することが**できます**（関連意匠）。

(2) 意匠登録の要件

意匠の創作をした者は、次の要件を満たしていれば、その意匠について意匠登録を受けることができます。

①**工業上利用可能**であること

工業的方法によって量産が可能であること。

②**新規**性があること

意匠登録出願前に日本国内または外国において公知となった意匠でないこと。

③創作の**非容易**性があること

出願前にその意匠の属する分野における通常の知識を有する者が日本国内または外国において公然知られた形状等に基づき容易に意匠の創作をすることができないこと。

プラスα

意匠権の効力として、意匠権者は、業として登録意匠およびこれに類似する意匠の実施をする権利を専有します。なお、意匠権についても先願主義（p.178参照）が採用されています（意匠法9条1項）。

(3) 意匠権の存続期間

意匠権の存続期間は、設定の**登録出願**の日から25年の経過で終了します。

プラスα

関連意匠の意匠権の存続期間は、その本意匠の登録出願の日から25年です。

4 商標権について

(1) 商標権の意義

商標とは、人の知覚によって認識することができるもののうち、文字、図形、記号、立体的形状若しくは色彩またはこれらの結合、音その他の政令で定めるもの（標章《ひょうしょう》）

キーワードでCHECK! **商標権の存続期間と更新** ⇒

であって、①業として商品を生産・証明し、または譲渡する者がその商品について使用をするもの（**商品商標**）、または、②業として役務を提供し、または証明する者がその役務について使用をするもの（**役務商標**）をいいます。

（2）商標権の取得

商標登録は、一定の事項を記載した願書に必要な書面を添付して特許庁長官に提出して行います。そして、一定の審査手続を経て設定登録されることで商標権が発生します。商標権も、先願主義がとられています。

（3）商標権の存続期間

商標権の存続期間は、設定の**登録の日**から **10** 年です。そして、この存続期間は、商標権者の更新登録の申請により、10 年ごとに**更新できます**。

5　著作権について

（1）著作権の意義

著作権という語は、著作物の複製等の権利の総称として使用されます。また、著作物とは、**思想**または**感情**を創作的に表現したもので、文芸、学術、美術または音楽の範囲に属するものをいいます。

（2）著作者とは

著作者とは、著作物を創作する者です。法人等の業務に従事する者が職務上作成する著作物（コンピュータプログラムの著作物を除く。）で、その法人等が自己の著作の名義の下に公表するもの（職務著作）の著作者は、その作成のときにおける契約、勤務規則その他に別段の定めがない限り、その**法人等**とされます

プラスα

継続して３年以上登録商標の使用をしていないときは、誰でも、その商標登録を取り消すことについて審判を請求することができます。

プラスα

事実の伝達にすぎない雑報や、時事の報道は、著作物には該当**しません**。

プラスα

【著作権法が例示する著作物】
①小説、脚本、論文、講演その他の言語の著作物
②楽曲、楽曲を伴う歌詞という音楽の著作物
③舞踊または無言劇の著作物
④絵画、版画、彫刻、マンガ、書、舞台装置などの美術の著作物
⑤建築の著作物
⑥地図または学術的な図面、図表、立体模型などの図形の著作物
⑦映画の著作物
⑧写真の著作物
⑨プログラム著作物

商標権の存続期間は、設定の**登録**の日から **10** 年である。そして、この存続期間は、商標権者の更新登録の申請により、**10** 年ごとに**更新できる**。

(3) 著作者の権利

著作者は以下の権利を有しますが、これらは著作物の**創作**が行われれば**それだけで成立**します。つまり、これまで見てきた権利のように登録の必要は**ありません**。

①著作者人格権

著作者人格権は、著作者が著作物について有する人格的利益の保護を目的とする権利であり、著作者の一身専属権であって他人に譲渡することは**できません**。

著作者人格権の内容は、**公表権**、**氏名表示権**、**同一性保持権**の３つがあります。

まず**公表**権とは、要するに、まだ公表されていない著作物等を発表する権利です（著作権法 18 条 1 項)。**未発表**が前提の権利なので、著作者の同意を得ないで公表された著作物もこの権利の対象と**なります**。

そして、**氏名表示**権とは、著作物について著作者の氏名を表示する(またはしない)権利です(著作権法 19 条 1 項)。なお、氏名の表示の有無にかかわらず、著作権は**認められます**。

また、**同一性保持**権とは、著作物およびその題号（タイトル等）の同一性を保持し、著作者の意思に反して変更や改変等を受けない権利のことです（著作権法 20 条 1 項)。

②著作権

著作権といっても数多くの権利があり、複製権、上演権、演奏権、上映権、公衆送信権等、口述権、展示権、頒布権、譲渡権、貸与権、翻訳権、翻案権等があります。

これら著作権の目的となっている著作物は、個人的にまたは家庭内その他これに準ずる限られた範囲内において使用すること（**私的使用**）を目的とするときは、一定の場合

プラスα

著作権は、原則として、著作者の**死後70**年を経過するまでの間、存続します（著作権法51条2項)。

プラスα

著作権の侵害があったとき、著作権者は、侵害行為の差止め、損害賠償、不当利得の返還、名誉の回復などを請求できます。さらに、著作権を侵害した者に対しては、**刑事罰**（懲役または罰金）が科されることもあります。

キーワードでCHECK!　**著作者人格権　⇒**

を除き、その使用者が**複製**できます。

(4) 著作隣接権

著作権自体ではありませんが、文化の発展を促す観点から、自ら著作物を創作するわけではなく、他人の著作物を利用して公衆に伝達する実演家やレコード製作者等には**著作隣接**権という権利が認められます。

具体的には、実演家には、氏名表示権、録音権および録画権等、レコード製作者には複製権、送信可能化権といった権利です。

6　営業秘密（トレードシークレット）について

秘密として**管理**されている（**秘密管理**性）生産方法、販売方法その他の事業活動に**有用**な技術上または営業上の情報（**有用**性）であって、**公然と知られていない**もの（**非公知**性）を**営業秘密**といいます（不正競争防止法２条６項）。

この**営業秘密**は、不正競争防止法によって保護され、保護を受けるために登録等は必要**ありません**。

不正競争によって営業上の利益を侵害され、または侵害されるおそれがある者は、その侵害者等に対して、侵害の停止または予防を請求することができ、また、侵害の行為を組成した物等の廃棄、侵害の行為に供した設備の除却その他の侵害の停止（差止め）または予防に必要な行為を請求することができます。また、これに併せて損害賠償、信用回復措置を請求できます。

そして、営業秘密の侵害があったときは、侵害者には刑事罰（10年以下の懲役若しくは2,000万円以下の罰金、またはこの併科）が科されることがあります。さらに、これが法人の業務として行われた場合、侵害者のみならず、**法人にも**５億円以下の罰金が科されます。

プラスα

顧客リストや、実験データ、販売マニュアルなども営業秘密です。

著作者が著作物について有する人格的利益の保護を目的とする権利のことを著作者人格権といい、**公表権**、**氏名表示権**、**同一性保持権**の３つがある。

一問一答で確認しよう！

□□□**問 1**　意匠権は、意匠の創作時に成立し、権利として保護を受けるために特許庁へ登録する必要はない。

□□□**問 2**　各企業の営業秘密は不正競争防止法によって保護されているが、この法律による保護を受けるためには、各企業は公然と知られていない営業秘密の官庁への登録が必要となる。

□□□**問 3**　特許法上、発明に特許権が付与されるためには、当該発明が産業上利用できるものであることを要せず、新規性および進歩性の要件を充たしさえすればよい。

□□□**問 4**　企業の従業員が、特許法上の職務発明に該当する発明をした場合、その企業は、特許法上当然に特許権を取得する。

□□□**問 5**　特許出願前に日本国内または外国において公然知られた発明については、原則として新規性が失われるため、特許を受けることができない。

□□□**問 6**　意匠登録を受けた意匠について、第三者が意匠権者よりも早く同じ意匠を創作したことを証明すれば、意匠登録は取り消され、当該第三者が改めて意匠権の設定登録を受けることができる。

正解　1×　2×　3×　4×　5○　6×

1：意匠権は、所定の事項を記載した願書を特許庁に提出し、審査を経て**登録を受ける**ことで成立する。

2：営業秘密の保護を受けるために登録等は**不要**である。

3：特許要件は、当該発明が**産業上利用**できるものであること、**新規**性および**進歩**性があることである。

4：職務発明について、勤務規則等に定めがない限り、特許権を取得できるのは**発明を行った従業者**等であり、企業等が有するのは、その特許権についての**通常実施権**である。

5：新規性とは、**国内**または**外国**において公然知られた発明等でないことを意味するので、本問の場合では新規性が**失われ**、特許を受けることが**できない**。

6：**最も先に出願**した人だけが意匠登録を受けることができる（**先願主義**）。

予想問題にチャレンジ！

問題　企業と知的財産権に関する次のア～エの記述のうち、その内容が適切なものの個数を①～⑤の中から１つだけ選びなさい。

ア　企業で発明をしたとしても、その発明を企業秘密にしておきたい場合、特許権を取得するべきではない。

イ　商標権の存続期間は、設定の登録日から 20 年で、更新することができる。

ウ　コンピュータプログラムは、著作物に該当することがある。

エ　企業Ａが保有している特許権に、他社Ｂに対して専用実施権を設定した場合、Ａは自社の発明であってもその特許発明を実施できなくなる。

①　0 個

②　1 個

③　2 個

④　3 個

⑤　4 個

解答

正解　④

ア　○　特許権が発生すると、その発明が「**公開**」されるため、発明を企業秘密にしておきたい場合、特許権は取得**するべきではない**。

イ　×　商標権の存続期間は、**設定の登録日**から 10 年で、更新することができ、以降も 10 年ごとに更新ができる。

ウ　○　プログラムの著作物は、著作権法上の**著作物**として、著作権法 10 条 1 項 9 号に例示されている。

エ　○　専用実施権が設定されると、特許権を保有していても、**専用実施権が設定された者**のみがその特許発明を独占的・排他的に実施することができることになる（特許法 77 条）。

予想問題にチャレンジ！

問題　次の①～④の記述のうち、その内容が最も適切でないものを 1 つだけ選びなさい。

① 営業秘密とは、事業活動に有用な技術上または営業上の情報で、秘密として管理されている非公知のものである。

② 同一または類似の商標が複数出願された場合は、特許権とは異なり、先願主義の適用はない。

③ 実用新案として登録を受けるためには、その考案が産業上の利用可能性があり、新規性、進歩性を備えたものでなければならない。

④ 特許権は、特許登録原簿への登録により発生し、特許権の存続期間は、特許出願の日から 20 年が経過することで終了する。

解答	

正解	②

① ○　営業秘密とは、事業活動に有用な**技術上**または**営業上**の情報で、秘密として管理されている**非公知**のものである。営業秘密が保護されるためには、登録等は必要ない。

② ×　商標も特許権と**同じく**、**先に出願**した者が権利者となる**先願主義**がとられている。

③ ○　実用新案の登録を受けるには、その考案が**産業上の利用可能**性があり、**新規**性、**進歩**性を備えたものであることが必要とされている。なお、特許権とは異なり、実体審査は行われない。

④ ○　特許権は、特許登録原簿への**登録**により発生する。また、特許権の存続期間は、特許**出願の日**から **20** 年が経過することで**終了**し、更新はできない。

第５章

各種企業活動への法規制

第1節　取引に対する各種規制

学習日　／

ここでは企業活動に対する各法律による規制について、試験対策上重要なものを中心に確認していきます。特に独占禁止法については、コンスタントに出題されているのでしっかりと押さえておきましょう。

Ⅰ　独占禁止法と大店立地法

重要度 ★★★

POINT

各種企業への法規制のうち、まずは経済関連法規を確認する。特に独占禁止法はコンスタントに出題されるので、赤字部分はしっかり押さえておくこと。

1　独占禁止法とは

ある産業や分野について、１つの企業がその産業や分野を支配することを独占といいますが、この独占の状態は、公正な競争を妨害する可能性が高いので、原則として、独占禁止法は独占の状態になることを禁止しています。独占禁止法は、公正かつ自由な競争を促進することなどによって、一般消費者の利益の確保と民主的で健全な国民経済の発達を促進することを目的としており（独占禁止法１条）、**私的独占、不当な取引制限、不公正な取引方法**という主要な３つの類型の行為を禁止しています。

そして、この法律を運用・執行するための行政機関として、公正取引委員会が設置され、日々、特定の事業者による独占が行われていないか監視しています。

なお、独占禁止法の対象となる「事業者」には、会社や商法上の商人などに**限られず**、公益法人や公共団体も**含まれます**。

プラスα

独占禁止法の正式名称は「私的独占の禁止及び公正取引の確保に関する法律」といいます。

プラスα

「独占」に関して、明治以降の日本では三井、三菱、住友といった大財閥が多くの産業で巨大な利権を独占したことで、新興企業による参入が困難となり、経済的な民主化が遅れたという反省に立っています。

用語

公正取引委員会

内閣府の外局として設置され、独占などの経済犯を取り締まる官庁のこと。

キーワードでCHECK!　公正取引委員会　⇒

2　私的独占とは

私的独占とは、ある事業者が単独で、または他の事業者と結合・通謀するなどして、他の事業者の**事業活動**を**排除・支配**することで、自由で民主的な競争を阻害することです（独占禁止法２条５項）。どのような方法をもって行うかは**問いません**。

例えば、ある市場で優越的な力を有した事業者が、**不当《ふとう》廉売《れんばい》（いわゆるダンピング）**や**差別価格**を強制することで、他企業の活動に不利益を与えることなどをいいます。これらの行為は独占禁止法に**違反**します。

ただし、ある企業の技術力が他社を圧倒したことで、当該他社の市場退出を招き、その結果として、市場を独占するというケースもありますが、このような場合は必ずしも「私的独占」とはなりません。

3　不当な取引制限とは

独占禁止法２条６項では「**不当な取引制限**」についても規定しています。不当な取引制限とは、「事業者が、契約、協定その他何らの名義をもつてするかを問わず、他の事業者と共同して**対価**を決定し、**維持**し、若しくは**引き上げ**、又は数量、技術、製品、設備若しくは**取引の相手方**を**制限**する等相互にその事業活動を拘束し、又は遂行することにより、公共の利益に反して、一定の取引分野における競争を実質的に制限すること」とされています。これらは、ある分野における自由競争を制限するものであることから、公正取引委員会が常に取締りにあたっています。

典型的な「不当な取引制限」の具体例は次ページの表のもので、これらの行為は独占禁止法に**違反します**。事例問題に対応できるよう、各具体例をイメージできるようにしておきましょう。

用語

不当廉売（ダンピング）
市場の健全な競争を阻害するほど、不当に安い価格で商品を販売すること。

差別価格
安くしか買わない人には安く売り、高く買う人には高く売るということ。

プラスα

「他企業の活動に不利益」には、競争相手の株式買収や役員兼任等も該当します。

用語

不当な取引制限
一般に「カルテル」と呼ばれ、中でも取引先の争奪を制限するケースは「談合」と呼ばれる。また、事業者の新規参入を阻止するような動きも違法となり、摘発対象になる。

独占禁止法を運用するための行政機関として設置されている機関が**公正取引委員会**である。日々、特定の事業者による独占が行われていないか監視している。

◆典型的な「不当な取引制限」の例

価格協定	同業他社が共謀して、以下のような行為などをすること（主なもの）。 ①商品価格の維持や改定に関する協定 ②最低販売価格や値上げ率などの価格水準を決定する協定
生産制限協定	生産や出荷について、各社で共謀する動きのこと。
設備制限協定	生産設備を増やすことを制限し、生産数量を操作する動きのこと。
技術制限協定	同業者間の技術力の格差をなくすことで、技術開発に関する費用を抑制しようとすること。
取引制限協定	競争相手である同業他社と共謀することで、同業他社とともに安定した共存共栄を図ろうとする動きのこと。
入札談合	同業他社との間の談合によって、あらかじめ落札者や落札価格を決めておくこと。

プラスα

生産制限協定は、製品の数量を共謀して操作することで、価格維持を図ろうとするものです。

プラスα

入札談合は、公共事業で発生することが多く、しばしばニュースにも取り上げられています。

4　不公正な取引方法とは

不公正な取引方法（独占禁止法 19 条）とは、それ自体は競争を直接制限していなくても、公正な競争を阻害する可能性のある行為を指します。典型的な「不公正な取引方法」の具体例は次ページのもので、これらの行為も独占禁止法に**違反します**。

なお、右記の「抱き合わせ販売」に関して、商品 A と商品 B をセットで販売しつつも、それぞれ個別の販売も行っているのならば、抱き合わせ販売に該当**しません**。商品 A だけ購入したいと思えば、それが可能だからです。

キーワードでCHECK!　不当廉売　⇒

◆典型的な「不公正な取引方法」の例

共同供給拒絶	正当な理由のないまま、特定の事業者との取引をしないこと。
不当廉売《れんばい》	不当に低い価格で商品・役務の提供を行うことで、他の事業者の事業を困難にさせること。
不当顧客誘引	誇大広告や景品等をつけることで、消費者の選択判断を自己に有利なように誘導しようとするもの。
抱き合わせ販売	人気のある商品 A の販売に際して、売れ残っている商品 B をセットで販売しようとするような行為。
排他条件付取引	取引先に対して、自己の競争者と取引しないように圧力をかける行為。
再販売価格の拘束	製造メーカーなどが提供する商品について、小売業者等に対して、価格を自己に都合の良いように売らせる（安売りをさせない）行為。
拘束条件付取引	相手方にとっての相手方（第三者）との取引との事業活動を不当に拘束するような取引。
優越的地位の濫用	下請け企業等に対して、不当な条件で取引をさせる行為。
競争者に対する取引妨害	競争関係にある事業者の相手方との取引を妨害する行為。
競争会社への干渉	競争関係にある会社へ不当に干渉すること。

5　独占禁止法に抵触する行為に対する措置と責任

公正取引委員会による行政上の措置のほか、刑事責任と民事責任を負うことがあります。

プラスα

共同供給拒絶には、他の事業者を巻き込むというケースも想定されます。

プラスα

不当顧客誘引は「不当景品類及び不当表示防止法」（不当表示防止法）による取締りも受けます。

プラスα

優越的地位の濫用は、消費税増税の際に問題になりましたが、元請企業が下請け企業に対して価格転嫁を辞退させるといった行為や、不当に自社の商品を下請け企業に購入させるといった行為です。

プラスα

競争会社への干渉の具体例としては、株式の譲渡や企業秘密の漏洩等があります。

プラスα

独占禁止法を運用するための行政機関として**公正取引委員会**があります。

仕入費用を下回るような採算を度外視した低廉な価格で商品の販売を継続して行い、競争者の販売活動を困難にするような取引方法を**不当廉売**という。

（1）独占禁止法に抵触する行為に対する公正取引委員会による措置

排除措置命令 （行政上の措置）	独占禁止法違反が見受けられるケースにおいて、当該行為の**差止め**等の当該行為を排除するために必要な措置を事業者に命じること。
課徴金納付命令 （行政上の措置）	違反行為で事業者が得た経済上の利得について、**課徴金**を課すことで国庫に納付するよう命じること。

（2）独占禁止法違反行為についての民事責任と刑事責任

①独占禁止法違反の行為により損害を受けた被害者等から、差止請求と損害賠償請求を追及されることがあります（**民事責任**）。

②独占禁止法違反者に対して、5年以下の懲役または500万円以下の罰金などの刑事罰が科されることがあります（**刑事責任**）。

プラスα

行政上の措置だけではなく、被害者に対する民事責任を追及されたり、刑事罰も受けます。

6　大店立地法（大規模小売店舗立地法）について

経済関連法規について、大店立地法という法律もあります。これは大型のスーパーマーケットなど店舗面積が1,000㎡を超える大規模小売店舗に対して、周辺の**生活環境**を守る観点から、**立地**について一定の調整を図るべく、店舗を新設する際に都道府県等への届出などの規制がされています。

具体的には、大規模小売店に対して、店舗面積や営業時間等の規制は**されない**反面、周辺における廃棄物等による**環境悪化**や、**交通渋滞**への配慮などが求められます。

プラスα

交通渋滞への配慮の具体例としては、必要な台数の駐車場を設けることなどがあります。

キーワードでCHECK!　消費者契約法　⇒

Ⅱ 消費者保護に関する法律

重要度 ★★

POINT

消費者を保護する各種法律からは、消費者契約法と特定商取引法がコンスタントに出題されている。この2つの法律はしっかり押さえておきたい。

1 消費者契約法について

(1) 消費者契約法とは

私的自治の原則から、私たちは自由に契約を結び、取引することができるのが原則ですが、事業者と**個人**消費者とでは、その有する情報量や交渉力等に差があることが多いため、消費者の利益が損なわれることがあります。

そこで、事業者と**個人**消費者の格差を是正するべく、民法の特別法として定められているのが消費者契約法です。

なお、この消費者契約法は、消費者と事業者間のすべての契約に適用され、契約の対象となる商品や役務の種類も問われません。ここでいう消費者は**個人**を前提とするため、事業者間の契約には適用**されません**し、たとえ個人であったとしても、**事業のため**に契約当事者となる個人は除かれます（消費者契約法2条1項）。

なお、事業者には商人だけではなく、公益社団法人や学校法人、宗教法人など、営利を目的としない法人や団体も**含まれます**。

プラスα
消費者契約法では、事業者の努力義務が明示されています。

(2) 消費者契約法による取消し

消費者契約法では、事業者の行為によって、消費者が**誤認**や**困惑**して締結した契約と**過量**な内容の契約について、その契約の申込みまたは承諾の意思表示を**取り消す**ことができます（消費者契約法4条）。それぞれの取消事由は、以下のものになります。

プラスα
消費者の誤認や困惑する行為に対して、当該行為の差止請求をできる団体として内閣総理大臣が認定する**適格消費者団体**があります（消費者契約法2条4項）。

情報量や交渉能力など、事業者と**個人**消費者の格差を是正して、**消費者の保護**を図るべく、民法の特別法として定められている法律が消費者契約法である。

①「誤認」による取消事由

項　目	具体例
重要事項の不実告知	絵画の購入に際し、著名な画家の作品との説明を受けたが、実際にはその模造品であった場合など。
不利益事実の不告知	保険契約の締結に際して、デメリットの説明が全くない場合など。
将来の変動が不確実な事項についての断定的判断の提供	投資顧問会社の従業員から投資顧問契約締結の勧誘を受けた際に「必ず損を取り戻せる」と説明を受けた場合など。

②「困惑」による取消事由

項　目	具体例
事業者の不退去	家庭等に訪問し、帰らずに居座る行為など。
退去妨害	消費者の勧誘場所から消費者を帰さずに困らせる行為など。

③「過量な内容」による取消事由

過量な内容とは、契約の目的となるものの分量、回数、期間が、その消費者にとって通常想定されるものを著しく超えるものです。取消事由の具体例として、あまり外出せず、日常的に着物を着ることもない一人暮らしの高齢者に対して、その高齢者にとって何十着も着物を買うことが過量であることを知りながら、何十着もの着物の購入を勧誘し販売した場合、があります。

契約の申込みや承諾を取り消した場合、その意思表示は初めから無効となりますので、事業者と消費者は互いに**原状回復義務**を負うことになります。

この消費者契約法に基づく取消権は、誤認に気がついた時や困惑状態を脱した時など追認できる時から**1年間**（霊

プラスα

「困惑」による取消事由として、2019年6月15日施行の改正法では、①不安をあおる告知②人間関係の濫用（デート商法等）③判断力の低下の不当な利用④霊感等による知見を用いた告知⑤契約締結前に債務の内容を実施等⑥契約締結前の事業活動による損失補償の請求、が追加されました。また、2023年6月1日施行の改正法で、新たに①退去困難な場所への同行および勧誘②威迫による第三者への電話連絡等の妨害③契約前に目的物の原状を変更（回復困難）等が追加されています。

用　語

原状回復義務

元の状態に戻すこと。契約が解除等された場合、契約締結以前の法律上の状態に復帰させること。

キーワードで CHECK!　**消費者契約法に基づく取消し　⇒**

感等による知見を用いた告知については、3年間）行使しない場合や、誤認に気がつかなくとも、契約締結の時から5年間（霊感等による知見を用いた告知については、10年）を経過すると時効により消滅します。

（3）消費者契約法による契約条項の無効事由

上記までは「取消し」の話であり、消費者が「取り消します！」と言うまでは有効な契約でしたが、消費者に不利益となる一定の契約条項については、消費者契約法により、そもそも当初から無効とされるケースもあります。

◆消費者契約法による契約条項の主な無効事由（消費者契約法8条～10条）

①事業者の**債務不履行**によって、消費者に生じた**損害賠償責任の全部を免除**し、または当該事業者にその責任の有無を決定する権限を付与する条項。
②事業者の**不法行為**によって、消費者に生じた**損害賠償責任の全部を免除**し、または当該事業者にその責任の有無を決定する権限を付与する条項。

2　特定商取引法（特定商取引に関する法律）について

（1）特定商取引法とは

特定商取引法とは、**訪問販売**や**通信販売**など、一般の売買契約とは異なる販売契約等に対して、業者を規制し、消費者を保護する法律です。

この法律の対象となる取引は大きく7種類ありますが、試験ではほぼ訪問販売について出題されるため、訪問販売について確認しておきます。

プラスα

2023年1月5日施行の改正法により、霊感商法等による取消権の行使期間が伸長されました。

CHECK

消費者が事業者から商品等を受け取った当時、自らの意思表示が取り消すことができるものであると知らなかったときは、消費者契約によって**現に利益を受けている限度**で、返還すればよいとされています。

プラスα

2022年6月1日に成立した改正消費者契約法では、事業者の債務不履行により消費者に生じた損害を賠償する責任の一部を免除する消費者契約の条項が、事業者等の重大な過失を除く過失（軽過失）による行為にのみ適用されることを明らかにしていないものは、無効とされることとなりました。

事業者の行為で消費者が**誤認**や**困惑**による契約と過量契約の申込み等を行った場合、それを**取り消す**ことができる。その場合、当事者双方には**原状回復義務**が生じる。

(2) 特定商取引法が適用される訪問販売

特定商取引法が適用される「訪問販売」といえるためには、いわゆる典型的な訪問販売か、業者が営業所等**以外**の場所で呼び止めて、**営業所**に**同行**させたり（いわゆるキャッチセールス）、電話や郵便、パンフレット等の呼びかけで営業所に誘引した者との間で商品や権利等の販売をする場合である必要があり、また、権利の販売の場合には、スポーツ施設利用権などの特定権利である必要があります。

(3) 特定商取引法の効果（クーリング・オフ）

特定商取引法が適用される効果として重要なものはクーリング・オフです。これは消費者が契約の申込みや契約締結時から一定期間、**無条件**で契約を解約できる権利です。**無条件**という以上、業者の承諾は**不要**ですし、損害賠償等の支払も**不要**です。また、商品が手元にある場合、郵送料などを**業者の負担**で引き取らせることができます。

ただし、「一定期間」に行う必要があり、訪問販売の場合は、クーリング・オフできる旨の**書面**の**告知**を受けた日から、8日間以内に、**書面**または**電磁的方法**による解約通知を発する必要があります（特定商取引法9条）。

なお、通信販売は不意打ち性がないため、クーリング・オフの対象外です。

Ⅲ 個人情報の保護に関する法律

重要度 ★★

POINT

その他、取引に関連する規制には多くの法律が存在する。そのうち個人情報保護法について比較的出題されるので、その内容を確認しておこう。

プラスα

販売業者等が訪問販売を行う場合、その勧誘に**先立ち**、氏名・名称、契約締結を勧誘する目的である旨等を**相手方**に**明らかにしなければ**なりません（特定商取引法3条）。

プラスα

その他、消費者保護の法律には、商品の代金等を分割で支払う取引のうち、支払期間が2か月以上にわたって、3回以上に分割するもの等について規制する**割賦販売**法等があります。

プラスα

取引に関連する規制（法律）としては、この他にも多数ありますが、ほとんど出題が確認されません。ただし、昨今では受動喫煙が社会問題化されているため、多数の者が利用する施設の管理者は、望まない受動喫煙を**防止**するために必要な**措置**を講ずるように努めなければならないとされている点は、知っておきましょう（健康増進法30条）。

キーワードで CHECK! クーリング・オフ ⇒

1　個人情報保護法とは

近年は個人情報の保護が重要な問題とされています。個人情報の有用性に配慮しつつ、個人の権利利益を保護することを目的として定められた法律が、個人情報保護法です。

（1）この法律で保護される「個人情報」

個人情報とは、**生存**する**個人**に関する情報で、①当該情報に含まれる氏名、生年月日その他の記述等（個人識別符号を除く）によって、**特定の個人**を**識別できる**ものまたは②個人識別符号が含まれるものをいいます（個人情報保護法２条１項１号、２号）。例えば、生存している外国人に関する情報は個人情報に該当**します**が、会社などの法人の情報や死者に関する情報は、原則として、個人情報に該当**しません**。個人情報により識別される特定の個人のことは**本人**と表現します。

また、用語の話として、個人情報を含む情報の集合物で、特定の個人情報を電子計算機（コンピュータ）を用いて検索できるように体系的に構成したものや、特定の個人情報を容易に検索できるように体系的に構成したものとして、政令で定めるものを**個人情報データベース等**といいます。

なお、この**個人情報データベース等**を構成する個人情報のことを**個人データ**といいます。

プラスα
人種や病歴など、本人への不当な差別や偏見等が生じないよう、取扱いに特に配慮を要する情報が含まれる個人情報を**要配慮個人情報**といいます。この情報については、本人の同意を得ない第三者提供の特例（オプトアウト手続）が**禁止**されます。

（2）個人情報取扱事業者について

先ほどの個人情報データベース等を事業の用に供している者を**個人情報取扱事業者**といい、かかる事業者には様々な義務が課されています。なお、2017 年５月 29 日まで、この**個人情報取扱事業者**に該当するには、取り扱う個人情報の数が 5,000 人を超える必要がありましたが、2017 年５月 30 日からはその要件が撤廃されました。

プラスα
2022 年４月１日に施行された改正法により、個人情報保護法は、いわゆる民間企業のみならず、**行政機関**をも対象とした法律となりました。

消費者が契約の申込みや契約締結時から一定期間、**無条件**で契約を解約できる権利を**クーリング・オフ**という。これを行うのに業者の承諾は**不要**である。

◆主な個人情報取扱事業者の義務

項　目	具体例
利用目的に関するもの	①個人情報の取扱いについて、**利用目的を特定**する。 ②利用目的の変更は、変更前の目的と関連性を有する**合理的範囲**内に限る。
取得に関するもの	①偽りその他不正の手段で、個人情報を**取得してはならない**。 ②個人情報を取得した際は、**あらかじめ**利用目的を**公表**している場合を除き、速やかに利用目的を本人に**通知**するか、**公表**する。
データ内容に関するもの	利用目的の達成に**必要な範囲**で、個人データを正確かつ最新の内容に保つ。
安全管理に関するもの	①取り扱う個人データの漏洩《ろうえい》、滅失等の防止等のため必要かつ適切な**措置**を講ずる。 ②従業者に個人データを取り扱わせる場合、従業者に対して、必要かつ適切な**監督**を行う。 ③違法または不当な行為を助長し、または誘発するおそれがある方法により個人情報を利用してはならない。
第三者提供に関するもの	①原則として、あらかじめ本人の**同意を得ないで**、個人データを**第三者に提供できない**。 ②一定の要件で、個人データを第三者に提供できる手続があり、これを**オプトアウト**という。

プラスα

2017年施行の改正個人情報保護法では、特定の個人を識別できないように、個人情報を加工したものを**匿名加工情報**とし、その取扱いに関する規定が新設されています。

例えば、左表にあるように、個人情報の第三者提供については**本人の同意**が必要ですが、**匿名加工情報**にすることで、**本人の同意**なくして個人情報を目的外で利用でき、また、外部に提供できるしくみが導入されました。

2　マイナンバー法

マイナンバーは、「行政手続における特定の個人を識別するための番号の利用等に関する法律（マイナンバー法）」において規定されています。企業は、マイナンバーの適切な管理のために必要な措置を講ずる**義務**があります。

プラスα

マイナンバー法は、行政事務の処理において、個人や法人等の情報を共有し、管理の効率化を図ることで、国民の利便性を向上させるねらいがあります。

一問一答で確認しよう！

□□□**問 1**　事業者が、製造原価を大幅に下回る価格で自らの製品の販売を継続した結果、競合する他事業者の販売活動が困難となった場合、当該事業者の行為が公正な競争を阻害するおそれがあるときは、不公正な取引方法の一態様である不当廉売に該当する。

□□□**問 2**　ある事業者が他の事業者の事業活動を排除しまたは支配することにより、公共の利益に反して一定の取引分野における競争を実質的に制限する行為は、私的独占として独占禁止法に違反する。

□□□**問 3**　会社の従業員が独占禁止法に違反する行為をした場合、当該会社に刑事罰が科されることはあるが、違反行為をした従業員自身には、刑事罰が科されることはない。

□□□**問 4**　資材甲の供給業者 A 社が、同業他社である B 社と協定を結び、甲の供給価格を現在の価格より引き上げる行為は、独占禁止法に違反する可能性があるが、A 社と B 社との間で、甲の価格を現在の価格より引き下げる協定を締結し、その協定に基づき、甲を現在より安価で供給する行為は、独占禁止法に違反することはない。

□□□**問 5**　事業者が、不当な取引制限に該当する行為をした場合、公正取引委員会から、当該行為の排除措置を命じられることがあるが、課徴金の納付を命じられることはない。

正解　1○　2○　3×　4×　5×

1：**不当**に**低い**価格で商品・役務の提供を行うことで、他の事業者の事業を困難にさせることを**不当廉売**という。

2：ある事業者が単独で、または他の事業者と結合・通謀するなどして、他の事業者の**事業活動**を**排除**・**支配**することで、自由で民主的な競争を阻害しているような行為を**私的独占**といい、独占禁止法に**違反する**。

3：刑事上の措置として、独占禁止法に違反した企業や代表者だけではなく、違反行為をした者に刑罰が科される**こともある**（独占禁止法 95 条）。

4：現在の価格より引き上げる行為だけではなく、価格を引き下げる協定を締結し、その協定に基づき、商品を安価で供給する行為は、不当な取引制限の**価格協定**に該当し、独占禁止法に**違反する**。

5：公正取引委員会から、課徴金の納付を命じられること**もある**。

予想問題にチャレンジ！

問題 独占禁止法に関する次のア〜エの記述のうち、その内容が適切なものを○、適切でないものを×とした場合の組み合わせを①〜⑥の中から１つだけ選びなさい。

ア 独占禁止法を運用・執行する機関は、公正取引委員会である。

イ 営利を目的としない公益法人や公共団体は独占禁止法の対象とはならない。

ウ 独占禁止法に違反すると民事責任と刑事責任は追及されうるが、行政上の措置を受けることはない。

エ 市場で優越的な力を有する事業者が、非常に安価で商品を販売したとしても、自由経済である以上、それをもって独占禁止法違反とされることはない。

① ア－○ イ－× ウ－× エ－×
② ア－○ イ－○ ウ－× エ－○
③ ア－○ イ－× ウ－○ エ－○
④ ア－× イ－× ウ－○ エ－○
⑤ ア－× イ－○ ウ－○ エ－×
⑥ ア－× イ－× ウ－× エ－×

解答	

正解	①

ア ○ 公正取引委員会は、**独占**などの経済犯を取り締まる官庁である。

イ × 独占禁止法の対象となる「事業者」には、会社や商法上の商人などに限られず、**公益法人**や**公共団体**も含まれる。

ウ × 独占禁止法違反行為は、民事責任、刑事責任のみならず、排除措置命令や課徴金納付命令などの**行政上の措置**の対象になる。

エ × 市場の健全な競争を阻害するほど不当に安い価格で商品を販売する行為は、**不当廉売**（**ダンピング**）と呼ばれ独占禁止法に違反する行為である。

予想問題にチャレンジ！

問題　個人情報保護法に関する次の①～④の記述のうち、その内容が最も適切でないものを 1 つだけ選びなさい。

① 従来、個人情報保護法では、個人情報の重要性にかんがみ、個人情報を取り扱う事業者は、すべて個人情報保護法上の個人情報取扱事業者に該当し、その規制を受けることとされている。

② 個人情報保護法に定める個人情報は、生存する個人の情報を意味するため、法人や死者に関する情報は、原則として、含まれない。

③ 個人情報を含む情報の集合物で、特定の個人情報を電子計算機（コンピュータ）を用いて検索できるように体系的に構成したものや、特定の個人情報を容易に検索できるように体系的に構成したものとして、政令で定めるものを個人情報データベース等という。

④ 個人情報取扱事業者は、偽りその他の不正の手段を用いて、個人情報を取得してはならない。

解答	

正解	①

① × かつては、**個人情報データベース等を事業の用**に供している者で、過去 6 か月以内に**個人情報データベース等**を構成する個人情報で識別される特定の個人数が **5,000 人を超えるもの**が個人情報取扱事業者とされ、すべての事業者が規制を受ける**わけではなかった**。その後、2017 年 5 月 30 日よりこの **5,000 人**要件が撤廃されたので、「従来」という**わけではない**。また、国の機関など個人情報保護法に規定される一定の者は、個人情報取扱事業者に該当しない。

② ○ **本問の記述のとおり**である。

③ ○ **本問の記述のとおり**である。

④ ○ **本問の記述のとおり**である。

第2節　ビジネスにまつわる犯罪

学習日　／

企業活動（ビジネス）を行っていくうえで、各種法律に規定される**刑罰**に該当することは避けなければなりません。ここでは、どのような行為が各種刑罰に該当する可能性があるか確認します。

Ⅰ　ビジネスにまつわる犯罪

重要度 ★★

POINT
公式テキストでは数ページ分しかない項目だが、この項目からもコンスタントな出題が確認されている。本書の赤字部分を押さえていれば対応できるだろう。

1　窃盗と横領の境界線

企業活動を行っていく過程で、どのような行為が犯罪にあたるのかという意識が欠如しているため、犯罪が成立してしまうこともあります。昨今大きな話題になることもありましたが、仕事中に知りえた情報を社外に譲渡する行為などは典型例かもしれません。実際に、会社の企業秘密を漏洩《ろうえい》する行為は、不正競争防止法によって刑事責任を問われかねません（不正競争防止法 21 条、22 条）。

この点、社員の所属会社に対する犯罪の典型例としては、会社の物を自分の物にしてしまったり、集金した金銭を使い込んでしまうことかもしれません。これらの行為には、刑法上の**窃盗罪**や業務上**横領罪**が成立しえます（刑法 235 条､253 条）。ここでのポイントは「窃盗罪」と「(業務上）横領罪」には、どのような違いがあるかです。

簡単にいえば、窃盗罪は他人の（自分に処分や管理の**権限がない**）物を盗む（**自分の物**にする）場合に成立する罪で、他方、（業務上）横領罪は、自分が**占有**している（管理権

用語

刑罰
一口でいえば、犯罪者に対して、国家が科する制裁のこと。損害賠償請求など、私人が私人に対して償いや行為を求める「責任」とは区別すること。

用語

窃盗罪
他人の財物を盗むことに対する罪。経済的な価値がある「財物」を盗むことが要件となるが、企業秘密という経済的価値のある情報が書かれている「紙」が「財物」となる。

横領罪
自ら「占有」する「他人の物」を自らの物として利用するような行為に対する罪。

占有
事実的に支配している状態のこと。

キーワードでCHECK!　窃盗罪／業務上横領罪　⇒

限がある）物をそのまま自分の物にしてしまう場合とのイメージでよいでしょう。その自ら占有する**権限**が業務上与えられたポジションであれば、単なる横領罪ではなく、「業務上」横領罪が成立するということです。

なお、これらの窃盗罪や横領罪は「実在する物」が前提となります。例えば､会社の企業秘密が「文書」という「物」の形で保管されている場合、その文書の保管義務を有する立場にある人が、その文書を自分の物のように持ち出せば、**業務上横領罪**が成立しえます。

他方、その企業秘密が情報の状態でしかない場合（頭の中にある状態など)、それを他社に漏らしたとしても、原則として、窃盗罪や横領罪は成立しません。

ただし、会社に対する背任行為として、**背任罪**（刑法247条）が成立する可能性はあります。

2　その他、所属会社に対する犯罪

その他、所属会社に対する社員による犯罪としては、**手形の振出権限**がない人が、勝手に手形を振り出す行為などもあります。これは勝手に手形という**有価証券**をつくり出す行為として、**有価証券偽造罪**（刑法162条）が成立する可能性がありますし、さらに、その手形を使用したとなれば、**偽造有価証券行使罪**（刑法163条）と**詐欺罪**（刑法246条）も成立しえます。

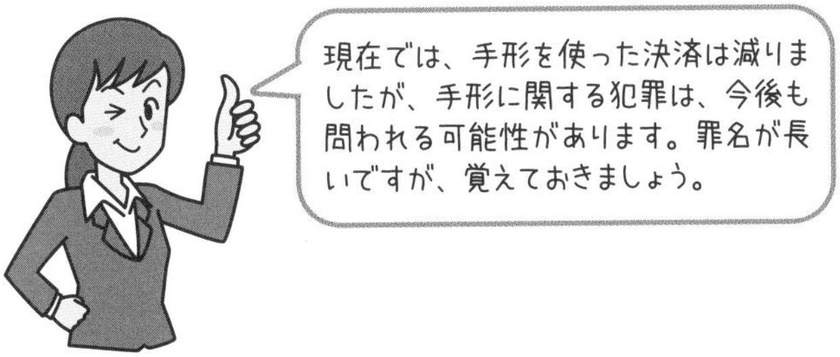

CHECK

少し細かい話ですが、窃盗罪や横領罪は「物」に関する犯罪です。理屈上、情報それ自体は「物」ではないですが、それが記載された文書（紙）を財物と考えます。

用 語

背任罪
他人のために事務を処理する者が、自分や第三者の利益を図りまたは事務処理を依頼した者（会社など）に損害を加える目的で、その任務に背く行為をし、事務処理を依頼した者に財産上の損害を与えた場合に成立する罪。

手形
将来における特定の日に、特定の金額を支払う旨を約束した有価証券のこと。

有価証券
財産権を表す証券のことで、その権利の移転や行使に、その証券が必要となるもの。例えば、商品券も有価証券だが、お店で使う場合に、その証券が必要となる。

従業員が企業秘密（文書）を勝手に持ち出した場合、その文書の管理権限があれば**業務上横領罪**、管理権限がなければ**窃盗罪**が成立しうる。

3　会社法における犯罪

犯罪といっても、刑法に規定されている犯罪に限らず、各法律で罰金等の刑罰を定めている場合もあります。そこで、会社法で規定されている犯罪について確認しましょう。

会社法に規定される犯罪の代表例としては、粉飾決算があります。会社の業績が悪いにもかかわらず、顧客や他社等の信頼を失わないよう経理を不正に操作し、会社に利益が出ていて順調であるように見せかける行為です。

この粉飾決算自体が、取締役等の会社役員が自らの地位を守るために行う場合などでは、会社に対する背任行為（委託の趣旨に背く行為）として、**特別背任罪**（会社法960条）が成立する可能性があります。この**特別背任罪**は、会社の委託の趣旨に背く行為について成立する犯罪なので、例えば、金融機関の融資担当役員等が、回収できる見込みもないのに、担保もとらず融資を行って会社に損害を与えたようなケースにも成立します。

さらに、架空の利益をつくり出し、株主に剰余金の配当を行ってしまえば、**違法配当罪**（会社法963条5項2号）も成立しえます。

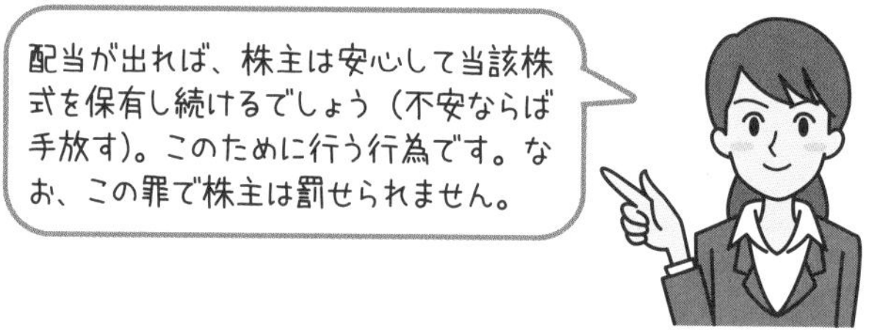

また、いわば会社のオーナーである株主をコントロールすべく、取締役等の役員や支配人等の使用者が、特定の株主に利益を与える行為には、**利益供与罪**（会社法970条）が成立する可能性があります。

CHECK

刑法ではなく、会社法で定められていたとしても、「刑罰」が定められていれば、刑事罰が科されうることになります。

プラスα

本当は会社の運営がうまくいっていないのに、粉飾決算を行い、業績を好調に見せかけて、株主に配当を行うと、ますます会社の財産がなくなってしまいます。

プラスα

利益供与が許されるとなると、利益供与を目的に総会屋が活動を強めて、一般の株主が意見を述べられなくなりえます。

キーワードでCHECK!　背任罪　⇒

4　その他、企業活動に関連する犯罪について

最後に、よくニュースなどで耳にする収賄《しゅうわい》罪について確認していきましょう。

そもそも、刑法で規定されている**収賄罪**（刑法197条等）とは、「公務員」が何らかの見返りを期待されて、金品を「受け取る」ことを罪として罰するものです。

この点、ビジネスを行う私たち私人を基準として考えれば、公務員に対して何らかの見返りを期待して、金品を贈る側になり、これは**贈賄《ぞうわい》罪**（刑法198条）の話になります。つまり、公務員に対して、見返りを期待して金品等を贈る側も、受け取る公務員側も罰せられるということです。

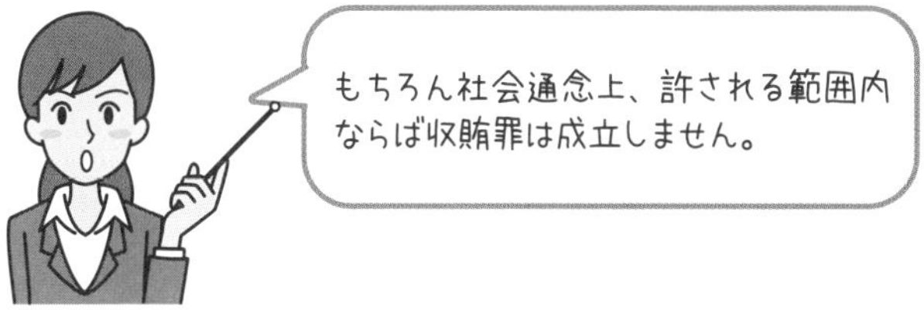

この収賄罪については刑法の規定にとどまらず、会社法においても同様の規定があります。

つまり、会社の役職に就く者が、その職務に関して「不正」の働きかけを受けて、金品を受け取るような場合です。これも贈った側にも贈賄罪が成立します（会社法967条）。

また、先ほど特定の株主に対する**利益供与罪**の話をしましたが、一定の要件をもって、株主に対する収賄罪と贈賄罪も規定されています（会社法968条）。

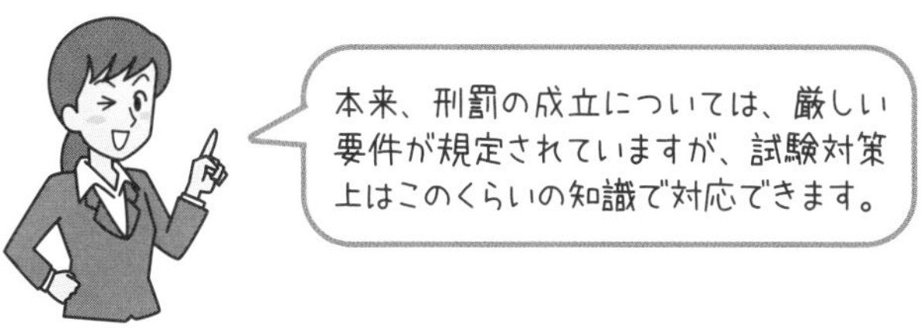

CHECK

会社法における収賄罪については、「不正」の働きかけを受けることが要件となっています。なお、刑法上の収賄罪では、不正を働きかけなかったとしても収賄罪が成立しますが、不正の働きかけを行うと、より罪が重くなります。

従業員が企業秘密を自己の利益を図る意図等で漏らした場合や粉飾決算を行った場合は、会社に対する背任行為として、刑法上の**背任罪**が成立しうる。

一問一答で確認しよう！

□□□**問 1**　企業の従業員や役員が、業務上保管している企業の商品の横流しや集金した金銭の使い込み等をした場合、窃盗罪が成立する。

□□□**問 2**　株式会社の取締役が、粉飾決算をして架空の利益を計上し株主に剰余金の配当を行った場合、当該取締役には違法配当罪が成立し、刑事罰を科されうる。

□□□**問 3**　取締役が粉飾決算を行い、架空の利益を計上して、これに基づき株主に剰余金が配当された場合、当該配当を受けた株主にも刑事罰が科される。

□□□**問 4**　会社の秘密文書を保管する権限を有するＡが、自己の利益を図るために当該秘密文書の内容を他社に漏らし、そのため会社は損害を被った。この場合、Ａには背任罪が成立しうる。

□□□**問 5**　株式会社の取締役が、株主総会での株主の発言を封じる目的で、株主に金品を提供した場合、その株主に株主総会で発言する意図がなくても、当該取締役には利益供与罪が成立しうる。

正解　1×　2○　3×　4○　5○

1：業務として自分が占有する他人の物を横領する行為には、**業務上横領罪**が成立する（刑法 253 条）。

2：株式会社の取締役が粉飾決算をして架空の利益をつくり出し、株主に剰余金の配当を行うと、当該取締役には**違法配当罪**が**成立**し、刑事罰を**科されうる**（会社法 963 条 5 項 2 号）。

3：本問の場合、当該粉飾決算を行った取締役には、粉飾決算を行った点について**特別背任罪**（会社法 960 条 1 項）、違法配当を行ったことについて**違法配当罪**（会社法 963 条 5 項 2 号）が成立するが、当該配当を受けた株主については、罰則は**定められていない**。

4：本問のＡは秘密文書について管理権限があるので、業務上横領罪が成立する可能性もあるが、問題文では秘密文書の「内容を他社に漏らし」とあるだけで、文書という物を持ち出したかという点が不明である。しかし、管理権限のある者が企業秘密を他社に漏らす行為は、会社の委託に背く行為として**背任罪**（刑法 247 条）が**成立しうる**。

5：株主の意図に**関係なく**、利益供与罪は**成立しうる**（会社法 970 条 1 項）。

予想問題にチャレンジ！

問題　ビジネスと犯罪に関する次の①～④の記述のうち、その内容が適切なものを 1 つだけ選びなさい。

① 銀行の融資担当役員 A が回収の見込みがない融資をして銀行に損害が生じた場合、A は銀行に対する損害賠償責任を負うが、特別背任罪に問われることは無い。

② 取締役が会社法上の犯罪を行った場合、その取締役は刑法上の犯罪に問われるだけでなく、取締役も退任しなくてはならない。

③ 社内で手形を振り出す権限を持っていない者であっても、その会社の従業員である以上、手形を勝手に作成したからといって罪に問われることはない。

④ 企業秘密は、従業員が外部に漏らしても形を持たないので、刑法上、窃盗罪にはならず、その他の犯罪に問われることもない。

解答	

正解	②

① ×　銀行に対する損害賠償責任のほか、会社法上の特別背任罪に問われる可能性が**ある**。

② ○　会社法 331 条は、取締役になることができない者を掲げていて、その 3 号に会社法の規定に違反し、刑に処せられ、その執行を終わり、またはその執行を受けることがなくなった日から 2 年を経過しない者が掲げられている。つまり、会社法の犯罪を行うと、取締役でいることが**できなくなる**。

③ ×　手形の振出権限のない者が、勝手に手形を振り出すと**有価証券偽造罪**が成立する可能性がある。

④ ×　企業秘密を漏洩した場合には会社に対する背任行為として、**背任罪**が成立する可能性がある。

予想問題にチャレンジ！

問題　ビジネスにかかわる犯罪に関する次の①～④の記述のうち、その内容が最も適切なものを 1 つだけ選びなさい。

① 会社の企業秘密について権限を有する従業員がその秘密文書を無断で社外へ持ち出し第三者に売却した場合、当該従業員の行為には、窃盗罪が成立しうる。

② 会社において手形の振出権限を有しない従業員が、手形の振出権限を有する者に無断で手形を作成し、これを自己の債務の支払に充てた場合、当該従業員の行為には、有価証券偽造罪が成立するとしても、偽造有価証券行使罪は成立しない。

③ 会社の企業秘密を何らかの形で漏洩する行為について、刑法や会社法上の罰が成立することはあっても、その他の法律に基づく刑事責任は問われない。

④ 株式会社の取締役が、粉飾決算をして架空の利益を計上し株主に剰余金の配当を行った場合、当該取締役の行為には、違法配当罪のみならず、特別背任罪も成立しうる。

解答	

正解	④

① ×　秘密文書という「物」に対して、管理権限を有する従業員が無断で社外に持ち出して、第三者に売却する行為には**業務上横領罪**が成立しうる。管理権限の有無によって、成立する罪が異なってくるので注意すること。

② ×　まず、手形の振出権限を有しない従業員が振出権限を有する者に無断で手形を作成する行為なので、有価証券偽造罪は**成立しうる**。そして、自己の債務の支払に充てている以上、偽造有価証券行使罪も**成立しうる**。

③ ×　**不正競争防止法**の罪が成立しうる。例えば、同法21条1項2号には「詐欺等行為又は管理侵害行為により取得した営業秘密を、不正の利益を得る目的で、又はその営業秘密保有者に損害を加える目的で、使用し、又は開示した者」を罰する規定が**ある**。

④ ○　架空の利益を計上して、株主に剰余金の配当を行う行為については、違法配当罪が**成立しうる**が、さらに要件を満たせば特別背任罪**も成立しうる**。

第６章

会社のしくみについて

第１節　会社のしくみと基本知識

第1節 会社のしくみと基本知識

学習日 ／

ここでは、日本の会社について、その種類と各会社のしくみといった基本的知識を確認していきます。会社のうち株式会社については、試験でコンスタントに出題されるのでしっかり学習しましょう。

Ⅰ 会社の種類と基本構造

重要度 ★

POINT

４種類の会社の基本構造を確認する。株式会社以外の会社はまれに出題される程度なので、余力があれば、赤字部分を押さえておく程度でよい。

1 会社の種類

「会社」とは、会社法の規定に基づいて設立され、営利を目的とする社団法人のことです。現行の会社法には、会社の種類として**株式**会社、**合名**会社、**合資**会社、**合同**会社の４種類が規定されています（会社法２条１号）。

会社は、会社の構成員である出資者や役員である自然人とは別個の法人格を持った存在であり、構成員とは別個の権利義務の主体として存在します。

株式会社とは、株式を発行して資金を調達し、その資金を活用して事業活動を行う会社です。これに対して、合名会社、合資会社、合同会社は**持分**会社と呼ばれます。

株式会社では、定款の変更や取締役・監査役の選任、会社の解散・合併などの、会社の基本的事項に関する意思決定や株主に対する利益配分は、株主を構成員とする**株主総会**の決議によって行われます。**株主総会**における議決権は、保有する株式の数に応じて株主に与えられます。これに対して、**持分**会社では、会社の意思決定や利益配分について

CHECK

この４種類の会社の名称が問われることはないと思いますが、この先の学習の前提として、また、ビジネスパーソンの常識として覚えておきましょう。

キーワードでCHECK!　株式会社における株主の間接有限責任　⇒

は、**定款**《ていかん》で定めることができるという違いがあります。

2　株式会社の基本的なしくみ

現在、わが国の会社の多くは株式会社（**特例有限会社**を含む）ですが、そもそもどのような会社なのでしょうか。

まず、株式会社は、出資者のことを社員（株主）と呼びます。ここでいう「社員」とは、日常でいう従業員のことではありません。そして、この社員の地位を株式と呼びます。下の図のように、この社員たる地位である株式は細分化されることで、大規模な会社であっても 1 株あたりの出資額が少なくて済み、大衆から広く出資を募ることができます。

そして、各社員の地位の大きさは、各社員の経営能力といった個性ではなく、株式の保有数（持株数）だけで決まります。また、社員は出資者というだけで業務執行（意思決定ではない）に関与しません。出資さえすれば誰でも社員（株主）になれるのです。

もう 1 つ株式会社の特徴は、株主が負担する義務は、引き受けた株式の価額を限度とした**出資**義務（額）に**限られ**て、会社債権者に対して、直接の責任を負うことは**ない**ということです（株主の**間接有限**責任）。つまり、株式会社が倒産した場合でも、株主が会社債権者に対して、会社の負債を負担する義務は**ありません**。その代わり、有する株式

用 語

定款
会社などの社団法人の組織や活動を定める根本規則を記載した書面のこと。

用 語

特例有限会社
会社法が施行される前に存在していた有限会社という種類の会社のこと。会社法施行後は「会社法の施行に伴う関係法律の整備等に関する法律」の適用を受ける。

CHECK

株式会社の株主が負担する義務は、**間接有限**責任であり、会社債権者に対して直接の責任を負うことは**ありません**。

株式会社の株主（出資者）が負担する義務は、引き受けた**株式の価額を限度**とした**出資**義務（額）に限られるという責任のこと。

の価値がなくなるため、その分の損失は出ます。株式会社のように、株主の個性が問題にならず、出資者と会社、出資者同士の関係が希薄な会社を物的会社と呼びます。

3　合名会社の基本的なしくみ

合名会社とは、出資者（社員）の全員が、会社債務について、**直接**、**無限**に、**連帯**して責任を負うという、**無限責任**社員**だけ**で構成される会社です（会社法576条2項、580条1項）。つまり、会社が保有する財産で会社債務を弁済できないときは、出資者の全員が会社債権者に対して、債務が完済されるまで、**無限**に債務を負担**します**（**無限責任**）。

また、会社債権者から直接に弁済を請求されたときは、社員個人が弁済に応じなければなりません（**直接**責任）。さらに、社員が複数存在する場合でも、社員一人ひとりが会社債務の全額について弁済する責任を負います（**連帯**責任）。

合名会社の出資者（社員）は、このように重い責任を負担する代わり、原則として、会社の**業務執行権**を持ち、会社を**代表**する権限を持ちます（会社法590条、599条）。

また、出資者が、社員の地位（持分）を他人に譲渡すると、譲り受けた者が新たに出資者となり、譲り渡した者は社員ではなくなりますが、このように社員の地位（持分）を他人に譲り渡すには、原則として、他の**社員全員**の**同意**が必要です（会社法585条）。社員それぞれが重い責任を負うため、各社員にとって、自分以外にどのような社員が存在するかは重大な関心事なのです。

合名会社では、このように社員の交替（持分の譲渡）が制限されているので、自ら望んで社員をやめたい場合、**持分の払戻し**を受けることが認められています（会社法606条以下）。このことを社員の退社といいます。

合名会社は、社員と会社の間も社員同士の間も、相互に

プラスα

ここから先の合名会社、合資会社、合同会社については、ほとんど試験では出題されていません。まずは株式会社の知識をしっかり押さえた後、余力があれば確認する程度でよいでしょう。

CHECK

合名会社の出資者（社員）は、原則として、会社の**業務執行権**を持ち、会社を**代表**する権限を持ちます。気の合った少人数の者で起業するイメージが近いと思います。

用語

持分の払戻し

持分とは社員たる地位のことであり、会社を設立する際に、出資した額のことでもある。設立後に会社から離脱したい場合、その出資額の払戻しを受けて、離脱（退社）できるということ。

キーワードで CHECK!　**無限責任社員**　⇒

人的な信頼関係によって結ばれているため、株式会社のような物的会社に対して人的会社と呼ばれます。この会社形態は、伝統的な地場産業などに多く見られる形態です。

4　合資会社の基本的なしくみ

合資会社とは、**無限責任**社員と**有限責任**社員で構成される会社です（会社法 576 条 3 項）。

無限責任社員の権利義務は、社員全員が無限責任社員である合名会社の社員と同じです。これに対して、有限責任社員は、無限責任社員同様に、会社債務につき直接、**連帯して責任**を負いますが、責任を負うのはあくまで出資すべき額の範囲です（会社法 580 条 2 項）。つまり、有限責任社員の場合は、会社債権者から会社債務の履行を求められても、すでに出資の全額を履行済みであれば、責任は残っていないため、弁済する義務はありません。

また、有限責任社員の出資の履行については、他に無限責任社員が存在するため、株式会社とは異なり全額払込み主義はとられません。

合資会社では、合名会社と比較すると有限責任社員からの資本は集めやすいのですが、無限責任社員の存在が重視されるため人的会社と解されており、その数はあまり多くはありません。

CHECK

合資会社は、**無限責任**社員と**有限責任**社員で構成される会社です。

用 語

連帯責任

複数の者が、同一の内容の債務について、各自が独立して全責任を負うこと。

5　合同会社のしくみと特徴

合同会社は、会社法制定の際に新たに導入された会社形態であり、アメリカの LLC（Limited Liability Company：有限責任会社）をモデルにしたものです。

合同会社は、実質的には**間接有限**責任を負う社員**のみ**からなる会社で、その出資については、同じく**間接有限**責任しか負わない株式会社同様に、全額払込み主義がとられて

CHECK

合同会社の社員は、原則として、会社債務について**間接有限**責任を負うのみです。

会社が負った債務について、社員（出資者）が**直接**的に、かつ、**無限**（債務があるだけ）に責任を負うこととなるタイプの社員のこと。

います（会社法 576 条 4 項、578 条、604 条 3 項）。社員は出資の履行（全額の払込み）により社員となります。

結果、社員となった時点では、社員の出資義務はすでに履行済みとなるため、会社債権者が会社財産から弁済を受けられないときでも、社員に対して弁済を請求することはできません。

何が株式会社と異なるかといえば、株式会社より規模の小さい会社が想定されており、定款に特別の定めをしない限り、社員は会社の**業務執行権**を持ちます（会社法 590 条）。つまり、合同会社は、人的会社の側面と物的会社の側面の双方を持ち合わせた会社形態なのです。

なお、持分の譲渡（会社法 585 条）、社員の加入（会社法 604 条）、定款の変更（会社法 637 条）については、原則として、社員全員の一致が必要とされます。

Ⅱ 株式会社について

重要度 ★★★

POINT

わが国の会社形態で最も多い「株式会社」について、掘り下げて確認する。細かい部分も含めてコンスタントに出題される項目なので、しっかり押さえたい。

1　株式会社の出資を集めるしくみ

株式会社は、多くの出資者から多額の資本を集めて、大規模な事業を行うのに適した会社形態です。それを実現するため、多数の出資者が参加しやすい以下のしくみが準備されています。

（1）社員の地位の細分化

株式会社の社員（出資者・株主）の地位の細分化は、多数の出資者が参加しやすくするためのしくみです。社員の地位は、細分化された均一な割合的単位で表され、出資者

プラスα

株主は株式会社の出資者でありオーナーです。株主が 1 人の株式会社もありますが、多くの出資を集めるために出資額を細分化して、より多くの出資を募れるようにします。その会社に利益が出れば、各出資の割合に応じて利益配当がなされます。

キーワードでCHECK!　**株式譲渡自由の原則　⇒**

は 20 株、あるいは 500 株というように、その資力に応じて出資することができます。

(2) 株主平等の原則

出資者（株主）は、その所有する株式の**内容**および**数**に**応じて**、会社から平等に扱われます（会社法 109 条 1 項、株主平等の原則)。「株式の**内容**および**数**に**応じて**」なので、1 株を持つ人と 100 株を持つ人に対する扱いに差異を設けることは**可能**ですが、“同じ内容の同じ株式数”を持つ株主の間で、差異を設けることは**できない**ということです。

(3) 株式譲渡自由の原則

株式の譲渡は、原則として、**自由**に**できます**。このことで各出資者は、出資した資本を容易に回収できます（会社法 127 条)。その結果、安心して出資できるようになり、より多くの出資が実現できます。

プラスα

左の株式譲渡**自由**の原則は、試験でも頻出です。なお、あくまで原則なので、譲渡を制限することもできます。

(4) 株主の間接・有限責任

株主は、会社債権者から直接に会社債務の弁済を求められることが**ありません**。倒産などの最悪の場合でも、出資した額（株式購入額）を超えて損失を被ることは**ありません**。

やはりこの結果、安心して出資できるようになり、より多くの出資が実現できます。

2　株式会社における所有と経営の分離

株式会社では、不特定多数の出資者を集めるため、社員（株主）がどのような人であるかという個性は問題になりません。出資さえできれば誰が株主となってもよく、会社経営能力とは無関係に株主となれます。

そこで、株主（会社の所有者）の集まりである株主総会は、

プラスα

所有と経営の分離といっても、株主がその会社の取締役等になることも**できます**。実際に数人で活動している小さな株式会社では、株主兼経営者というケースは多いです。

株式会社において、株主がその有する株式を他人に譲渡することが**自由**に**できる**とする原則。原則なので、株式会社は譲渡に制限をかけることも可能である。

会社の根本的な事項についての意思決定をするにとどめ、会社の業務執行（会社の経営）に関する意思決定は、株主総会で選任した取締役等に行わせることにしています。

3　会社財産の確保について

株式会社では、株主は出資額のみの**間接有限**責任を負うだけなので、会社債権者が債権を回収する場合、会社の保有財産から回収するしかありません。そこで、会社債権者保護のため、一定の会社財産を確保しておく必要があります。

そこで、会社の財産を確保するための基準となる一定の金額を資本と呼びますが、会社法は、会社財産確保のための基準として資本制度を採用し、資本の充実・維持に関する規定が定められています。

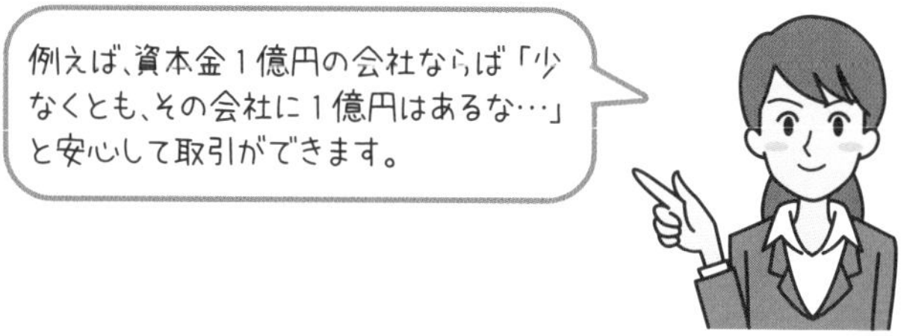

4　会社に対する株主の権利の分類

株式会社の株主には、様々な権利が認められていますが、その株主の権利は、以下のように分類できます。

(1) 自益《じえき》権と共益《きょうえき》権

①自益権

株主が、出資者としての地位に基づいて、会社に対して**剰余金**の配当を請求するなど、会社から**経済的利益**を受けることを目的とする権利を自益権と呼びます。

用語

剰余金

会社の収入から支出を引いて残った金額のこと。会社法上の剰余金は、資本金と法定資本準備金以外のもので、貸借対照表上に「その他資本剰余金」と記されているものをいう。

キーワードでCHECK!　公開会社　⇒

②共益権

株主が株主総会に出席して議決権を行使するなど、会社の**運営**に**参加**し、会社の業務執行を監督し、必要があれば是正することを目的とする権利を共益権と呼びます。

(2) 少数株主権と単独株主権

①少数株主権

総株主の議決権の一定の割合または一定数以上の株式を保有する株主が行使できる権利を少数株主権と呼びます。要するに、株主全員ではなく、一定以上の株式を有する者だけに認められる権利です。

少数株主権には、株主提案権、株主総会招集請求権、株主総会招集権、取締役等の解任請求権、会計帳簿閲覧請求権、会社解散請求権などがあります。

②単独株主権

上記の少数株主権に対して、「1 株でも」保有していれば行使できる権利を単独株主権と呼びます。単独株主権には、議決権、株主総会決議取消請求権、定款閲覧謄写請求権、計算書類閲覧謄写請求権、取締役等の違法行為差止請求権などがあります。

5　株式会社の種類について

(1) 公開会社

発行する全部または一部の株式の内容として、譲渡による株式の取得について株式会社の承認を要する旨の定款の定め（株式の**譲渡制限**）を設けていない株式会社のことを公開会社と呼びます（会社法 2 条 5 号）。

したがって、発行する株式について、一部の株式についてでも、譲渡制限が定められていなければ、公開会社とな

プラスα

株式会社とはいっても、日本では身内だけで行う小さな会社がほとんどです。そこで、知らない人が株主となって現れるのを防ぐため、株式の譲渡制限の定めを設けることは珍しくありません。

株式の譲渡が**自由**である会社のことを公開会社という。これに対して、**株式の譲渡**に制限をかけている会社のことを閉鎖会社と呼ぶこともある。

ります。

(2) 大会社

次の要件のどれかに該当する会社を大会社と呼びます。

①最終事業年度にかかる貸借対照表に計上した資本金の額が5億円以上

②最終事業年度にかかる貸借対照表の負債の部に計上した額の合計が200億円以上

6　株式会社の機関

株式会社において、意思決定や業務執行などの行為を行う存在を「株式会社の機関」と呼びます。

株式会社の機関には、株主総会、取締役（取締役会、代表取締役）、**会計参与**、**監査役**（監査役会）、会計監査人、監査等委員会、指名委員会等（指名委員会、監査委員会、報酬委員会）、執行役（代表執行役）があります。

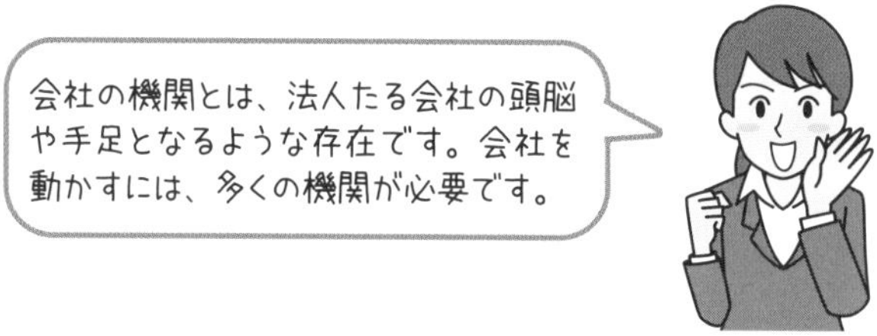

(1) すべての株式会社で設置する機関

機関のうち、**株主総会**と**取締役**については、どのタイプの株式会社であっても設置**しなければなりません**。逆にいうと、この両者が存在しない株式会社は**ありません**。

(2) その他の機関設置に関する定め

その他の機関については、設置すべき場合とそうでない場合があります。この点について、主なものとしては以下

用 語

会計参与
取締役等と共同で計算書類などを作成する機関。

監査役
取締役の職務の執行を監査する機関。監査には業務監査と会計監査とがある。

プラスα

これから様々な会社の機関が出てきますが、一度で覚えようとはせず、何度も読み返して覚えましょう。

キーワードでCHECK! すべての株式会社で設置すべき機関 ⇒

のような決まりがあります。

①**公開**会社は、取締役会を設置しなければならない。

②大会社は、**会計監査人**を設置しなければならない。

③公開会社である大会社は、監査役会、監査等委員会または指名委員会等のいずれかを設置しなければならない。

④会計参与は、**すべての**株式会社で**任意**に設置することができる。

（3）株主総会とは

株主総会は、株式会社の実質的な所有者である株主で構成される機関で、株式会社の最高意思決定機関です。

基本的には、株式会社の組織・運営・管理その他の株式会社に関する一切の事項について**意思決定（決議）**する権限を持ちます（会社法295条1項）。

ただし、**取締役会設置**会社では、株主総会で決議できる事項は、会社法および定款で定められた株式会社の**基本的事項**に限定されています（同条2項）。

株主総会が決議し、決定する事項としては、以下のものがあります。

◆株主総会の決議事項

①会社の基本に関する事項	定款の変更、資本の減少、事業譲渡、解散、合併、会社分割ほか
②機関の選任・解任・報酬に関する事項	取締役・監査役・会計参与・会計監査人・清算人等の選任・解任、取締役・会計参与・監査役の報酬の決定
③株主に重大な利害を与える事項	自己株式の取得、株式併合、募集株式の第三者に対する有利発行ほか

（4）取締役とは

取締役は、**株主総会**によって選任される会社の機関です。取締役会非設置会社と取締役会設置会社では、この取締役

プラスα

株主総会は、**1事業年度**に**1回**以上、必ず開催しなければなりません。また、各株主は原則として、**1株**につき、**1個**の議決権を有するものとされています（会社法308条1項）。

CHECK

株主総会には、**毎事業年度終了後**、一定の時期に招集される**定時総会**と、**必要**に応じて招集される**臨時総会**があります。どちらも原則として、**取締役**が招集しますが、取締役会設置会社では、**取締役会の決議**に基づき、**代表取締役**が招集します（会社法296条3項、298条4項）。

株主総会と**取締役**は、すべての株式会社で設置しなければならない機関とされている。よって、これらを設置しないことができるという問題は**誤り**となる。

の地位や権限が異なります。

①取締役会非設置会社の取締役

取締役は、定款に別段の定めがある場合を除き、株式会社の**業務**を**執行**する機関です（会社法 348 条 1 項）。

取締役の人数は 1 人でも複数でも**構いません**が、**必ず設置**しなければなりません。

取締役が複数の場合、原則として、その**過半数**で業務に関する**意思決定**を行い、対外的に会社を**代表**します（会社法 348 条 2 項、349 条）。

ただし、代表取締役が選定された場合には、代表取締役が業務を執行し、対外的に会社を代表します（会社法 349 条 3 項、4 項）。

②取締役会設置会社の取締役

まず、取締役会設置会社の取締役は、3 人以上でなければなりません（会社法 331 条 5 項）。そして、取締役会設置会社の取締役は、取締役会非設置会社とは異なり、各人が業務執行権限を**持ちません**。取締役全員で構成される**取締役会**を通じて、会社の業務執行に関する**意思決定**を行います。つまり、各取締役は、会社の機関である**取締役会**の構成員にすぎません（会社法 362 条 1 項）。

そして、会社の業務執行は、取締役の中から選定される**代表取締役**と代表取締役以外の取締役で、取締役会の決議によって取締役会設置会社の業務を執行する取締役として選定されたものが行い、会社を代表するのは**代表取締役**です。

なお、後述する指名委員会等設置会社では、会社の業務を執行するのは取締役会の決議により選任された執行役であり、対外的に会社を代表するのは執行役の中から選定された代表執行役です。

プラスα

取締役は、株主によって会社経営を任される、いわば経営のプロという立場です。

プラスα

取締役会「非」設置会社と取締役会設置会社は、言葉自体が長いうえに 1 文字違いの言葉なので、慣れるまでは注意して読み進めましょう。

キーワードで CHECK! **取締役の競業避止義務** ⇒

（5）取締役と会社の法的関係

取締役は、**株主総会**決議によって選任されます（会社法329条1項）。そして、取締役と会社の関係は、民法上の**委任**契約（または**準委任契約**）とされており、その結果として、取締役は会社に対して**善良な管理者**の**注意**義務（**善《ぜん》管《かん》注《ちゅう》意《い》義《ぎ》務《む》**）を負います（会社法330条、355条、民法644条）。

（6）取締役の競業避止義務

取締役が、会社の事業の部類に属する別の取引を行おうとする場合、**株主総会**（取締役会設置会社では**取締役会**）において、その取引に関する重要な事実を開示し、その**承認**を受けなければなりません（会社法356条1項、365条1項）。

また、取締役会設置会社においては、**取締役会**の**承認**の有無とは関係なく、競業取引をした取締役は、その取引後、遅滞なく、その取引についての**重要な事実**を**取締役会**に**報告**しなければなりません（会社法365条2項）。

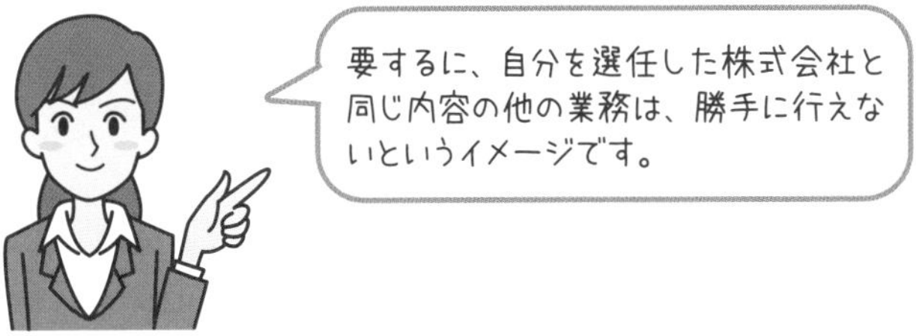

（7）取締役の利益相反取引の制限

取締役が、会社から金銭の貸付けを受けたり、会社と自分の間で売買契約を締結したり、また、取締役個人の債務について会社が保証人になるなどの行為は、悪だくみをすれば会社に損失を与えかねません。このような会社と取締

用 語

委任
当事者の一方（委任者）が、相手方（受任者）に対して、契約などの一定の「法律行為」を委託し、相手方がこの委託を承諾することによって成立する契約。

準委任
当事者の一方（委任者）が、相手方（受任者）に対して、書面の作成などの一定の「事実行為（法律行為でない事務）」を委託し、相手方がこの委託を承諾することによって成立する契約。

善管注意義務
行為者の職業や能力、社会的地位に照らして、取引通念上一般的に要求される程度の注意義務。かなり重い注意義務と考えておけばよい。

プラスα
取締役の善管注意義務は「民法」の規定に基づきますが、これを受けて会社法では、取締役の**忠実**義務という一段重い注意義務を定めています。

取締役が「会社の事業の部類」に属する別の取引を行う場合、**株主総会**（取締役会設置会社では**取締役会**）に**重要な事実**を**開示**し、その**承認**を受ける必要がある。

役の利益が相反する行為を**利益相反取引**と呼びます。

このような取引には、取締役が会社から直接、金銭の貸付けを受ける場合のような直接取引と、会社と第三者の取引によって、取締役が利益を受けるような間接取引がありますが、このような取引を行う場合、取締役会非設置会社では**株主総会**の、取締役会設置会社では**取締役会**の**承認**を受けなければなりません（会社法 356 条 1 項 2 号、365 条 1 項）。

また、取締役会設置会社では、このような取引については、取締役会の承認の有無にかかわらず、取引に関する**重要な事実**について、遅滞なく、**取締役会**に**報告**しなければなりません（会社法 365 条 2 項）。

（8）取締役の報酬

取締役の報酬は、定款に定めがある場合には、その定めによって決定されますが、定款に定めがない場合には、**株主総会**の決議によって決定されます（会社法 361 条 1 項）。

（9）取締役の責任

取締役の責任には、会社に対する責任と、第三者に対する責任があります。

①会社に対する責任

取締役が法令や定款の定めに反する行為を行った場合のように、その任務を怠ったときは、株式会社に対し、この行為によって生じた**損害**を**賠償**する責任を負います（会社法 423 条 1 項）。

もしそのような行為が取締役会決議に基づいて行われたものであれば、**決議**に**賛成**した取締役も**連帯**して**損害賠償**責任を負います（同条 3 項 3 号）。

プラスα

株式会社のオーナー（出資者）は株主であり、会社の取締役は株主に経営を委託された人です。この関係性を理解すれば、取締役の報酬を決めるのは誰かもわかるはずです。なお、2019 年 12 月の会社法改正により、取締役会に取締役の報酬等の決定方針の決定が義務付けられました。

プラスα

取締役が複数いる場合、各自が経営のプロとして委任されている以上、一部の取締役の違反行為を止める責任があります。

キーワードで CHECK!　**取締役の利益相反取引の制限**　⇒

②第三者に対する責任

まず、取締役が**故意**または**過失**によって第三者に損害を与えた場合、民法上の**不法行為**責任を負います（民法 709 条）。これは一般の人でも変わりません。

さらに、取締役がその**職務**を行うについて**悪意**または**重大な過失**があり、第三者に損害が生じたときは、その発生した**損害**を**賠償**する責任を負います（会社法 429 条）。

そして、取締役が第三者への損害賠償責任を負う場合において、他の取締役もその損害を賠償する責任を負うときは、これらの者は、連帯債務者とされます（会社法 430 条）。

③取締役の刑事責任

取締役が、自己若しくは第三者の利益を図り、または株式会社に損害を加える目的で、その任務に背く行為をし、株式会社に財産上の損害を加えたときは特別背任罪にあたり、10 年以下の懲役若しくは 1,000 万円以下の罰金、またはこれが併科されます（会社法 960 条 1 項 3 号）。

(10) 代表取締役とは

代表取締役は、会社の**業務**に関する**一切の権限**を持った会社を**代表**する機関です（会社法 349 条 4 項）。

取締役が複数いる会社でも、代表取締役の選定は任意です。ただし、**取締役会設置**会社（指名委員会等設置会社を除く。）では、**必ず選定**しなければなりません（会社法 362 条 3 項）。

なお、指名委員会等設置会社では、代表執行役が業務執行に関する権限を持ち、会社を代表しますので、そもそも代表取締役は選定**できません**。

会社を代表する権限があるかないかとは関係なく、取締役に社長や副社長などといった役職名が付けられることが

プラスα

民法上の不法行為責任は、取締役ではない広く一般の人でも、故意・過失で他人に損害を与えれば発生します。それだけではなく、会社法では、特に取締役に対して「職務」を行ったことで、第三者に損害を与えた場合の責任も規定しているということです。

プラスα

2022 年 6 月 17 日に公布された改正刑法により、「懲役」の文言が「拘禁刑」に改められることとなりました（公布日から 3 年以内に施行予定）。

CHECK

代表取締役は、会社の業務に関する**一切の権限**を持ち、会社を**代表**する機関です。また、原則として、代表取締役の選定が**任意**ということは、置いても置かなくても**よい**ということです。なお、複数の代表取締役を選定することも**可能**です。

取締役が利益相反取引を行う場合、取締役会非設置会社では**株主総会**、取締役会設置会社では**取締役会**の**承認**を受ける必要がある。

あります。このような一見して代表権があるかのような名称が付けられた場合、実際の権限とは関係なく、その取締役が行った行為について、会社は、**善意の第三者**に対して責任を負わなければなりません（会社法 354 条）。このような取締役を**表見代表取締役**と呼びます。

（11）会計参与

取締役（指名委員会等設置会社では執行役）と共同して、臨時計算書類、連結計算書類などの計算書類や、その附属明細書などを“作成”する機関を会計参与と呼びます。

株式会社は、**定款**で定めれば会計参与を設置することが**できます**（会計参与設置会社：会社法 2 条 8 号）。

会計参与は、いつでも会計帳簿等の閲覧・謄写をし、または取締役、支配人その他の使用人に対して会計に関する報告を求めることができます（会社法 374 条 2 項）。

なお、会計参与は、公認会計士若しくは監査法人または税理士若しくは税理士法人でなければならず、株式会社またはその子会社の取締役、監査役若しくは執行役または支配人その他の使用人と兼任することはできません（会社法 333 条 1 項、3 項 1 号）。

CHECK

会計参与について、**定款**で定めれば設置「**できる**」ということは、設置しなくても**よい**ということです。

（12）監査役

監査役は、取締役や会計参与同様に会社の役員であり、取締役や会計参与の職務の執行を**監査**する機関です（会社法 381 条、329 条）。監査には、取締役の業務の執行を監査する**業務**監査と、計算書類について監査する**会計**監査があります。

監査役は**いつでも**、取締役および会計参与ならびに支配人その他の使用人に対して**事業の報告**を求め、または監査役設置会社の業務および財産の状況の**調査**をすることがで

用語

監査

業務等が法令や社内規程などに照らして適正に行われているかどうかにつき証拠を収集し、証拠に基づいて評価を行い、評価結果を利害関係者に伝達すること。

キーワードで CHECK! 監査役 ⇒

きます（会社法 381 条 2 項）。ただし、公開会社でない株式会社（監査役会設置会社および会計監査人設置会社を除く。）は、定款で定めて、監査役の監査の範囲を会計に関するものに限定することができます(会社法 389 条 1 項)。

CHECK

監査役は、原則として、**株主総会**の決議によって選任されます（会社法 329 条 1 項)。

◆**主な監査役の権限・義務**

報告聴取・調査	いつでも、取締役および会計参与ならびに支配人その他の使用人に対して**事業の報告**を求め、または監査役設置会社の業務および財産の状況の**調査**をすることができる。
取締役会招集請求権	必要があると認めるときは、取締役（招集権者）に対し、取締役会の招集を請求することができる。
差止請求	取締役が監査役設置会社の目的の範囲外の行為その他法令若しくは定款に違反する行為をし、またはこれらの行為をするおそれがある場合において、当該行為によって当該監査役設置会社に著しい損害が生ずるおそれがあるときは、当該取締役に対し、当該行為をやめることを請求することができる。
取締役・会社間の訴訟における会社代表権	監査役設置会社が取締役（取締役であった者を含む。）に対し、または取締役が監査役設置会社に対して訴えを提起する場合には、当該訴えについては、監査役が監査役設置会社を代表する。
取締役会出席義務・意見陳述義務	取締役会に出席し、必要があると認めるときは、意見を述べなければならない。

(13) 監査役会

監査役会は、監査役全員によって構成され、監査報告の作成、常勤の監査役の選定および解職、監査の方針、監査役会設置会社の業務および財産の状況の調査の方法その他の監査役の職務の執行に関する事項の決定を行う機関です(会社法 390 条 1 項、2 項)。

監査役会は、**大会社**（公開会社でないものや、監査等委員会設置会社および指名委員会等設置会社を除く。）では、会計監査人と並んで**必ず設置**しなければならない機関です(会社法 328 条 1 項)。逆にいえば、**大会社**以外では、**任意**の機関です。

プラスα

2019 年 12 月の会社法改正により、監査役会設置会社に社外取締役の設置が義務付けられました。

取締役や会計参与の職務執行を**監査**する機関のこと。監査には、取締役の業務の執行を監査する業務監査と、計算書類について監査する会計監査がある。

(14) 会計監査人

会計監査人とは、株式会社の計算書類およびその附属明細書、臨時計算書類、連結計算書類を監査することを主な職務とする株式会社の機関です（会社法 396 条 1 項、326 条 2 項）。会計監査人は、公認会計士または監査法人でなければなりません（会社法 337 条 1 項）。

CHECK

会計監査人は、**大会社**については、**必ず設置**しなければなりません（会社法 328 条 1 項）。

7　指名委員会等設置会社について

指名委員会等設置会社とは、**指名委員会、監査委員会**および**報酬委員会**を置く株式会社のことです（会社法 2 条 12 号）。株式会社は、**定款**で定めれば、これらの委員会を設置して、指名委員会等設置会社となることができます（会社法 326 条 2 項）。

プラスα

まずは難しく考えず、株式会社の中に「すべての委員会」を置くタイプの会社のことをいうものと考えましょう。

指名委員会等設置会社では、**取締役会**を置かなければなりません（会社法 327 条 1 項 4 号）。そして、指名委員会等設置会社には、会社の業務を執行する権限を有する**執行役**を 1 人または 2 人以上置かなければなりません（会社法 402 条 1 項）。指名委員会等設置会社では、**執行役**が業務執行権限を持つため、会社法または会社法に基づく命令に別段の定めがある場合を除いて、取締役には、業務執行権が**ありません**（会社法 415 条）。

指名委員会等設置会社の取締役会は、**執行役**の中から会社を代表する**代表執行役**を選定しなければなりませんが、**執行役**が 1 人のときは、その者が**代表執行役**に選定されたものとされます（会社法 420 条 1 項）。

CHECK

なお、3 つの委員会は取締役会の中に設置されます。そして、指名委員会等設置会社では**監査委員会**が置かれるため、**監査役**は設置できません（会社法 327 条 4 項）。

(1) 指名委員会等設置会社の取締役会

指名委員会等設置会社の取締役会は、会社の業務執行のすべてについて**決定権限**を持ちますが、そのすべてを自身で行う必要はなく、経営の基本方針の決定などの取締役会が決定すべき事項を除いて、業務執行の決定を**執行役**に**委任**することができます（会社法 416 条 4 項）。

（2）各委員会の構成等

各委員会は、**取締役**の中から**取締役会**の決議によって選定された 3 人以上の委員で組織されます（会社法 400 条 1 項、2 項）。そして、各委員会の委員の**過半数**は、**社外取締役**でなければなりません（同条 3 項）。

①指名委員会

指名委員会は、株主総会に提出する**取締役**（会計参与設置会社にあっては、取締役および会計参与）の選任および解任に関する議案の内容を決定します（会社法 404 条 1 項）。

②監査委員会

監査委員会は、執行役等（執行役および取締役をいい、会計参与設置会社にあっては、執行役、取締役および会計参与をいう。）の職務の執行の**監査**および**監査報告**の作成を行い、また、株主総会に提出する会計監査人の選任・解任、そして会計監査人を再任しないことに関する議案の内容の決定を行います（会社法 404 条 2 項）。

なお、監査委員会の委員は、指名委員会等設置会社やその子会社の執行役・業務執行取締役、その子会社の会計参与・支配人その他の使用人との兼職はできません（会社法 400 条 4 項）。監査する側とされる側が同じでは、監査の適正が期待できないからです。

③報酬委員会

報酬委員会は、取締役や執行役の個人別の**報酬**等の内容を**決定**します（会社法 404 条 3 項）。

プラスα

2015 年 5 月 1 日に施行された改正会社法では、新たな機関設計として「**監査等委員会**設置会社」の制度が導入されました（会社法 2 条 11 号の 2）。従来の指名委員会等設置会社では、左の 3 つの委員会をすべて設置しなければなりませんでしたが、「**監査等委員会**設置会社」は、**監査等委員会**（左の監査委員会とは別個のもの）のみを設ける会社で、業務執行を行うのは**代表取締役**です。

プラスα

「報酬」委員会というネーミングから、何を行う委員会であるかはイメージできると思います。なお、ここは出題されたこともあります。

指名委員会、**監査委員会**および**報酬委員会**を置く株式会社のこと。株式会社は**定款**で定めれば、これら委員会を設置して指名委員会等設置会社となれる。

8　会社法における「従業員」

会社法で規定される従業員については、「支配人」、「事業に関するある種類または特定の事項について委任を受けた使用人」、「物品の販売等を目的とする店舗の使用人」の３種類が規定されています。

（1）支配人

支配人は、会社に代わって**その事業**に関する**一切の裁判上**または**裁判外**の行為をする権限を有する者と規定されています（会社法 11 条 1 項）。一般には、支店長、営業所長といった名称で呼ばれることも多いです。

株式会社の支配人は、**取締役**（取締役会設置会社では**取締役会**）が選任・解任し（会社法 348 条 3 項 1 号、362 条 4 項 3 号）、事業に関する一切の行為をする権限を有するほか、他の使用人を選任し、または解任することもできます。そして、支配人の代理権に加えた制限は、**善意の第三者**に対抗することが**できません**（会社法 11 条 2 項、3 項）。

また、支配人は会社の事業に関する広範な権限を持つため、結果として会社の機密を知りうる立場でもあります。そこで、支配人には一定の行為制限があり、会社の許可を得なければ次の行為を行うことができません（会社法 12 条 1 項）。

◆会社の許可が必要となる支配人の行為

①**自ら営業**を行うこと（精力分散防止義務）。
②自己または第三者のために**会社の事業**の部類に属する取引をすること（**競業避止**義務）。
③**他の会社**または**他の商人**の**使用人**となること（精力

プラスα

日常的にいう「社員」とは、会社における従業員（いわゆる会社員やサラリーマン）のことを意味しますが、会社法での「社員」とは出資者（株主）のことを指します。そして、会社法での「従業員」とは、左の３種類であるということです。

プラスα

支配人の代理権に加えた制限とは、例えば、「一定金額以下の売買契約しか行えない」という制限などです。このような制限のある会社（支配人）と取引をする相手方は、内部的な制限を通常知らないため、制限を**知らなかった**相手方を保護する必要があります。

キーワードで CHECK!　支配人　⇒

分散防止義務）。

④**他の会社**の取締役、執行役、業務執行社員となること（精力分散防止義務）。

なお、会社の本店または支店の事業の主任者であることを示す名称を付した使用人は、その本店または支店の事業に関し、一切の裁判外の行為をする権限を有するものとみなされます。ただし、相手方が悪意であったときは、この限りではありません（会社法 13 条）。

プラスα

実際に権限が与えられているかどうかとは無関係です。

(2) 事業に関するある種類または特定の事項について委任を受けた使用人

長いネーミングですがそのままの内容で、事業に関して、**特定の種類**や**事項**の**委任**を受けた使用人（従業員）です。

例えば、仕入れや販売といった、まさに**特定事項**に関して代理権を与えられている使用人のことです。一般には部長、課長、係長、主任といった肩書きが付けられます。

このような使用人は、権限を与えられた事項に関する一切の裁判**外**の行為をする権限を有する者とされます（会社法 14 条 1 項）。そして、このような使用人の代理権に制限を加えても、**善意の第三者**には対抗することができません（同条 2 項）。

プラスα

左の「一切の裁判**外**」の権限について、逆にいえば、業務に関連することでも、裁判に関する行為（訴訟など）は**行えない**ということです。

(3) 物品の販売等を目的とする店舗の使用人

この使用人は、当然ですが、その店舗内の物品の販売や賃貸等をする権限（代理権）を有するものとみなされます（会社法 15 条本文）。ただし、相手方がその権限がないことを知っていた（悪意）ときは、この規定の適用はありません（同条但書）。

プラスα

「物品の販売や賃貸等」とあるように、デパートや DVD のレンタルショップなどの店舗で働く従業員（使用人）をイメージすればよいでしょう。

会社に代わって、**その（会社の）事業**に関する**一切の裁判上**または**裁判外**の行為をする権限を有する者のこと。役員ではなく、あくまで「従業員」である。

一問一答で確認しよう！

□□□**問 1**　会社法上、支配人は、重要な職務を執行する会社の使用人であるから、株主総会において選任されなければならない。

□□□**問 2**　A が、B 株式会社の株主である場合、A は B 社に対し、株式の引き受け価額を限度とする出資義務を負うにすぎず、B 社の債権者に対しては直接の責任を負わない。

□□□**問 3**　A が、B 株式会社の株主である場合、A は、原則として、自己の有する B 社の株式を第三者に譲渡することができる。

□□□**問 4**　会社法上、B 社の株主である A は、B 社の取締役に就任することは認められない。

□□□**問 5**　会社法上、株式会社の監査役は、取締役や会社の使用人に対して事業の報告を求める権限を有しない。

□□□**問 6**　指名委員会等設置会社における報酬委員会は、取締役および執行役が受ける個人別の報酬の内容やその決定方針を定める機関である。

□□□**問 7**　取締役会設置会社である X 株式会社で代表取締役 Y が選定されている場合、代表取締役 Y が任務を怠り、X 社に損害を生じさせた場合、Y は X 社に対し、その損害を賠償する責任を負う。

正解　1×　2○　3○　4×　5×　6○　7○

1：支配人の選任・解任は**取締役**（取締役会設置会社では**取締役会**）が行う。

2：株式会社における社員（株主）は、**間接有限**責任を負うのみである。

3：株式は、**自由**に**譲渡できる**のが原則である（会社法 127 条）。

4：株主が、取締役に就任できないとする規定**はない**。

5：監査役は**いつでも**、取締役および会計参与ならびに支配人その他の使用人に対して**事業の報告を求め**、または監査役設置会社の業務および財産の状況の**調査**をすることが**できる**（会社法 381 条 2 項）。

6：**本問の記述のとおり**である（会社法 404 条 3 項、409 条）。「報酬」委員会という名前から想像できる。

7：**取締役**、**会計参与**、**監査役**、**執行役**または**会計監査人**が任務を怠ったときは、株式会社に対して、生じた損害を賠償する責任を負う（会社法 423 条 1 項）。

予想問題にチャレンジ！

問題　会社組織に関する次の①～④の記述のうち、その内容が適切なものを 1 つだけ選びなさい。

① 株主総会は、必要がなければ毎年開催しなくてもよい。

② 取締役が複数人いる場合は、その中から一人を代表取締役にしなければならない。

③ 監査役会は、公開会社でない大会社であっても必ず設置しなければならない。

④ 株主総会は、株式会社の最高意思決定機関であるため、取締役会非設置会社の具体的経営方法についても決議することができる。

解答

正解　④

① ×　株主総会は、**1 事業年度に 1 回以上**必ず開催しなければならない。

② ×　取締役が複数いる会社でも、代表取締役の選定は**任意**となっている。ただし、取締役会設置会社（指名委員会等設置会社を除く）では、**必ず選定**しなければならない（会社法 362 条 3 項）。

③ ×　監査役会は、**大会社**（公開会社でないものや、監査等委員会設置会社および指名委員会等設置会社を除く）では、会計監査人と並んで必ず設置しなければならない機関となっている（会社法 328 条 1 項）。つまり、公開会社でない大会社の場合は設置が**任意**となっている。

④ ○　株主総会は、株式会社の組織・運営・管理その他の株式会社に関する一切の事項について**決議**することができる（会社法 295 条 1 項）。ただし、取締役会設置会社では、株主総会で決議できる事項は、会社法および定款で定められた株主総会の基本的事項に限定される（同条 2 項）。

予想問題にチャレンジ！

問題 次のア～エの記述のうち、その内容が適切なものの組み合わせを①～⑥の中から１つだけ選びなさい。

ア 取締役の報酬は、定款に定めがない場合には株主総会で決定される。

イ 取締役が第三者に生じた損害を賠償する責任を負う場合において、他の取締役もその損害を賠償する責任を負うときは、これらの者は、連帯債務者となる。

ウ 取締役会設置会社においては、取締役会の承認を得て競業取引をした取締役は、取引後その取引についての重要な事実を取締役会に報告する義務を負わない。

エ 取締役会設置会社の取締役は、各人が会社における業務執行の権限を有している。

① アイ　② アウ　③ アエ

④ イウ　⑤ イエ　⑥ ウエ

解答	

正解	①

ア ○ 取締役の報酬は、定款に定めがある場合にはそれにより、定款に定めがない場合には、**株主総会**で決定される（会社法 361 条 1 項）。

イ ○ 取締役が株式会社または第三者に生じた損害を賠償する責任を負う場合、他の取締役もその損害を賠償する責任を負うときは、これらの者は、**連帯債務者**となる（会社法 430 条）。

ウ × 取締役会設置会社においては、取締役会の承認の有無とは**関係なく**、競業取引をした取締役は、取引後遅滞なく、その取引についての重要な事実を取締役会に**報告しなければならない**（会社法 365 条 2 項）。

エ × 取締役会設置会社では、**代表取締役**と代表取締役以外の取締役で、取締役会の決議によって取締役会設置会社の**業務を執行する取締役として選定されたもの**が、業務執行権限を有している。

第７章

法人とその従業員の関係

第7章 法人とその従業員の関係

第1節 労働・雇用関係

学習日 ／

仕事に携わる人の多くが、会社やその他の団体（法人）などに雇用されている従業員であり、労働関係が成り立っています。この章では、労働関係に対する各種規制を確認していきます。

I 労働契約と安全配慮義務

重要度 ★

POINT
このテーマでは労働関係への各種規制が主に出題される。前提として「労働契約」と「安全配慮義務」の意味を確認するが、読んで理解できればよい。

1　労働契約に適用される法律

各企業における従業員という地位は、労働者となる者と使用者（会社やその他の団体）が、労働契約を結ぶことによって生じます。この労働契約とは、労働者が使用者に使用されて労働し、使用者は労働の対価として賃金を支払うことについて、双方の合意によって成立する契約です。

この点、民法でも**雇用契約**（民法 623 条）について規定していますが、民法上の規定では、当事者同士が対等の関係にあることが前提とされており、現実的には、労働者は使用者に対して弱い関係にあることがほとんどであることから十分な規定とはいえません。

そこで、労働契約に関しては、国がその内容に干渉し、憲法 28 条では**労働基本権**を規定したうえ、いわゆる労働三法やその他の労働に関する法律を制定することで労働者の権利の保障をしています。そして、労働者と使用者の間では、これらの労働法規が民法の特別法として優先して適用されていきます。

用語

雇用契約
当事者の一方が相手方に対して労務に服することを約し、相手方がこれに対して報酬を与えることを約束する契約のこと。民法上に規定がある。

用語

労働基本権
憲法 28 条では「勤労者の団結する権利及び団体交渉その他の団体行動をする権利は、これを保障する」とあり、これを労働基本権という。

キーワードで CHECK!　使用者の安全配慮義務 ⇒

2　安全配慮義務について

前述のとおり、使用者と労働者は労働契約を締結することで、お互いの権利を行使し、また義務を負います。

この点、使用者は労働者に対して、**安全配慮義務**を負うことになりますが、**安全配慮義務**とは、労働者が生命、身体などの安全が確保されたうえで、労働することができるように、使用者は必要な配慮をするものです（労働契約法5条）。

この**安全配慮義務**を怠って、**労働災害**が発生してしまった場合には、この義務違反を根拠として、労働者本人やその遺族等から損害賠償請求がなされるケースがあります。

プラスα

安全配慮義務は、労働者の肉体的なもののほかに、精神的なものへの配慮も含まれます。

用語

労働災害

業務上の事由によって発生する労働者の負傷、疾病、死亡のこと。

Ⅱ 労働に関する各種規制

重要度 ★★

POINT

労働にまつわる各規制が第7章のメインである。出題の分量的には少ないが、毎回のように出題されるので、赤字部分は押さえておくこと。

1　労働基準法とは

労働基準法とは、一言でいえば、労働者を保護するために、労働条件に関する**最低基準**を定める法律です。この法律は、原則として、労働者を**1人でも**使用するすべての事業または事務所に適用され、この法律の適用があるかどう

プラスα

新型コロナウイルス感染症拡大の影響でテレワークの普及が広がりましたが、テレワーク時においても労働基準法は適用されます。

労働者が生命、身体などの安全が確保されたうえで労働することができるように、使用者が必要な配慮を行う義務を**安全配慮義務**という（労働契約法5条）。

かは、事業または事務所に「労働組合」があるかどうかとはかかわりが**ない**ため、結果として**ほとんどすべて**の労働者がこの法律の適用を受けます。

労働基準法の特色としては、労働者の労働条件、待遇等に関する**最低基準**が定められ、これが守られないときは使用者側に**罰則**が科され、基準に満たない労働条件や待遇などは自動的に基準まで**引き上げられる**点があります。

そして、この基準が遵守されているかどうかを監督し、指導等をするために、全国各地に**労働基準監督署**が設置されています。

◆労働基準法での主な規制内容

規制項目	規制の内容
労働条件について	均等待遇や、中間搾取の排除、強制労働の禁止など労働条件を結ぶときの禁止事項など。
労働契約について	労働契約の期間や、契約で結んではならない内容。
賃金について	賃金の支払方法、休業手当、出来高払い制の保障給について。
労働時間、休憩、休日および年次有給休暇について	法定労働時間、法定休日等、法定労働時間外労働、法定休日外労働のときに支払われる割増賃金の率など。
年少者・妊産婦等の労働者について	これらの労働者を使用するにあたっての規制事項。
就業規則について	作成義務やルールの内容について、守らなければならない事項など。

2　労働組合法とは

先ほどの労働基準法が個々の労使関係を対象としている法律である一方、集団的な労使関係について規制している法律が労働組合法です。つまり、労働組合法は、労働組合

CHECK

基準に満たない労働条件は、**その部分**が無効になります。全部が無効になってしまうわけではありません。

用語

労働基準監督署

労働基準法が、実際に、効力を発揮できるように、全国各地に置かれた、第一線の国の監督機関。各監督署には、労働基準監督官が置かれている。

プラスα

労働基準法、労働組合法、労働関係調整法の３つの法律を併せて労働三法ということもあります。

キーワードでCHECK!　**使用者による労働組合への干渉　⇒**

の結成や活動を保護する法律といえます。労働組合法の規制の概要は、以下のとおりです。

◆労働組合法の規制の概要

①労働組合は、使用者の**支配**や**干渉**を**受けず**、**自主的**に**運営**されるものとする。よって、使用者は労働組合を結成したり、しようとする者に対して、人事や給与等で不利益に取り扱ってはならない。
②労働者が２人以上集まれば、労働組合の結成ができる。
③労働組合への**加入**や**脱退**は、各労働者の**自由**である。
④労働組合は、労使関係の事項について使用者と**団体交渉する権利**を有する。そして、使用者はこの**団体交渉**の申入れを正当な理由なくして、**拒否してはならない**。
⑤労働組合は、使用者と労働条件等の待遇について**労働協約**を定めることができる。

3　労働契約に対する各種規制

労働者と使用者の間で結ばれる労働契約については、労働基準法などでいくつかの規制があります。ここで労働契約に関する規制を確認しておきます。

用語

団体交渉（権）
文字どおり、労働組合が使用者等と労働に関する事項について、団体で交渉する権利のこと。

労働協約
労働組合と使用者等との間で結ばれた労働条件などに関する取り決めのうち、労働組合法に従って締結されたもの。

労働組合法により、労働組合は、使用者の**支配**や**干渉**を**受けず**、**自主的**に**運営**されるものとされている。

(1) 労働契約の当事者

労働契約は「労働者」と「使用者」の間で結ばれる契約ですが、そもそも労働基準法でいう「労働者」とは、職業の種類を問わず、労働基準法が適用される事業または事務所に使用される者で、賃金を支払われる者をいいます(労働基準法9条)。

労働基準法上の「労働者」に該当するかは具体的に判断され、仕事の依頼に対する諾否の自由や勤務時間や勤務場所について拘束の有無、業務遂行過程における使用者の指揮権や服務規律の適用の有無などが判断材料となります。

また、「使用者」とは、事業主、事業の経営担当者その他**その事業の労働者に関する事項について事業主のために行為をするすべての者**です(労働基準法10条)。課長だから、店長だからという肩書だけで、自動的に「使用者」と判断されるわけではありません。

(2) 労働契約の効果等

労働契約を締結すると、労働者は労務を提供する義務が生じ、賃金を請求する権利が生じることになります。一方、使用者は、労務の提供を請求する権利が生じ、賃金を支払う義務が生じます。使用者は労働契約を締結する際、労働者に対して、賃金、労働時間その他の労働条件を**明示**しなければなりません(労働基準法15条1項)。

(3) 労働契約の期間について

労働契約には、その契約期間の定めのない労働契約と、期間の定めのある労働契約があり、期間の定めのある労働契約を**有期労働契約**といいます。

期間の定めのない労働契約は、正社員と呼ばれる労働者と使用者との間の労働契約のように、一般には、定年まで

プラスα

労働基準法における「労働者」は、アルバイト、パート、日雇労働者、不法就労者も含まれます。

用語

その事業の労働者に関する事項について事業主のために行為をするすべての者

人事・給与・労務管理など、労働者に関する事項について、事業主のために行為をするすべての者のこと。

キーワードでCHECK! **労働条件の明示義務** ⇒

就労するようなものです。

これに対して、期間の定めのある**有期労働契約**は、いわゆる契約社員のように、労働者と使用者との間で契約期間の定めがある労働契約で、契約期間が満了することにより労働契約も終わりになります。

①有期労働契約の期間の最長限度

民法では、期間の定めのある雇用契約を結ぶ場合、最長期間は５年と定められていますが、労働者が特定の使用者の下に長く拘束されることは強制労働をもたらす危険性があるとして、労働基準法では、民法の特別法として、原則として、**３年を超える**有期労働契約を締結できません（労働基準法 14 条 1 項）。

②有期労働契約の更新についての規制

使用者は、有期労働契約を結んだ労働者に対して、契約締結時に、その契約の**更新の有無**を**明示**する必要があります。また、契約の更新がある場合は、更新をする場合と、しない場合の判断基準を明示しなければなりません。

③有期労働契約の解除

１年を超える有期労働契約を結んでいる労働者は、その契約の期間の初日から１年を経過した日以後においては、申出により、いつでも契約を解除（退職）することができます。しかし、使用者のほうは、**やむを得ない**事由がある場合でなければ、契約期間が満了するまでは、解除（解雇）することができません。

（4）労働契約の締結に関する法規制

労働基準法では、ここまで述べた以外にも各種規制を設

プラスα

有期労働契約は**３年**間までが原則ですが、①事業の期間が明確に定まっている事業や、②高度で専門的な仕事、③ 60 歳以上の人については、全事業期間あるいは５年間でもよい場合があります。

プラスα

期間の定めのない労働契約（正社員との労働契約）は、いつでも契約を解除することができます。しかし、月給制の場合だと、辞める月の前月の前半には、申入れをしないといけません。

使用者は、労働契約を締結する際、労働者に対して、賃金、労働時間その他の労働条件を**明示**しなければならない（労働基準法 15 条 1 項）。

けて、労働者の保護を図っています。

①均等待遇

労働基準法３条では、賃金、労働時間その他のすべての労働条件について、①**国籍**（人種も含む）、②**信条**（特定の宗教的または政治的信念）、③社会的**身分**（生来の**身分**）を理由とする差別的な取扱いを禁止しています。

そして、この限定列挙された事由の中には「性別」を理由とする差別的取扱いが触れられていませんが、労働基準法では、使用者が労働者が女性であることを理由として、**賃金**について、男性と差別的取扱いをしてはならないと規定されていて、**男女同一賃金**の原則を定めています（労働基準法４条）。

また、ここでいう「すべての労働条件」とは、労働者の職場における一切の待遇のことで、この均等待遇については、**雇入れ**は含まれていません。

②損害賠償額の予定の禁止

労働契約を結ぶ際、契約期間中に労働者が契約不履行や不法行為に及んだ場合を想定して、あらかじめ**違約金**を定めておき、または、**損害賠償額**を**予定**する契約を結ぶことは禁止されています（労働基準法 16 条）。これを認めると労働者を不当に拘束することになりかねないからです。

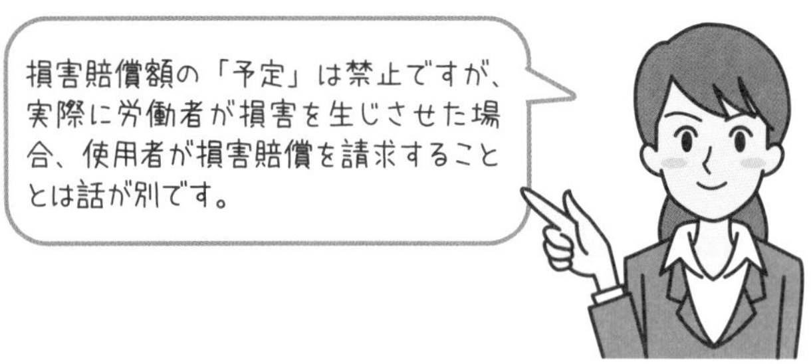

プラスα

男女雇用機会均等法では、労働者の募集・採用、配置、昇進、定年などについて、男性と女性が均等な機会、待遇を確保できるように、事業主に対して、一定の措置の義務付けや禁止を定めています。

例えば、事業主は、女性労働者が婚姻し、妊娠し、または出産したことを退職理由として予定する定めをしてはならず、また、女性労働者が**婚姻**したことを理由として、**解雇**してはなりません（男女雇用機会均等法９条１項、２項）。なお、セクシュアル・ハラスメントは、女性労働者に対する行為だけでなく、**男性**労働者に対する行為も対象となることに注意が必要です。

用 語

違約金

契約に違反した場合に、違反した者が支払う金銭のこと。

キーワードでCHECK!　均等待遇　⇒

③前借金相殺の禁止

使用者は、前借金その他労働することを条件とする、前貸し債権と賃金を**相殺**してはなりません（労働基準法 17 条）。わかりにくいかもしれませんが、労働者が使用者からお金を借りていた場合、使用者は、その債権と賃金を**相殺**できないということです。

これは、使用者が労働者やその親族に金銭を貸し付けることにより、そもそも労働者がそこで労働するか等の自由が拘束されますし、借金が賃金から**相殺**されてしまうと、低賃金・無報酬で労働することになるためです。

とはいえ、使用者が労働者の申出に基づいて、生活必需品の購入などのために生活資金を前貸しし、その後、賃金から分割して控除する場合など、明らかに身分的な拘束を伴わなければ、この規制を受ける債権とはされません。

用語

相殺
2人が互いに相手方に対して同種の債権を有する場合、双方の債権を対当額だけ差し引いて消滅させること。

④強制貯金の禁止

使用者は、労働契約に付随して、貯蓄の契約をさせ、または貯蓄金を管理する契約をしてはなりません（労働基準法 18 条 1 項）。

労働者に貯蓄をさせるのはよいことのように思えますが、賃金から強制的に**天引き**貯金をさせることで、労働者の退職の自由を奪うことを防止するためです。

用語

天引き
給料の支払時などに、税金や保険料などをあらかじめ差し引くこと。貯金額を差し引くことを天引き貯金という。

4　就業規則について

（1）就業規則とは

就業規則は、事業場における労働条件や職場の規律などを画一的かつ明確に定めた規則であり、使用者が一方的に作成する権限を有しています。この就業規則は、人事労務管理の基準であり、労働者だけではなく、使用者もその内容に拘束されます。

労働基準法はすべての労働条件について、①**国籍**、②**信条**、③社会的**身分**（生来の**身分**）を理由とする労働者への差別的な取扱いを**禁止**している。

(2) 就業規則の作成義務と周知義務

常時 10 人以上労働者を使用する使用者は、就業規則を作成**しなくてはなりません**。そして、その作成にあたっては、当該事業場の労働者の過半数で組織する**労働組合**、労働者の過半数で組織する労働組合がない場合は、当該事業場の労働者の過半数の代表者の**意見**を聴く必要があります。

プラスα

常時 10 人以上の労働者を使用とは、常に 10 人以上働いている職場のことで、臨時的に 10 人以上となる職場は含まれません。この辺は実態を見て判断されます。

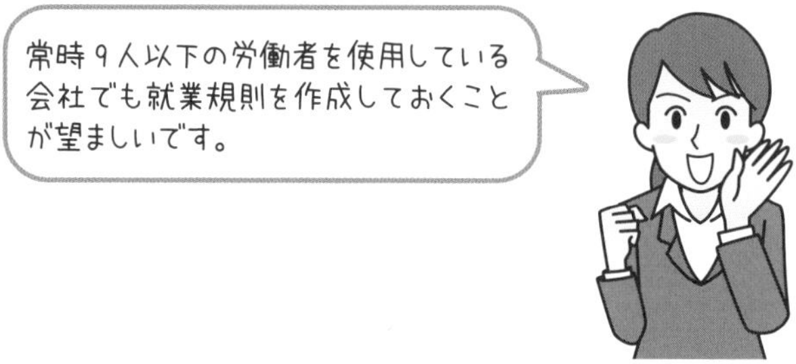

そして、作成した就業規則は行政官庁（所轄の**労働基準監督署長**）に届け出なければならず、その際には、労働者の**意見**を**意見書**として添付しないといけません。なお、このルールは就業規則の変更を行うときも同様です（労働基準法 89 条、90 条）。

また、就業規則は、事業場の誰もが、何時でも、見て確認ができるように、見やすい場所に掲示し、または備え付ける等して、労働者への周知を図っておくことも必要です（労働基準法 106 条）。

プラスα

近年では、企業内のイントラネットなどに、就業規則を掲載して、誰もが見られるようにしてある会社もあります。

(3) 就業規則の規定事項

就業規則には、必ず記載しなければならない絶対的必要記載事項と、「定めをする場合」には必ず記載しなければならない相対的必要記載事項があります。

相対的必要記載事項について、例えば、法律上、退職金

キーワードで CHECK! 就業規則の作成義務 ⇒

を支払うかどうかは、それぞれの会社と労働者が合意のうえで決めることですが、その会社に「退職金を支払う」という規則があるならば、それは必ず記載をしなければならないということです。

プラスα

休暇については、育児・介護休業や、任意に与える慶弔休暇、夏季休暇なども含まれることとされています。

絶対的必要記載事項	①始業・終業時刻、休憩時間、休日、休暇、就業時転換について ②賃金（臨時の賃金等を除く）の決定・計算・支払方法・締切日や支払時期・昇給 ③退職に関する事項（解雇の事由も含む）
相対的必要記載事項	④退職手当の適用労働者の範囲、退職手当の決定・計算および支払方法・支払の時期 ⑤臨時に支払われる賃金（退職手当を除く）、最低賃金額に関する事項 ⑥労働者へ負担させる食費、作業用品その他 ⑦安全および衛生 ⑧職業訓練 ⑨災害補償および業務外の傷病扶助 ⑩表彰および制裁 ⑪このほか、当該事業場の労働者のすべてに適用される事項

（4）就業規則の効力等

もし就業規則に定められている基準に達しないような労働条件を労働契約で締結した場合、**基準に達しない部分**については**無効**になります。そして、**無効**となった部分は、就業規則の定める基準にまで**引き上げられ**ます（労働契約法 12 条）。

CHECK

基準に満たない労働契約について、基準に満たない部分は無効になりますが、全部が無効にはなりません。

もちろん、そもそも就業規則に定められる労働条件の内容は、憲法や労働基準法等の法令や、その事業場に適用される**労働協約**に反してはなりません。所轄労働基準監督署長は、法令または**労働協約**に抵触する就業規則について、変更命令を出すことができます（労働基準法 92 条）。

常時 10 人以上労働者を使用する会社の使用者は、就業規則を作成**しなくてはならない**。なお、その際、労働組合等の**意見**も聴く必要がある。

5　賃金について

(1) 賃金とは

労働基準法上での賃金の意味は、労働の対償として、使用者が労働者に支払うすべてのものをいいます。賃金・給料・手当・賞与など、どんな名前で呼ばれようと関係はありません。

これは「労働の対償」として支払われるものなので、結婚祝い金、死亡弔《ちょう》慰《い》金、退職手当など、使用者が恩恵的に、任意に支払うものは、原則として、賃金とはみなされません。ただし、これらも労働協約、就業規則、労働契約等で、あらかじめ支払条件が明確になっている場合は、賃金となります。

賃金は、労働者の唯一の生活の糧である一方で、賃金の額も労働の契約の内容に含まれるので、契約自由の原則からは、当事者間で自由に決定できるはずです。しかし、労働者の最低限度の生活を保障する観点から、労働基準法や**最低賃金法**において、**最低賃金の保障**がされています。

特に最低賃金法では、毎年、地域別・特定産業別の時間あたりの最低水準の賃金を公表し、この水準を下回る賃金を定めないように、罰則を設けて規制しています。

また、出来高払いの仕事であっても、保障給についての定めもあります（労働基準法 27 条）。

なお、労働基準法では、賃金請求権と退職手当の請求権の消滅時効を５年（賃金請求権は当分の間、３年）と定めています（労働基準法 115 条、143 条３項）。

(2) 賃金支払の原則

賃金については、労働者にとって唯一の生活の糧なので、労働者保護のため、次のような規制がされています。

プラスα

労働基準法上では、退職手当について、使用者に支払う義務はありません。

用語

最低賃金法

労働者の最低賃金の額について規制した法律。最低賃金は、時間によって定められている。

キーワードでCHECK!　**直接払いの原則　⇒**

①通貨払いの原則

賃金は、わが国で強制通用力を有する貨幣（通貨）で支払われなければなりません。したがって、通貨以外での支払は、原則として、認められません。

たとえ両者の合意によったとしても、**現物払い**や証券で支払う場合については、細かなルールが決められています。

②直接払いの原則

賃金は、労働者に**直接**支払わなければなりません。例えば、労働者が未成年の場合でも、その親権者や未成年後見人等へ支払うことは**禁止**されています。

③全額払いの原則

賃金は、**全額**を支払わなければなりません。賃金の一部を控除して支払うことは、原則として、認められていません。

ただし、欠勤等により、労務の提供がされない部分についての賃金をカットして支払うことは、この原則の違反とは**なりません**。

④定期日払いの原則

賃金は、毎月１回以上、一定の期日を定めて支払わなければなりません。ただし、１か月を超える期間ごとに支給される精勤手当や奨励加給などについては、この原則の例外とされています。

6　労働時間等について

労働基準法では、長時間労働を防止するため、労働時間の上限や、使用者が労働者に対して与えなければならない休憩時間、休日の規定を設けています。

用語

現物払い

例えば、家電製品を製造するメーカーの労働者が、その給与として、製造している家電を与えられるような支払方法のこと。

プラスα

派遣労働のケースで、派遣元事業主が支給した給料が、派遣先を通じて労働者へ手渡されるにすぎない場合は、直接払いの原則に違反することにはなりません。

賃金について、使用者は労働者に**直接**支払わなければならないとする原則。生活の糧となる賃金について、現実に手にさせるという趣旨に基づく。

（1）労働時間に関する原則

使用者は、原則として、労働者に休憩時間を除き、1 週間につき 40 時間を超えて、また、1 週間の各日については 8 時間を超えて、労働させてはなりません（労働基準法 32 条）。ここで労働時間とは、使用者の指揮監督下にある時間をいいます。

また、労働基準法で規定されている基準の労働時間を**法定労働時間**といい、各会社等で定められている労働時間を**所定労働時間**といいますが、使用者が、労働者に法定労働時間を超えて労働させることを**時間外労働**といいます。

（2）時間外・休日労働

使用者は、当該事業場に労働者の過半数で組織する労働組合がある場合はその労働組合、それがない場合は、労働者の過半数の代表者との間で、書面による労使協定を結び、行政官庁（所轄労働基準監督署長）に届け出ることによって、法定労働時間を超えて、または法定休日に労働させることができます。この労使協定を**三六協定**《さぶろく》といいます（労働基準法 36 条）。

この協定は、行政官庁に届け出ることにより効力を発生しますが、この協定だけを根拠に、使用者は法定時間外労働や法定休日労働をさせることができるわけではありません。法定時間外労働や法定休日労働をさせるためには、労働協約・就業規則・労働契約等の中で、法定時間外労働や法定休日労働が、契約内容となっていることが必要です。

また、法定時間外労働や法定休日労働をさせたときは、使用者には、**割増賃金**を支払う義務が生じます（労働基準法 37 条）。

プラスα

大企業は 2019 年 4 月 1 日、中小企業は 2020 年 4 月 1 日より施行された改正労働基準法により、時間外労働の上限は、月 45 時間、年 360 時間を原則とし、臨時的な特別の事情がなければ、これを超えてはならないとされました（同法 36 条）。さらに、臨時的な特別の事情がある場合でも、年間は 720 時間以内などの規制が定められました。

プラスα

割増賃金を支払う義務が生じるのは、法定労働時間を超えた場合と、法定休日に労働した場合です。所定労働時間が法定労働時間より短い場合の、所定労働時間を超えた分を割増賃金とみなすかどうかは、当事者間で決めることになります。

キーワードでCHECK! **法定労働時間／所定労働時間** ⇒

7　休憩・休日・年次有給休暇について

(1) 休憩時間

休憩時間は、原則として、労働時間の途中に、事業場単位で一斉に付与しないといけません。

この休憩時間では、労働者は労働から完全に解放されて、自由に利用することができます。付与しないといけない休憩時間の最低限度は、労働時間数ごとに、下記のように規定されています（労働基準法34条）。

労働時間	休憩時間
6時間以内	**付与義務なし**
6時間超え8時間以内	少なくとも**45分**
8時間超え	少なくとも**1時間**

(2) 休日

休日とは、労働契約上、労働者が労働義務を負わない日をいいます。使用者は、労働者に対して、毎週少なくとも1日以上、若しくは4週に4日以上の休日を付与しなければなりません（**週休制**の原則、労働基準法35条）。

(3) 年次有給休暇

使用者は、その雇入れの日から起算して、**6か月**間継続勤務し、全労働日の**8割**以上出勤した労働者に対して、継続または分割した10労働日の**有給休暇**を与えなければなりません（労働基準法39条1項）。

年次有給休暇は、**日**単位での取得が原則ですが、①労使協定の締結、②年に5日分を上限とすること、③時間単位での取得を労働者が希望していることを要件として、時間単位で年次有給休暇を取得することも**できます**。

なお、年次有給休暇を取得する権利は、要件を満たした労働者には、法律上**当然**に生じます。

プラスα

2019年4月1日より施行された改正労働基準法により、一定の年収以上の高度の専門的知識を必要とする等の業務に従事する労働者について、本人の同意等を要件に、労働時間、休日、割増賃金等の規定を適用しない「高度プロフェッショナル制度」が創設されました（同法41条の2）。

プラスα

週休制をとらず、4週間を通じて、4日以上の休日を付与することもできます。これを**変形週休制**といいます。

CHECK

会社や上司に命じられて、法定の年次有給休暇を取得する権利が発生するわけではありません。

労働基準法で規定されている基準の労働時間を**法定労働時間**といい、各会社等で定められている労働時間を**所定労働時間**という。

その際、使用者としては、労働者の請求時季に年次有給休暇を与えなければなりませんが（**時季《じき》指定権**）、その請求された時季に有給休暇を与えることが、事業の正常な運営を妨げる場合、使用者は他の時季に与えるように変更する権利があります。これを**時季変更権**といいます。

8　育児休業・介護休業について

育児休業制度とは、原則として、1 歳に満たない子どもを有する労働者が申し出ることで、養育のために一定期間の休業ができる制度です。また、同様の制度で介護休業制度というものもあります。これらは育児・介護休業法（育児休業、介護休業等育児又は家族介護を行う労働者の福祉に関する法律）に基づき認められています。

9　労働契約の終了について

（1）当事者の死亡・消滅

労働者が死亡した場合、当たり前の話ですが、労働者が労働を提供できないので、労働契約が**当然**に終了します。

これに対して、使用者（自然人）が死亡したとしても、企業が存続する限り、労働契約は終了**しません**。

（2）契約期間の満了

期間の定めのある労働契約（有期労働契約）については、その期間の満了により労働契約は終了します。

なお、使用者は有期労働契約について、やむを得ない事由がある場合でなければ、その契約期間が満了するまでの間、労働者を解雇できません（労働契約法 17 条 1 項）。

（3）定年制

定年制とは、労働者が一定の年齢に達した時、労働者の

プラスα

余談ですが、左の「時季指定権」などの「時季」という文字は、誤字ではありません。「時季」とは、一定のことが盛んに行われたり、そのことにふさわしい時期という意味があります。

プラスα

2019 年 4 月 1 日より施行された改正労働基準法により、使用者は、10 日以上の年次有給休暇が付与される労働者に対しては、原則として、そのうち**5 日**については、毎年、時季を指定して与えなければなりません（同法 39 条 7 項）。

キーワードで CHECK!　**時季指定権／時季変更権　⇒**

意思や能力に関係なく、労働契約を終了させる制度をいいます。労働契約や就業規則で、定年制が定められている場合、その年齢に達したときに労働契約は当然に終了します。

(4) 解約申入れ

期間の定めのない労働契約の場合、**各当事者**は、**いつでも**労働契約の解約の申入れをすることができます。この場合、労働者からの解約（辞職）は、解約申入れから**2週間**を経過することによって、労働契約が終了します（民法627条1項）。

これに対して、使用者からの解約（解雇）については、解雇権濫用法理の適用（労働契約法16条）、解雇制限（労働基準法19条）、解雇予告（労働基準法20条）などの制約がありますが、それは次で述べます。

(5) 解雇

上記のとおり、期間の定めのない労働契約における**各当事者**は、**いつでも**解約できるとして（民法627条1項）、労働者の退職の自由と使用者の解雇の自由を認めています。しかし、使用者からの解約（解雇）は、労働者の生活に重大な影響を与えるため、労働基準法は解雇の**予告**期間を**30**日とし、**予告**期間を設けない場合、**30**日以上の平均賃金（解雇予告手当）を支払わなければならないとしています（労働基準法20条1項本文）。

ただし、天災事変その他やむを得ない事由のため事業の継続が不可能となった場合や、労働者に責任のある場合に限っては、予告手当なしの即時解雇が認められます（同項但書）。また、業務上の**傷病**などによる**療養**のための休業期間および、その後の30日間は原則として、解雇できません（労働基準法19条）。

プラスα

労働者の定年については、女性の定年年齢を男性よりも低くするなど、事業者は労働者の性別を理由として差別的な取扱いをしてはいけません（男女雇用機会均等法6条）。また、労働者の定年を定める場合、その年齢は**60**歳を下回ることができません（高年齢者雇用安定法8条）。

プラスα

左のように使用者からの解雇には制限がある以上、いつでも解約できないのでは?…と思うかもしれませんが、理論上は、予告をしなくても30日以上の平均賃金を支払えば、即時解雇も可能なので、やはり「いつでも」解雇「できる」といえます。

プラスα

労働契約法では、使用者による解雇権の行使について「客観的に合理的な理由を欠き、社会通念上相当であると認められない場合は、その権利を濫用したものとして、無効とする」として解雇権濫用法理を規定しています。

年次有給休暇について、労働者の求める時季に与えられる権利を**時季指定権**といい、使用者が他の時季に変更を求める権利を**時季変更権**という。

一問一答で確認しよう！

□□□**問 1**　労働基準法は、労働時間、賃金などの労働条件についての最低水準が規定されているが、この最低水準よりも低い労働契約が結ばれた場合、使用者には罰則が適用されて、当該契約はすべて無効となる。

□□□**問 2**　就業規則の作成の際には、当該事業場の労働者の過半数の同意を得て、同意書を添付して届け出なければならない。

□□□**問 3**　期間の定めのない労働契約においては、使用者および労働者ともに、いつでも解約することができ、使用者からの解約についても特に制限はない。

□□□**問 4**　労働者と 36 協定の締結を行った使用者は、法定時間外労働をさせたとしても、罰則の適用についてはこれを免除される。しかし、36 協定の締結のみを根拠として、使用者は労働者へ時間外労働を義務付けることはできない。

□□□**問 5**　法定の年次有給休暇は、その要件を満たしたことをもって、当然にその権利が発生する。

正解　1 ×　2 ×　3 ×　4 ○　5 ○

1：最低水準に**達しない部分**については**無効**となり、その部分は、最低水準へ**引き上げられる**。

2：労働者の同意は**不要**であり、同意書も**不要**である。しかし、労働者の**意見**を聴き、**意見書**を添付する必要がある。

3：期間の定めのない労働契約において、使用者からの解約（解雇）については、原則として、**30 日の予告期間**を設けるか、**30 日以上の平均賃金**の支払が必要となる。

4：時間外労働を義務付ける場合は、労働協約、就業規則、労働契約等で、労使間で**合意**に達する必要がある。

5：法定の年次有給休暇については、法律で定められている要件を満たすことによって、**当然**に権利が**発生**する。

予想問題にチャレンジ！

問題　労働契約に関する次の①および②の記述のうち、その内容が適切なものを 1 つだけ選びなさい。

① 使用者は、労働契約の締結の前日までに労働条件を明示しなければならない。

② 使用者は、労働者と有期労働契約を締結し、その契約の更新がある場合は、更新する際の判断基準を明示しなければならない。

解答	

正解	②

① × 使用者は、労働契約の「**締結に際し**」、労働条件を明示しなければならない。

② ○ 使用者は、有期労働契約を結んだ労働者には、契約の締結時に、**更新の有無**および更新する場合としない場合の**判断基準**を明示しなければならない。

予想問題にチャレンジ！

問題　就業規則に関する次の①～④の記述のうち、その内容が適切なものを１つだけ選びなさい。

① 労働基準法上常時８人以上の労働者を使用する使用者は、就業規則を作成しなければならない。

② 就業規則に労働基準法の基準に達しない部分があった場合、その部分については就業規則の定めどおりなら労働基準法違反とはならなくなる。

③ 就業規則を作成する義務のない使用者が就業規則を作成する場合であっても、当該事業場の労働者の過半数で組織する労働組合がある場合には、その労働組合の意見を聴かなければならない。

④ 就業規則の絶対的必要記載事項には、始業時刻・終業時刻、休日、休憩時間、賃金、退職金、昇給などの項目がある。

解答	

正解	③

① ×　就業規則を作成しなければならない使用者とは、常時**10人以上**の労働者を使用する者である。

② ×　労働基準法に定められている基準に達しない就業規則については、その達しない部分が自動的に**労働基準法が定めている基準**まで引き上げられる。

③ ○　常時10人以上の労働者を使用する者でないと就業規則を作成する義務はない。しかし、就業規則を作成する場合には、やはり当該事業場の労働者の過半数で組織する労働組合、そのような労働組合がない場合には当該事業場の**労働者の過半数の代表者**の意見を聴く必要がある。

④ ×　退職金については就業規則の**相対的必要記載事項**である。

予想問題にチャレンジ！

問題　労働に関する次の①～④の記述のうち、その内容が適切なものを１つだけ選びなさい。

① Ａ社は、Ｂ労働組合から団体交渉の申入れがなされた場合、特段の理由がなくてもこれを拒否できる。

② 労働者のうち、雇入れの日から半年を経過していない者には、労働基準法が適用されない。

③ 労働基準法には、男女差別の禁止については男女同一賃金についての規定があるのみで、その他は男女雇用機会均等法によって男女差別が禁止されている。

④ 労働者がその権利である年次有給休暇を与えるよう請求した場合には、年次有給休暇を与える日を使用者が変更することはできない。

解答	

正解	③

① ×　使用者は、雇用する労働者の代表者と団体交渉することを、**正当な理由なく**拒んではいけない（労働組合法７条２号）。

② ×　労働基準法は、勤続期間に関係なく「**労働者**」に適用される。

③ ○　労働基準法上、男女差別の禁止については、第４条に**男女同一賃金**の規定があるのみである。

④ ×　労働者の請求した時季に年次有給休暇を与えることが、事業の正常な運営を妨げる場合、使用者は他の時季に与えるよう**変更することができる（時季変更権）**。

第2節 派遣労働の関係

学習日 ／

近年、社外から派遣された従業員（派遣労働者）に業務の一部を任せる企業が増えています。労働者派遣法については出題が確認されているので、派遣労働関係の知識は確認しておきましょう。

Ⅰ 労働者派遣の基本構造

重要度 ★

POINT

労働者派遣については頻出度が低く、基本構造を理解していれば対応できる出題が多い。派遣元・派遣先・派遣労働者の3者の関係は押さえておくこと。

1　労働者派遣の基本構造

そもそも「労働者派遣」とは、自己（派遣元）の雇用する労働者を当該**雇用関係**の下、かつ、他人（派遣先）の指揮命令を受けて、当該他人（派遣先）のために労働に従事させることをいい、当該他人（派遣先）に対して、当該労働者を当該他人（派遣先）に雇用させることを約するものを**含まない**ものをいいます。わかりにくいかもしれませんが、全体像は以下のとおりです。

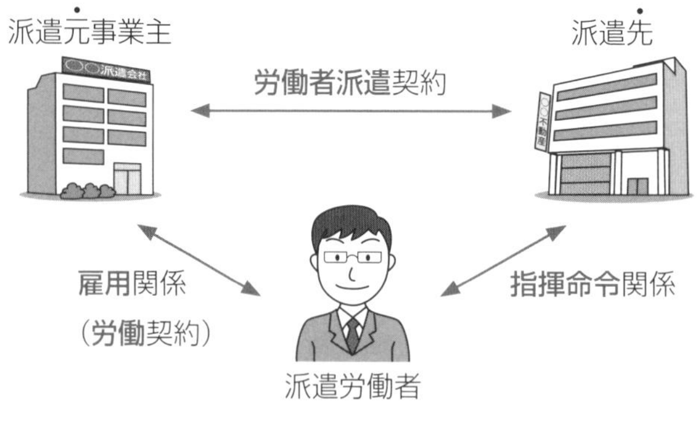

用 語

雇用（関係）
一方当事者が相手方（使用者）に対して、労働に従事することを約して、使用者がその労働に対して賃金を与えることを内容とする契約のこと。

CHECK

派遣労働者と雇用契約を結んでいるのは**派遣元事業主**です。まさに、そこから派遣先に「派遣」される関係にあります。

キーワードでCHECK!　派遣労働者と派遣先の関係 ⇒

左ページの図のような労働形態を「労働者派遣」といい、「労働者派遣」を業として行うものを「労働者派遣事業」といいます。ここのポイントの１つ目は、派遣労働者と労働契約を締結するのは、**派遣元事業主**であるという点です。つまり、**派遣元事業主**は、派遣労働者に対して、年次有給休暇、賃金、割増賃金、産前産後休暇、災害補償などの労働法上の責任を負います。

そして、ポイントの２つ目は、派遣労働者と派遣先には、雇用関係が**ない**ということです。雇用関係があるのは、派遣労働者と**派遣元事業主**の間です。あくまで、派遣労働者と派遣先の間には、雇用関係が**ない**ということであって、**指揮命令**関係はあります。

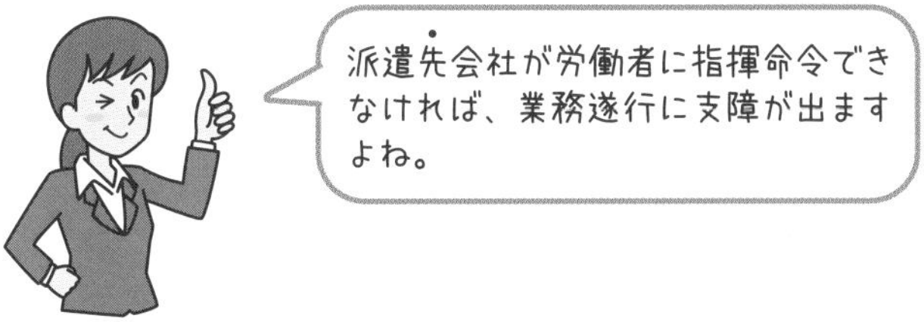

とはいえ、派遣先は派遣元事業主との派遣契約に反しないよう、適切な措置をとる必要がありますし、派遣労働者に対して、労働時間や休憩休日等の労働法上の責任を**負います**。これは**派遣元事業主**も同じです。

覚えよう！｜労働者派遣のポイント

派遣労働者と労働契約を締結するのは……
派遣元事業主である！

派遣労働者と派遣先には、雇用関係が……
ない！

しかし、派遣労働者と派遣先の間には……
指揮命令関係がある！

プラスα

派遣先の会社等が派遣労働者に対して指揮命令したい場合、直接に指揮命令することが**できる**ということです。派遣元事業主を介することで、労働者を指揮命令するわけではありません。

CHECK

労働者派遣契約を締結するのは、派遣元事業主と**派遣先**です。そして、この派遣契約により、派遣元事業主と派遣労働者の労働契約は消滅**しません**。「労働者派遣契約」と「労働契約」は別モノと考えましょう。

派遣労働者と派遣先には、**雇用**関係がない。しかし、実際の業務の遂行のためにも両者の間には、**指揮命令**関係はある。

近年では、企業経営の合理化の一環として、この派遣労働者に業務の一部を任せる企業が増えていますが、労働者派遣事業を行おうとする者は、**厚生労働大臣**の**許可**が必要です（労働者派遣法５条）。

なお、派遣期間については、**同一事業所**への派遣の上限は原則**３年**であり、これを超える場合は、派遣先事業所の**過半数労働組合**等からの**意見を聴く**必要があります。そして、この延長が認められたとしても、その派遣先事業所の同一組織（「課」や「グループ」などの単位）ごとの業務について、延長は**できません**。

プラスα

従来は、労働者派遣事業には「一般労働者派遣事業（許可制）」と「特定労働者派遣事業（届出制）」という２つのタイプがありましたが、この区分は廃止され、現在、**すべて**の労働者派遣事業は**許可**制となっています。

２　労働者「供給」事業との違い

労働者派遣事業と似ている話として、労働者「供給」事業というものがあります。これは供給契約に基づいて、労働者を他人の指揮命令を受けて労働に従事させることをいいます（労働者派遣法上の労働者派遣を除く、職業安定法４条８項）。

この労働者供給事業は、労働者の就業に実際の使用者ではない第三者が介入するもので、労働基準法６条によって禁止される「中間搾取」に該当する可能性があり、原則として、職業安定法（44条）により**禁止**されています。

◆労働者供給事業の構造

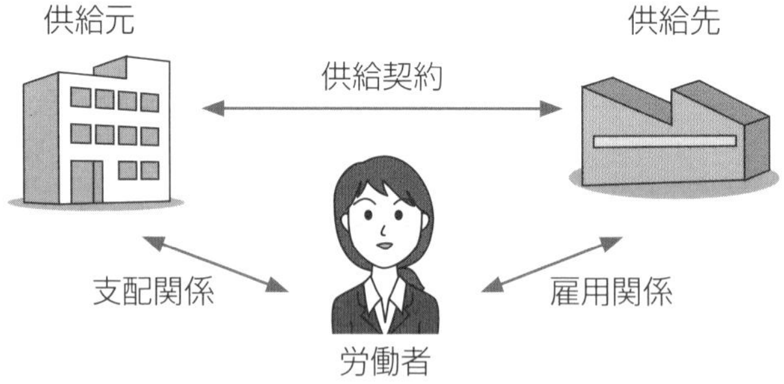

プラスα

労働者供給事業は、原則として**禁止**です。しかし、労働組合等が行う無料の労働者供給事業は、厚生労働大臣の許可を受けることにより可能です。

キーワードでCHECK!　日雇派遣の禁止　⇒

3　いわゆる偽装請負の問題

労働者派遣事業は、労働者が他人（**派遣先**）の指揮命令を受けるという点で、民法上の請負契約と区別されます。

そこで、仮に派遣元と派遣先の事業者間で交わされている契約が、請負契約または委任契約の形式をとったとしても、実態として、その業務に従事する労働者が、業務遂行方法や労働条件について、派遣先から直接指揮を受けると、実質的に労働者派遣にあたるものとして、偽装請負といわれることがあります。

つまり、労働者派遣事業は、厚生労働大臣の**許可**が必要なので、この手続を怠っていることとなり、労働者派遣法違反を問われることがあります。

4　労働者派遣事業で行ってはならない業務

労働者派遣法では、労働者派遣事業を行ってはならない業務として、港湾運送業務や建設業務、警備業務などが規定されています（労働者派遣法４条、同法施行令２条）。また、原則として、**日々雇用**される、または、**30 日**以内の期間を定めて雇用される労働者を派遣してはなりません（**日雇派遣の禁止**、労働者派遣法 35 条の 4）。

5　雇用安定措置

2015 年の改正では、**派遣元**事業主に対して、一定の要件を満たす派遣労働者への**雇用安定措置**が義務化されました。

この措置には、**派遣元**事業主が、派遣労働者に対して、その派遣の終了後、新たな派遣先を提供すること、その派遣労働者を無期雇用すること、派遣労働者が就業していた派遣先事業主に対して、当該派遣労働者の直接雇用を依頼することなどがあります。

CHECK

要するに、民法上の請負契約等の形式を利用しても、実質的に労働者派遣のような構造を実現することも可能ですが、それを許すと労働者派遣法による規制が無駄になるため、このような「偽装請負」は労働者派遣法違反が問われうるということです。

用　語

雇用安定措置

派遣労働者の派遣終了後に、当該派遣労働者の雇用を継続させる措置のこと。これは**派遣元**事業主に課される義務である。この義務は、**派遣元**事業主によって適切に履行されるか、派遣労働者が就業継続を希望しなくなるまで効力を有する。

短い期間の仕事であることから、労働者の働きやすい環境づくりが達成できないケースが懸念され、2012 年施行の労働者派遣法の改正で**禁止**されている。

一問一答で確認しよう！

□□□**問1**　労働者派遣とは、自己の雇用する労働者を当該雇用関係の下、他人の指揮命令を受けて、当該他人のために労働に従事させることである。

□□□**問2**　請負の契約を結びながら、実際には労働者へ指揮命令などの事実があった場合に、労働者派遣法違反に問われる場合もある。

□□□**問3**　派遣労働者は、派遣先の会社と雇用契約を結び、その指揮命令を受けることで派遣先の会社の業務を行うこととなる。

□□□**問4**　同一の事業所へ労働者派遣できる期間は、原則として、２年が上限となるが、派遣先事業所の過半数労働組合等の意見を聴くことで、派遣期間の延長ができる。

正解　1○　2○　3×　4×

1：**本問の記述のとおり**。また、当該他人に対して、当該労働者を当該他人に雇用させることを約するものを**含まない**ものをいうとされている。

2：その形式として民法上の請負契約等の形をとっていても、実態として、業務遂行方法や労働条件について労働者派遣事業の関係がある場合、請負契約としてみなされない場合もあり、労働者派遣法違反を問われる場合も**ありうる**。

3：派遣労働者と派遣先の会社には雇用関係が**ない**。派遣労働者と雇用関係にあるのは、**派遣元事業主**である。

4：同一事業所へ労働者派遣できる期間は、原則として、**３年**が上限となる。設問後半部分は**正しい**。なお、過半数労働組合等とは、その事業所の労働者の過半数で組織する労働組合か、労働者の過半数の代表者を意味する。

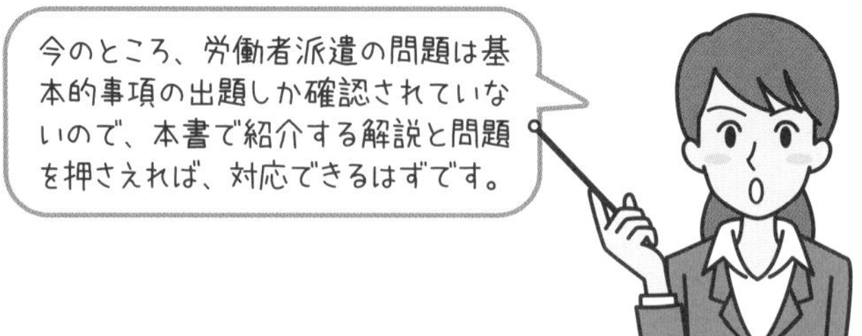

予想問題にチャレンジ！

問題 労働者派遣に関する次の①～④の記述のうち、その内容が適切なものを1つだけ選びなさい。

① 労働者派遣法上、派遣先は、派遣先の業務に関し、必ず派遣元事業主を通じて派遣労働者に業務上の指揮命令を行わなければならず、派遣労働者に対して直接に業務上の指揮命令を行うことは禁止されている。

② 労働者派遣法上、労働者は派遣されることによって、派遣先とも雇用関係を持つことになる。

③ 労働者派遣法上、20日間の有期雇用の労働者を派遣する場合には、特別の届出が必要となる。

④ 労働者派遣法には、労働者派遣業務を行ってはならない業務として、港湾運送業務や建設業務、警備業務などが定められている。

解答	

正解	④

① × 労働者派遣法上、派遣先は、派遣先の業務に関し、派遣労働者に対して、直接、業務上の指揮命令を行うことは**禁止されていない**。

② × 労働者派遣法上、労働者が派遣されても派遣先と雇用関係は**生じない**。

③ × 労働者派遣法上、原則として**日々**雇用される、または**30日以内**の期間を定めて雇用される労働者を**派遣してはならない**。

④ ○ 労働者派遣法には、労働者派遣業務を行ってはならない業務が規定されており、**港湾運送**業務や**建設**業務、**警備**業務などが該当する。その他にも、医師の派遣や弁護士の派遣なども原則として禁じられている。

予想問題にチャレンジ！

問題　労働者派遣に関する次の①～④の記述のうち、その内容が最も適切であるものを１つだけ選びなさい。

① 派遣元事業主は、当該派遣労働者に対して雇用関係を有し、派遣先は当該派遣労働者に対して、指揮命令権を有する。

② 請負契約を結んだ事業主は、形式的に契約の内容が請負であれば、現実的に労働者が指揮命令を受けていたとしても、労働者派遣法の違反には問われることはない。

③ 労働者派遣事業を行うについては、厚生労働大臣の許可が必要であり、その有効期間は特に規定されていない。

④ 派遣先は、当該派遣先を離職した労働者であっても、直ちに派遣労働者として受け入れることができる。

解答　

正解　①

① ○　派遣先と派遣労働者との間に雇用関係は**生じない**が、指揮命令関係は**生じる**ものとされている。

② ×　形式はともかく、現実的に指揮命令が行われている場合は労働者派遣に**あたる**ものとして、労働者派遣法違反に問われる場合が**ある**。

③ ×　労働者派遣事業は、厚生労働大臣の許可によって行うことができる。なお、その有効期間は**３年**とされている。

④ ×　派遣先は、当該派遣先を離職した労働者については、離職後１年以内に派遣労働者として受け入れることが**禁止**されている（労働者派遣法40条の９）。派遣期間の制限を**無意味にする**からである。

第８章

家族法とビジネス

第1節 家族法と取引行為の関係

学習日 ／

一見、関係がなさそうな家族法と取引行為ですが、**家族法**の定めが取引行為に影響を与えることがあります。この節では、取引行為に影響を与える家族法の定めを確認していきます。

I 婚姻と離婚について

重要度 ★★

POINT

夫婦間の法律関係とその対外的な影響（取引相手の取扱い）を確認する前に、前提として、婚姻と離婚の意味および一定の効果は理解しておこう。

1 婚姻が成立するためにも要件がある

「婚姻」とは、結婚することです。この婚姻が法律上認められるためには、いくつかの要件が必要となります。

実質的な要件として、①婚姻意思があること、②婚姻障害がないことが必要となりますが、たとえこれらを備えていたとしても「**婚姻届**」という届出の**提出**を行い、これが**受理**されなければ婚姻は成立しません。物の売買契約においては、当事者の意思表示のみで契約が成立することは前に述べましたが、婚姻については認められた結果、様々な効果が与えられることと、身分関係を明確にするため届出が重要視されています。

2 婚姻により発生する効果

上で述べたように、婚姻意思があり、婚姻障害がなく、**婚姻届**を**提出**・**受理**された場合に婚姻が成立しますが、これによって夫婦には、次ページのような様々な身分上の効果が発生します。

用語

家族法

身分法ともいわれる。民法の「第４編 親族」と「第５編 相続」に関する法律等を合わせた家族の身分関係や相続関係のルールのこと。

キーワードでCHECK! **婚姻障害** ⇒

◆婚姻により発生する身分上の効果の例

①夫婦は、婚姻時に定めた、**夫**または**妻の氏**（苗字）を称することになります（民法 750 条）。
②夫婦には、**同居義務**、互いに**協力**・**扶助**しあう義務が発生します（民法 752 条）。
③夫婦間でも自由に契約を行えますが、**婚姻中**においては、**互いにいつでも取り消す**ことができます（民法 754 条本文）。
④夫婦には、互いに**貞操《ていそう》義務**が発生し、**不貞《ふてい》行為**は離婚原因となります（民法 770 条 1 項 1 号）。

3　届出を出さない婚姻がある !?

婚姻が成立するためには婚姻届がその要件となるので、婚姻届が受理されない限り、いくら本人たちが婚姻しているつもりで共同生活を行い、結婚式も挙げて、それを周囲に伝えていたとしても、法律上は婚姻と認められません。

しかし、婚姻による効果の発生を避けるなど（氏を改めることを避ける等）の理由により、婚姻意思があり、婚姻している夫婦と同様の共同生活を行っているにもかかわらず、あえて婚姻届を出さない男女もいます。これがいわゆる**内縁**関係といわれる状態です。

基本的には、婚姻していない以上、婚姻から生じる様々な効果は**認められません**が、実質的には婚姻している夫婦と変わらない状況を評価して（準婚関係とも呼ばれる）、近年では、判例上で婚姻に近い効果を与える「傾向」にあります。

プラスα

左の婚姻により発生する身分上の効果として、2022 年 3 月末まで、未成年者が婚姻した場合に、民法上は**成年**とみなされ、**単独**で**有効**な法律行為（契約等）を行える**成年擬制**という効果がありました。この規定は 2022 年 4 月 1 日に施行された改正民法により削除されました。

用語

貞操義務と不貞行為

貞操義務とは、夫婦が配偶者以外の相手と性的関係を持たない義務のことで、不貞行為とは、夫婦が配偶者以外の相手と性的関係を持つこと。

CHECK

内縁関係に婚姻に近い効果を与える傾向とはいっても、**相続権**は認められませんし、内縁関係の夫婦に子が生まれても、その子は嫡出子としては認められません。

婚姻の成立を**妨げる**事由のことで、これらが「ない」ことが婚姻の**成立要件**となる。近親婚や婚姻適齢に達していないことなどが具体例である。

4　離婚について

離婚と聞いてイメージができない人はいないと思いますが、要するに婚姻の解消の１つです。婚姻が解消されるケースとしては離婚だけではなく、夫婦の一方の死亡によるケースもありますが、ここでは「離婚」について確認していきます。

まず大事なことは、通常の売買契約などでは、契約後に契約が取り消されると、遡って当初より契約していなかったものと扱われますが、婚姻の解消については、**将来**に向かってのみ、婚姻の効果が解消されることです。

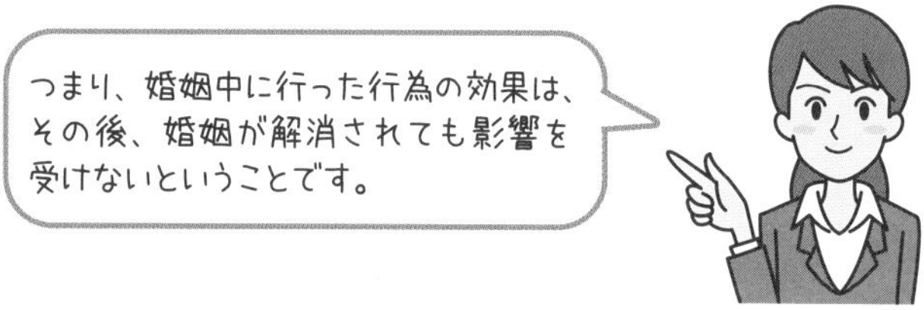

CHECK

婚姻の解消の効果が過去に**遡らない**という点は、本試験でもよく出題されていますが、これは、すでに行った取引行為がその後の身分関係の変更で影響を受けるかという点に絡むためです。なお、このような**将来**に向かって効果が発生することを**将来効**ともいいます。

(1) 様々な離婚の種類

一口に離婚といっても様々な種類があります。一般的なイメージとしては、夫婦の話し合い（合意）によって離婚届を提出し、受理されることで成立する協議離婚を思い浮かべると思いますが、その他にも家庭裁判所の調停により成立する調停離婚や、この調停が調わない場合に審判をして成立する審判離婚、家庭裁判所に離婚請求訴訟を提起してなされる裁判離婚などがあります。

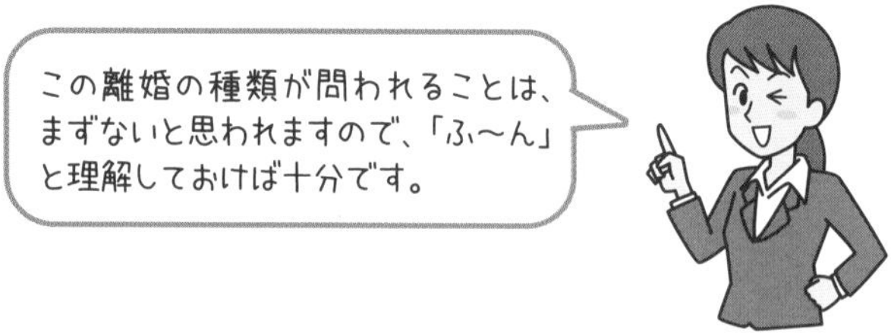

キーワードでCHECK!　将来効　⇒

(2) 離婚により発生する効果

婚姻により発生する効果は 263 ページで紹介しましたが、離婚によってこれらの身分上の効果は、**将来**に向かって解消されます。

例えば、婚姻に際して氏を変えた一方配偶者は、婚姻前の氏に復します。これを**復氏**《ふくし》といいます。ただし、婚姻中の氏をそのまま使用するほうが都合がよい場合もあるため、離婚時から 3 か月以内に本籍地または住所地の市区町村役場に**届け出る**ことで、婚姻中の氏をそのまま称することも**できます**（民法 767 条、戸籍法 25 条、77 条の 2）。また、配偶者血族との姻族《いんぞく》関係も消滅します。

◆姻族関係の消滅について

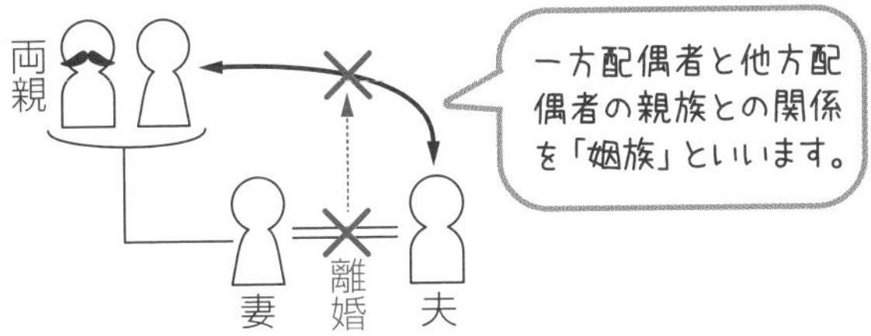

そして、婚姻の効果の解消だけではなく、一定の制約が課されることもあります。その代表例が、**女性の再婚禁止**期間であり、**女性**については、前婚の解消や取消し日から **100 日**間は、原則として、**再婚**できません（民法 733 条 1 項）。子は妊娠期間を経て生まれてくるところ、離婚後に生まれた子の父親が離婚前の夫だった者か、再婚相手であるのか不明になることを避けるための規定です。

なお、父母が離婚をしても親子の関係は変わりません。ただし、子の利益を考えて、まずは父母の協議により、それが調わない場合には家庭裁判所によって、親権者や監護者が定められます（民法 819 条、766 条、771 条）。

プラスα

民法上、「親族」に含まれるのは、配偶者、6 親等内の血族と 3 親等内の「姻族」です（民法 725 条）。よく会う身内が法律上の親族に含まれるのかを自分に置き換えて考えてみると、面白いかもしれません。

プラスα

2022 年 12 月成立の改正民法により、2024 年 4 月 1 日から、女性の再婚禁止期間が**廃止**されます。

離婚解消の効果にも遡及効が**認められる**と、婚姻中に行った法律行為の処理が非常に複雑になるので、婚姻中に行った行為の効果を**維持**させる趣旨がある。

Ⅱ 夫婦間の財産関係を考える

重要度 ★★★

POINT

夫婦間の法律関係とその対外的な影響（取引相手の取扱い）は、コンスタントに出題される。この項目の赤字部分はすべて覚えておこう。

1 「夫婦財産制」とは？

婚姻すると、氏が変わるといった様々な身分上の効果とともに、夫婦間の財産関係も形成されていきます。このような夫婦間の財産関係のルールを夫婦財産制といいます。例えば、妻が夫の外出中に、夫の名義でエアコンなどの家電を購入したとします。この場合、このエアコンの所有権者は誰になるのかといった話です。

このような夫婦の財産関係については、まず大前提として、夫婦間に**夫婦財産契約**（婚姻中の財産上の権利義務に関する夫婦間の契約のこと）が締結されていれば、**その契約に従う**ことになります。

婚姻中に一方配偶者が得た財産や、
行った契約の効果は、誰に帰属するのか？

↓

夫婦財産契約があれば、それにより定まる。

↓

かかる契約がされていない場合は？
（ここから紹介する話）

CHECK

夫婦財産制は、“夫婦間の財産関係にまつわるルールの総称”と考えていればよいでしょう。“総称”にすぎないので、この点について試験では問われづらいと予想します。

CHECK

近年では、後で揉めごとになった場合も想定して、婚姻時に**夫婦財産契約**を締結する男女も増えています。要するに「この場合はこうしよう」といった夫婦で行う契約にすぎないので、難しく考えないでください。

キーワードでCHECK! **夫婦財産契約** ⇒

先ほどのエアコンの例でいえば、夫婦間で「婚姻中に購入した物の所有権は夫に帰属する」といった契約が定められていた場合、たとえ妻がエアコンの売買契約を行ったとしても、夫がエアコンの所有権者となります。

しかし、少なくとも現在の日本では、婚姻時にこのような契約を締結しないことが通常なので、民法によって夫婦間の財産関係が定められています（法定財産制）。そして、その内容は次の 3 つを主な内容としています。

（1）原則は夫婦「別産」制

試験でも読み間違えないよう注意すべきですが、夫婦間の財産関係の基本は、**夫婦別産制**です。

これは、夫婦の一方が婚姻する**前**から有する財産や、婚姻中でも、**自己の名**で得た財産は、その者の**特有《とくゆう》財産**（**その者の所有物**）とする制度です（民法 762 条 1 項）。婚姻前から預金していたお金が前者の例で、婚姻中に相続で取得した財産が後者の例になります。

なお、ここでいう「**自己の名**で得た財産」という意味は、名義うんぬんの話ではなく、経済的な負担を負ったのは誰かといった実質的な話も加味して判断されていきます。

また、調べてみたものの夫婦のどちらに所有するのかが明らかでない財産が出てきた場合、それは夫婦の**共有**と**推定**されます（同条 2 項）。

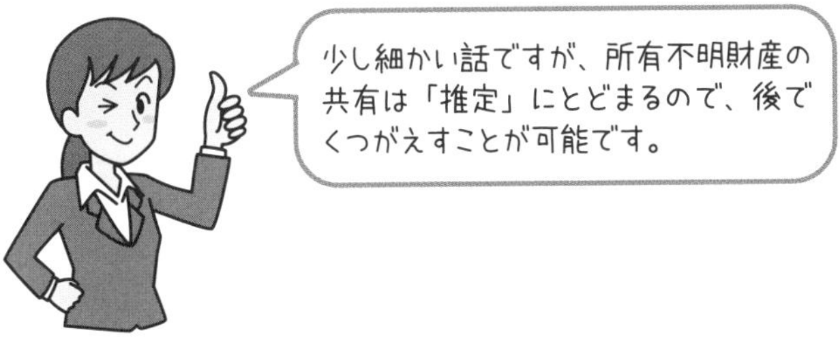

CHECK

夫婦間の財産関係は、夫婦財産契約を**婚姻前**（夫婦になる前）に締結しない限り、民法の定めに従って決められます。

用語

「推定」と「みなす」

「推定」とは、例えば、A なのか B なのか結論が不明なものを“ひとまず A としよう”とすることで、実際の裁判となった場合、A ではなく、B である証拠があれば、くつがえすことができる。他方、「みなす」とされる場合、“もう A とする”と確定してしまう制度で、後にくつがえすことはできない。

夫婦間の財産関係は**夫婦財産契約**が締結されているならば、それに従うことが大前提である。これは契約自由の原則という民法の原則の現れである。

(2) 婚姻費用の分担について

婚姻生活を維持していくためには、生活(生計)費や医療費、子にかかる養育費など様々な費用がかかってきます。これらを婚姻費用といいますが、この婚姻費用は、配偶者間で**分担**するものとされています(民法 760 条)。

実際にどのように分担するかは、各自の収入等様々な事情も考慮しつつ、夫婦の話し合いで決められます。なお、話し合いで折り合いがつかなければ、家庭裁判所によって決めてもらうこともできます。

なお、先ほどの(1)についても同じことがいえますが、この婚姻費用の分担についても、大前提として**夫婦財産契約**が定められていれば、それに基づきます。

(3) 日常的な家事債務は夫婦の連帯責任

上記のように婚姻生活を維持していくうえで、日々の食料や衣類の購入など、日常生活に必要な家事に対して生じる債務のことを**日常家事債務**といいます。夕食の準備のため、妻がお店に対して食費の購入代金の債務を負った場合が一例です。

この食費購入代金の例を民法の原則から考えると、妻が購入(売買契約)したとすれば、その代金債務は妻が負うはずです。しかし、夫婦の実情を考えて、このような**日常家事債務**については夫婦が**共同**で**負担**する(夫婦が**連帯責任**を負う)こととされています(民法 761 条)。つまり、この例では、お店は夫に対しても代金請求できることになります。

なお、何が**日常家事債務**の範囲内に含まれるかについては、争い(訴訟)となってしまった場合に個々に判断されていきます。一般的には、生活必需品の購入代金や医療費については含まれると考えられています。

CHECK

実際にそんなことがあるかは別として、例えば、妻が宅配ピザを頼んだとします。ピザ屋が届けると夫が出てきて「私は注文していないので、代金は支払わない」となるとピザ屋は困るでしょう。この際、ピザ屋としては、食費は**日常家事債務**に含まれるので、夫も**連帯責任**を負い、代金の支払義務があるといえるということです。

キーワードでCHECK! **日常家事債務 ⇒**

では、取引相手がその夫婦の日常家事債務であると信じて取引したものの、日常家事債務に含まれなかったケースはどのようになるのでしょうか。

例えば、妻が子の医療費捻出のためにと嘘をついて、夫の土地の売買契約を行った場合、当該土地を購入した取引相手は、夫に対しても土地を引き渡すよう請求できるかといった問題です。この点、取引相手のほうで、当該契約が夫婦の日常家事債務に含まれると信じるに足りる正当な理由があるときに限り、民法 110 条の趣旨を類推して、取引相手である第三者が保護されると判例は判断しています。

覚えよう! **夫婦の一方配偶者が得た財産や債務は、誰に帰属するのか？**

①**夫婦財産契約**があれば、それに従う。
②かかる契約がない場合、婚姻**前**から有する財産や**自己の名**で得た財産は、その者（の特有財産）。
③かかる契約がない場合、夫婦のどちらに帰属するのか不明な財産は、夫婦の**共有**と**推定**。
④かかる契約がない場合、婚姻費用については**分担**。
⑤**日常家事債務**については、夫婦が**共同**で**負担**。

なお、日常家事債務についても、夫婦財産契約がある場合、内部的（当該夫婦の間のみ）には、その契約に基づき清算されますが、日常家事債務については、取引相手を保護する趣旨に基づくので、対外的には、夫婦財産契約があったとしても、当該夫婦は日常家事債務の範囲に含まれる取引について、**連帯責任**を負います。

CHECK

この第 1 節に関しては、左の①〜⑤をしっかり理解しておけば、試験対策上は十分である可能性が高いです。

民法上は「**連帯**してその**責任**を負う」と規定されているが、**連帯債務**を負うという理解でよい。取引相手は、夫婦の他方にも請求できることになる。

2　離婚が夫婦財産関係に与える影響

264ページで述べたように、離婚などによって夫婦関係が解消されると、婚姻で生じた効果が**将来**に向かって消滅します。これは夫婦財産関係でも**同じ**です。ここでも**将来**に向かって消滅するという点が重要です。

例えば、婚姻中に日常家事債務について負った債務（行為者は妻とする）について、債権者は、離婚後に「夫」に対して請求**できます**。あくまで、離婚の効果は**将来**に向かって婚姻中の効果を消滅させるだけなので、すでに行われた法律行為の効果には影響を**及ぼしません**。

また、夫婦の共有財産については、離婚によって財産分与がなされます。財産分与は有している財産を振り分けるイメージでよいでしょう。

なお、精神的苦痛に対する損害賠償請求である慰謝料請求とは目的が異なるので、慰謝料請求は別に行うこともできますが、慰謝料請求も含めた（考慮した）形で、財産分与を行うこともできます。

ちなみに、「不法行為に基づく損害賠償請求」という点では両者は同じカテゴリに入りますが、「慰謝料請求」は「精神的苦痛」に対する損害賠償請求です。モノを壊された場合などの経済的損失に対する（通常の）「不法行為に基づく損害賠償請求」とは区別しておきましょう。

CHECK

慰謝料請求の意味について試験で問われることはないと思いますが、よく耳にする言葉なので、一般常識として理解しておいて損はないでしょう。

一問一答で確認しよう！

□□□**問 1**　夫婦である A と B が離婚することにより、A と、B の両親との姻族関係は消滅しない。

□□□**問 2**　女性は、前婚の解消または取消の日から起算して 60 日を経過した後でなければ、再婚できない。

□□□**問 3**　A が B との婚姻により、B の氏を称していたが、AB が婚姻を解消した場合、A は婚姻前の氏に必ず復することになる。

□□□**問 4**　民法上、日常的な家事に関する債務については、夫婦が連帯して責任を負うものと規定されている。

□□□**問 5**　夫婦財産契約がない場合、夫婦の一方が、婚姻前から有する財産については、夫婦の財産関係を明確にするため、その夫婦の共有と推定される。

正解　1 ×　2 ×　3 ×　4 ○　5 ×

1：離婚によって、一方配偶者と他方配偶者の親族との姻族関係は**消滅する**。

2：女性は、前婚の解消または取消しの日から起算して **100 日**を経過した後でなければ、原則として、再婚をすることができない（民法 733 条 1 項）。

3：婚姻の解消により、婚姻前の氏に復するのが原則だが、届出等の要件によって、そのまま婚姻中の氏を称することも**できる**（民法 767 条等）。

4：**記述のとおり**である（民法 761 条）。この**連帯**して**責任**を負う債務のことを**日常家事債務**ともいう。

5：夫婦財産契約がない場合、夫婦の一方が婚姻前から有する財産は、その者の**特有財産**とされる。夫婦の共有と推定されるのは、**どちらに帰属するのかが不明**の場合である（民法 762 条）。

予想問題にチャレンジ！

問題　婚姻に関する次のアおよびイの記述についての①～④の記述のうち、その内容が最も適切なものを 1 つだけ選びなさい。

ア　夫婦の不貞行為は、離婚原因になる。

イ　夫婦の同居義務、互いに協力・扶助し合う義務は、道徳的義務であり、法的義務ではない。

①　アおよびイのいずれも適切である。

②　アのみが適切である。

③　イのみが適切である。

④　アおよびイのいずれも適切でない。

解答	

正解	②

ア　○　不貞行為とは夫婦が配偶者以外の相手と性的な関係を持つことで、夫婦には法律上**貞操義務**が発生するため、不貞行為は離婚の原因と**なる**（民法 770 条 1 項 1 号）。

イ　×　夫婦の同居義務、互いに協力・扶助し合う義務は民法 752 条に規定されている**法的義務**である。

予想問題にチャレンジ！

問題　婚姻に関する次の①～④の記述のうち、その内容が適切なものを１つだけ選びなさい。

① 婚姻届を提出していないいわゆる内縁関係であっても、婚姻の実態が認められれば、互いに相続権が認められる。

② 婚姻届さえ提出されれば、婚姻意思がなかったとしてもその婚姻は有効に成立する。

③ 離婚したとしても、離婚した元配偶者の父母とは引き続き民法上の親族関係が成立している。

④ 婚姻をする際に氏を変更した者が離婚すると、婚姻前の氏に戻るが、離婚時から３か月以内に本籍地または住所地の市区町村役場に届け出ることにより、婚姻中の氏をそのまま称することができる。

解答

正解　④

① ×　内縁関係については、近年判例で婚姻に近い効果を与える傾向があるが、相続権については**認められていない**。

② ×　婚姻届が提出されていても、婚姻意思がなければ婚姻は**成立しない**。

③ ×　離婚によって姻族関係という親族関係は**消滅する**。

④ ○　離婚時から３か月以内に本籍地または住所地の市区町村役場に届け出ることにより、婚姻中の氏をそのまま**称することができる**（民法 767 条）。なお、配偶者が死亡して、生存配偶者が婚姻によって氏を変更した者であった場合、これとは逆に、婚姻後の氏を使い続けることになるが、届け出をすることにより、婚姻前の氏に戻すことが**できる**（民法 751 条）。

予想問題にチャレンジ！

問題　夫婦間の法律関係に関する次の①～④の記述のうち、その内容が適切なものを１つだけ選びなさい。

① 夫婦間において夫婦財産契約が締結されていない場合、夫婦の一方が婚姻前から有する財産は、その者の特有財産となる。

② 夫婦間における夫婦財産関係は、離婚により婚姻時に遡って消滅する。

③ 夫婦がその財産につき、夫婦財産契約を締結する合意ができたら、書面により夫婦財産契約を締結することができる。

④ 夫婦間で夫婦財産契約が締結されていない場合、夫婦のいずれかに属するか明らかでない財産は、民法上、婚姻後も氏の使用を継続した者の財産であると推定される。

解答	

正解	①

① ○　夫婦財産契約を締結していない場合、夫婦の一方が婚姻前から有する財産および婚姻中自己の名で得た財産は、**その者の特有財産**となる（民法 762 条 1 項）。

② ×　夫婦間における夫婦財産関係は、離婚により**将来**に向かって**消滅**する。

③ ×　夫婦財産契約は**婚姻の届出前**にのみ締結することができる（民法 755 条）。つまり、夫婦財産契約を締結するのは、「夫婦」ではなく「夫婦になろうとする男女」である。

④ ×　夫婦間で夫婦財産契約が締結されていない場合、夫婦のいずれかに属するか明らかでない財産は、民法上、**夫婦の共有**に属するものと推定される（民法 762 条 2 項）。

第2節 相続と取引行為の関係

学習日　／

人が死亡すると、生前にその人が持っていた財産は相続人に相続されていきますが、個人を顧客とするビジネスでは、相続によって自社の債権債務をどのように取り扱うか問題となっていきます。

Ⅰ 相続と相続人の範囲等

重要度 ★★

POINT

この項目の話が直接的に出題されることは少ないが、この先の前提理解となる点で重要である。特に法定相続人の範囲と順位は覚えておきたい。

1　そもそも相続とは

相続と聞いてイメージできない人は少ないと思いますが、そもそも相続とは、人が死亡した場合、その人が生前に有していた財産が配偶者やその子に引き継がれることをいい、この死亡した人を「**被相続人**」、財産を引き継ぐ人を「**相続人**」といいます。

相続される財産には、被相続人のすべての財産が含まれ、土地建物といった不動産や自動車のような動産、株券や預貯金といったプラス財産（**積極**財産）だけではなく、借金のようなマイナス財産（**消極**財産）も引き継がれます。ただし、マイナス財産については、後ほど述べますが限定承認等の制度があり、すべて無条件で引き継がねばならないわけではありませんし、そもそも相続自体を放棄することもできます。そして、これらの制度の要件が試験でよく問われますが、それは後ほど述べます。

なお、被相続人が死亡した場合、相続の手続がどのように進んでいくかについては、被相続人の遺言（書）がある

CHECK

法律では、よく「被○○」という言葉が使用されます。問題文中の「被○○」が誰を指すのかの把握は正解を導く大前提なので、しっかり把握できるようにしましょう。

CHECK

上記のコメントと重なりますが「積極財産」と「消極財産」という意味を理解していないと、問題文の内容が不明になるので理解しておくようにしましょう。

かないかで異なってきます。

そもそも遺言（書）とは、被相続人が自分の死後について、誰に財産を相続させるのか、また、どのような財産を相続させるのかを定めておく生前の意思表示です。この遺言（書）があれば、原則として、相続は遺言（書）どおりに執行していくことになりますが、遺言（書）がない場合、まずは誰が相続人であるのかを確定しなければならず、この点は民法で定められています。これを**法定相続人**といいます。

2　法定相続人の範囲について

上で述べた法定相続人の範囲は、以下のとおりとなっています。

◆法定相続人の範囲

・配偶者は、**常に相続人**となる（民法 890 条）。

⬇

そのうえで「配偶者と○○」という形で、
以下の順位が高い者から相続人となる。

⬇

第 1 順位：被相続人の**子**（民法 887 条 1 項）。
⇒もし子が先に死亡していて、**孫**がいる場合、**子**に代わって孫が相続する（**代襲相続**、同条 2 項）。

第 2 順位：被相続人の**直系尊属**（民法 889 条 1 項 1 号）。
⇒この**直系尊属**は、第 1 順位の**子**か**孫**が**いない**場合に、はじめて相続人となる。

第 3 順位：**兄弟姉妹**（同条 1 項 2 号）。
⇒この**兄弟姉妹**は、上記第 1 ～第 2 順位の者がいない場合に、はじめて相続人となる。

用 語

代襲相続

「だいしゅう」相続と読む。相続する予定だった者に、その子や孫がいる場合、「代わりに」相続権が与えられる制度。

直系尊属《ちょっけいそんぞく》

「直系」とは、父母・祖父母のように自分から見て直属の親族のことで、叔父や叔母といった「傍系（ぼうけい）」との比較でイメージするとわかりやすい。そして、「尊属《そんぞく》」とは、自分より目上の人というイメージでよい。

キーワードで CHECK!　**代襲相続　⇒**

⇒もし**兄弟姉妹**が先に死亡しているが、その**兄弟姉妹**の**子**がいる場合、その**子**が**代襲**相続する（同条２項）。

この法定相続人の範囲は、どの参考書にも載っているような内容ですが、これだけでは少しわかりにくいかもしれません。そこで、少し補足しておきます。

まず、配偶者は別枠と考えておきましょう。配偶者がいる場合、配偶者は**常に相続人**となります。そして、配偶者と第１順位以降の順位の高い者がともに相続人となります。

逆に配偶者がいない場合、第１順位以降の順位の高い者が、単独で相続人になります。第１順位の者と第２順位の者が相続人となるわけではありませんので注意しておきましょう。

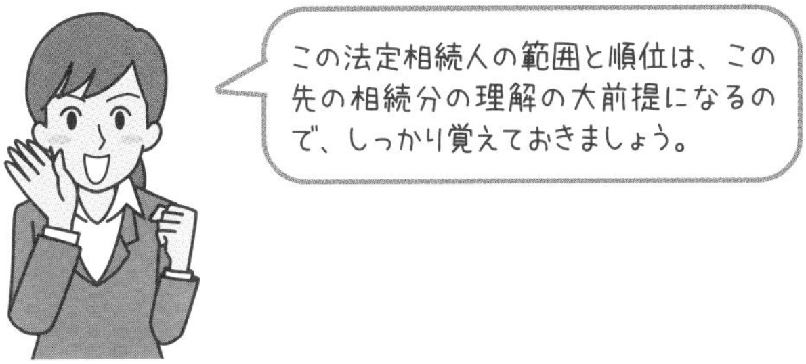

3　法定相続分について

法定相続人（誰が相続人となるのか）が決まったとして、次に各相続人が相続する財産の割合が問題となります。それぞれの相続人が相続する財産の分配の話です。

これも民法に規定があり、これを法定相続分といいます。法定相続分は、次ページのとおりです。

CHECK

よく勘違いするところですが、配偶者がいる場合は、配偶者は別枠で相続人となるイメージで、それにプラスして、最も順位の高い者“のみ”が相続人となります。

プラスα

2018年７月に公布された改正民法に基づき、2020年４月１日より、**配偶者居住権**という権利が新設されています。これは相続人となった配偶者が、それまで居住していた被相続人の遺産である建物を無償で使用収益できる権利です。遺産分割、遺贈、家庭裁判所の審判でこの権利を取得した場合、配偶者は、それまで住み続けていた建物から追い出されることなく、原則として、終身の間居住し続けることが可能となります。また、同様の配偶者が、遺産分割協議が終了するまでの間など、短期に、同様の建物を無償で使用できる配偶者短期居住権も新設されています。

被相続人の子が**先に死亡**したが、その**子**（被相続人の**孫**）がいる場合、被相続人の**子**に代わって相続人となる制度。これは第３順位の**兄弟姉妹**の子にも認められる。

◆**法定相続分**

①配偶者と子が相続人の場合（民法 900 条 1 号）。

⇒ともに **2 分の 1** ずつ。

②配偶者と直系尊属が相続人の場合（同条 2 号）。

⇒配偶者は **3 分の 2**、直系尊属が **3 分の 1**。

③配偶者と兄弟姉妹が相続人の場合（同条 3 号）。

⇒配偶者は **4 分の 3**、兄弟姉妹が **4 分の 1**。

CHECK

配偶者と子が 1 人いる場合、相続分は **2 分の 1** ずつになりますが、配偶者と子が 2 人いる場合でも、やはり子の全体（全員）の相続分は **2 分の 1** なので、その **2 分の 1** を 2 人の子で分け合います。つまり、2 人の子の相続分は各自 **4 分の 1** ずつとなります。

このような割合で、各相続人の相続分が決まっていきますが、直系尊属のように各順位の相続人が 2 人以上いる場合は、それぞれの相続分を人数で均等に分割した割合になります。

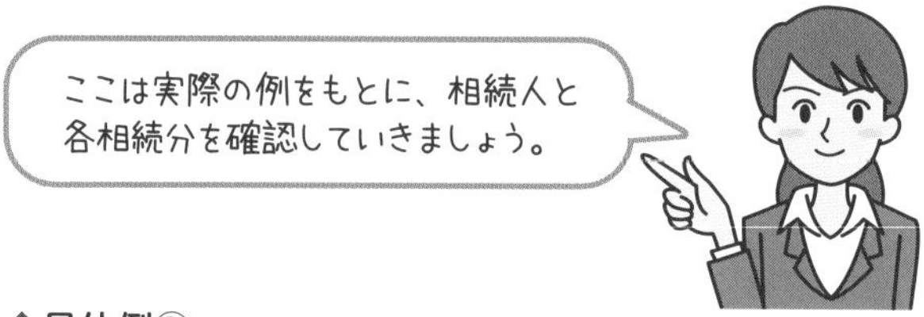

◆**具体例①**

被相続人 A に配偶者 B、子 CD（2 人）、父母がいる場合（財産は 3,000 万円とする）

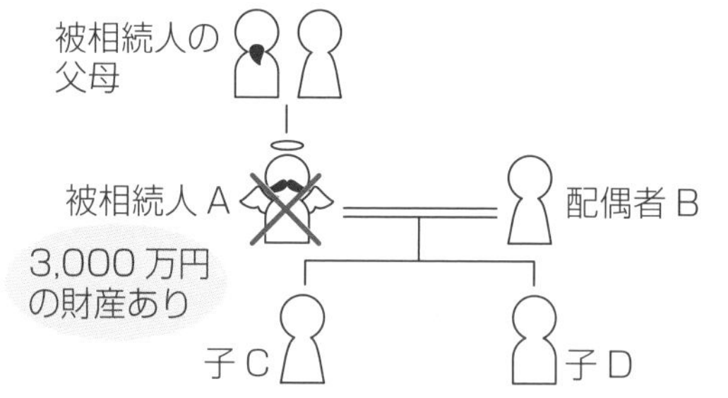

まず、相続人となるのは**配偶者 B** と **2 人の子** CD です。第 2 順位の父母（直系尊属）は、相続人と**なりません**。

そして、配偶者と子の相続分は **2 分の 1** ずつなので、配

キーワードで CHECK! **嫡出子と非嫡出子** ⇒

偶者Bは1,500万円、子CとDは合わせて1,500万円となり、CD各自の相続分は750万円となります。

◆具体例②

被相続人Aに配偶者Bと子がCとDの2人いたが、子Dが2人の子EとF（被相続人からすると孫）を残してすでに死亡している場合（財産は4,000万円とする）

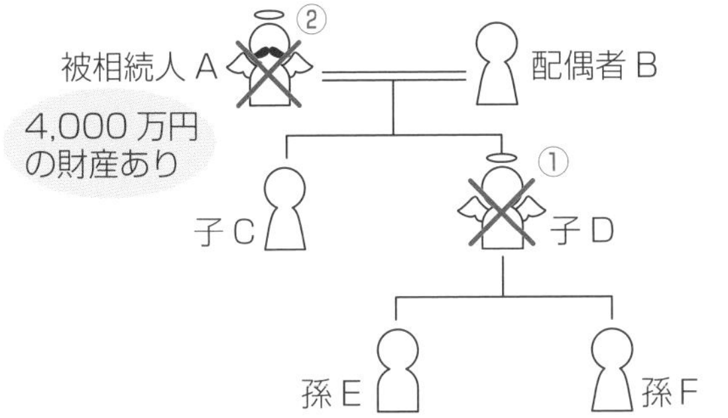

まず、相続人となるのは**配偶者B**と**子C**、そして、**孫EF**です。つまり、子Dの相続分は**孫EF**に代襲相続されます。

そして、配偶者と子の相続分は**2分の1**ずつなので、配偶者Bは**2,000**万円、子Cと孫EFは合わせて**2,000**万円となり、Cの相続分は**1,000**万円、孫EFは子Dが相続するはずだった**1,000**万円を分け合い、**500**万円ずつとなります。

なお、子の相続分を考える際、従来はその子が嫡《ちゃく》出《しゅつ》子《し》であるか、非《ひ》嫡《ちゃく》出《しゅつ》子《し》であるかにより取扱いが異なりましたが、子の立場から考えて相続分に差を設けるのは不合理であるため、2013年の民法の改正によりこの区別は撤廃されました。

CHECK

左の具体例②の図中における①②という番号は、死亡した順序を示します。つまり、左の図は子Dが被相続人Aより先に死亡したという事例です。

婚姻している男女から生まれた子を**嫡出子**、婚姻していない男女から生まれた子（内縁も**含む**）を**非嫡出子**という。両者の相続分の区別は**撤廃**された。

Ⅱ 遺言による相続方法

重要度 ★

POINT

頻出項目ではないので、遺言がどのようなものか理解していれば足りる。とはいえ、遺留分の制度は、出題されたことがあるので押さえておきたい。

1　遺言とは

前ページまでは、法律（民法）に基づく相続方法を確認してきましたが、被相続人がかかる法律の規定と異なる形で相続を行わせたいと考える場合があります。

そこで、被相続人の生前の自由な意思を尊重すべく、**遺言**を行うことで、各相続人の法定相続分と異なる相続分の指定ができます（民法 960 条以下）。なお、この遺言に基づく被相続人の財産の処分は**遺贈**といいます。

遺言があれば、当事者意思を尊重すべく、まずは遺言の内容が優先されます。しかし、たとえ遺言があっても、**法律に定める方式**に従ったものでなければ、**無効**となってしまいます。これは遺言が効力を発生するのは被相続人が死亡した後であり、本人の意思を確認することができないため、確実な意思表示のみを保護する意図に基づくものです。

また、どのような内容でも遺言内容が法的に保護されるわけではなく、民法では遺言できる事項（法定遺言事項）が規定されており、その内容としては、子の認知（民法 781 条 2 項）や 5 年以内の遺産分割の禁止（民法 908 条）などとされています。

2　遺言の種類と要件等

遺言の方式は、普通方式と遺言者が特殊な状況下にある場合の特別方式に大きく分けることができます。それぞれの遺言の種類については、次のようになっています。

プラスα

一般的に遺言は「ゆいごん」と呼びますが、法律の世界では「いごん」と読むのが通常です。

CHECK

せっかく残した遺言があったとしても、民法の定める様式に従っていなければ、残念ながら**無効**となります。偽造される可能性もあり、遺言書が出てきた後には、本人に内容の確認ができない以上、ここは比較的厳格に考えられています。

CHECK

遺言がない場合、相続人間での遺産分割協議によって、法定相続分とは異なる割合で遺産を分割することが**できます**。

キーワードでCHECK!　遺言能力　⇒

◆**遺言の種類**

- 普通方式（原則）
  - **自筆**証書遺言…全文を、原則として、自ら自書するもの。
  - **公正**証書遺言…公証人が作成するもの。
  - **秘密**証書遺言…公証人・証人が証書を確認するもの。
- 特別方式（例外）
  - 危急時遺言（臨終遺言）
    - 一般危急時遺言
    - 遭難船舶危急時遺言
  - 隔絶地遺言
    - 伝染病隔絶地遺言
    - 船舶隔絶地遺言

これらすべての遺言について共通の要件として、そもそも被相続人が遺言を行うためには、**意思**能力が必要ですが、**行為**能力までは不要です。結果、民法では、①満 **15** 歳に達した者（民法 961 条）であれば遺言能力を有するとされ、さらに、②成年被後見人であっても、事理弁識能力を一時的に**回復**していれば、**2 人以上の医師**の立会いを受けることを条件に遺言書を作成できます（民法 973 条）。

また、被保佐人と被補助人は、**行為**能力が制限されているにすぎないので、**常に単独**で遺言書が作成できます（民法 962 条）。

ちなみに、遺言書の偽造や変造を防止するため**検認**《けんにん》という制度があります。これは、被相続人の死亡後に遺言書を発見した場合、家庭裁判所に提出して検認を受けなければならない制度です（民法 1004 条 1 項）。この**検認**手続を怠ったとしても、遺言は無効とは**なりません**が、怠った者は過料の制裁に処せられます（民法 1005 条）。

プラスα

自筆証書遺言については、2019 年 1 月 13 日施行の改正民法により、資料として添付する場合の**財産目録**の自書が不要（コピーやパソコンでの作成可能）となりました。**財産目録**は、自筆証書遺言の作成にあたり、必ずしも必要な書類ではありませんが、一般的に相続財産内容の把握のため添付する資料です。

また、2020 年 7 月 10 日に、法務局における遺言書の保管等に関する法律（遺言書保管法）が施行され、公的機関（法務局）における自筆証書遺言の保管制度が創設されました。この制度により法務局に保管された遺言書は、検認は不要です。

プラスα

満 **15** 歳になれば有効に遺言が行える点は意外かもしれません。他の資格試験でも問われる内容なので、注意しておきましょう。また、被保佐人と被補助人も**常に単独**で遺言を行える点も注意です。

遺言を有効に行うためには、**意思**能力が認められればよいので、**被保佐人**と**被補助人**も単独で有効な遺言を行える。また、満 **15** 歳以上ならば遺言できる。

3　遺言の撤回について

遺言は、被相続人の生前の意思の尊重に趣旨がありますが、この趣旨は遺言の撤回についても及び、いかなる理由であっても、遺言者は遺言を**自由に撤回**できます（民法1022条）。

この点から、遺言は**2人以上**の者が**同一証書**で行うことは**禁止**されています（民法975条）。作成後に各自が自由に撤回しづらくなるからです。

4　遺言と遺《い》留《りゅう》分《ぶん》の関係

突然ですが、被相続人Aに3人の子BCDがいたとします。Aが遺言により、その子のうちのBだけに財産のすべてを相続させるとした場合、これが認められるのでしょうか。子CDにとってみれば、財産を相続できるとの期待があるわけですし、ケースにもよりますが、実際に被相続人Aが死亡した後の子CDの生活保障も考えておく必要があります。

そこで、民法はたとえ遺言があったとしても、相続財産の一定部分は法定相続人のために留保しておくという**遺留分**の制度を規定しています。

この遺留分保障を受けることができる者を遺留分権利者といいますが、この遺留分権利者は、法定相続人のうち、**配偶者**、子・孫などの**直系**卑属、父母等の**直系**尊属に限られます。つまり、ポイントは遺留分権利者から**兄弟姉妹**が除外されているということです。

遺留分を侵害する遺贈や贈与がなされた場合、遺留分権利者は、受遺者や受贈者に対して、遺留分侵害額に相当する金銭の支払を請求できます（**遺留分侵害額請求権**）。

プラスα

例えば、第1の遺言を作成した後、その内容と矛盾する第2の遺言を作成した場合、第1遺言を第2遺言で撤回したものとみなされます。

プラスα

遺留分制度の主な目的の1つは、残された遺族の生活保障です。通常、自らの**兄弟姉妹**の生活費までは面倒を見ていないことが多いため、そこまでは遺留分を認める必要がないと考えられました。なお、遺留分の割合は以下のようになっています。

直系尊属のみ ⇨3分の1
その他の場合 ⇨2分の1

CHECK

法律系の資格試験においては、兄弟姉妹が遺留分権利者から除外される点は、よく出題されています。

キーワードでCHECK!　**遺留分権利者**　⇒

Ⅲ 相続の承認と放棄

重要度 ★★★

POINT

「限定承認」と「相続の放棄」は重要だ。これらは頻出項目なので、しっかりとポイントを絞って押さえておきたい。

1　相続の承認および限定承認について

(1) 相続の承認

相続の承認とは、相続人が相続財産を相続することを受け入れることですが、一口に相続の承認といっても、いくつかの種類があります。

まず、被相続人の権利義務（プラス財産もマイナス財産も）の一切を継承することを**単純承認**といいます。これが相続の原則的形態です。これは相続人が「単純承認します」といった場合だけではなく、一定の行為を行うこと、例えば、相続人が相続財産の一部でも処分すると単純承認したとみなされる**法定単純承認**という制度もあります（民法921条）。

プラスα

法定単純承認の例としては、相続人が相続財産を一部でも処分（売却等）してしまった場合などです（民法921条参照）。この場合、自動的に単純承認したものとみなされます。

(2) 限定承認

次に、被相続人の財産について、プラス財産より、債務の支払といったマイナス財産のほうが多い場合、相続するプラス財産で支払える限度だけ、マイナス財産も相続することを**限定承認**といいます（民法922条）。要するに、一定範囲で相続はするものの、結果として、相続人はプラスマイナス・ゼロとなります。

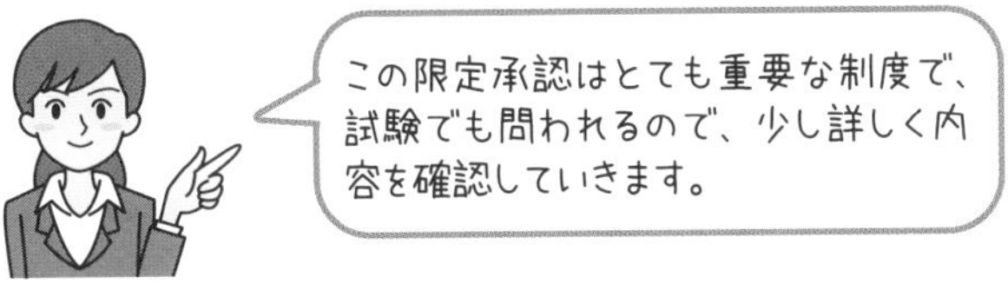

遺留分権利者となるのは、**配偶者**、**直系**卑属と**直系**尊属のみである。**兄弟姉妹**が除かれている点は注意しておこう。

限定承認を行ううえで重要な要件は、被相続人が死亡して、自分が相続人となったことを知った時から**3か月**以内に、相続開始地の家庭裁判所に**申述**（申し出ること）しなければならないことです（民法915条、家事事件手続法201条）。

プラスα

この限定承認を行うかどうかを考える期間を熟慮《じゅくりょ》期間《きかん》ともいいます。

また、相続人が数人いる場合に限定承認を行おうとするならば、その**相続人全員**が**一致**して、限定承認を行わなければなりません（民法923条）。

これは何を意味するかというと、もし共同相続人のうち1人でも、借金はすべて完済すべきだという考えなどから、限定承認に反対する者がいた場合、限定承認は**できません**。

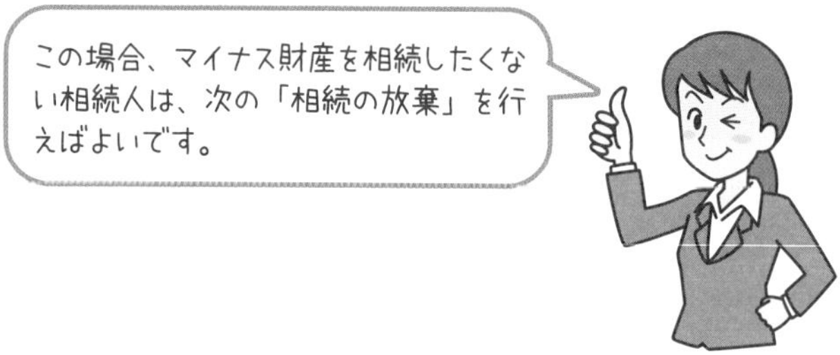

2　相続の放棄について

相続の放棄とはその言葉のとおり、相続人が相続に関して、自己に財産が帰属することを**一切拒否**する意思表示です。

この相続の放棄も、自分のために相続の開始があったことを知った時から**3か月**以内に、相続開始地の家庭裁判所への**申述**という手続を経て、これが受理されなければ成立しません。

そして、相続人が数人いる場合については、限定承認とは異なり、相続の放棄を行うか否かについて、**各自一人ひとりが選択**できます。

プラスα

もし共同相続人がいる場合（このケースのほうが多い）、限定承認も相続の放棄も各相続人が単独で行えないとするならば、単独で相続するケースを除いて、相続を拒否できる場面が少なくなるので、**相続の放棄**だけは、各自の判断に委ねられています。

一問一答で確認しよう！

□□□**問 1**　被相続人 A にその配偶者 B と子 C、さらに子 C の子 D がいた場合において、D が相続人となることはない。

□□□**問 2**　相続人に相続される財産は、積極財産だけでなく、消極財産も引き継がれる。

□□□**問 3**　満 15 歳の未成年者は、単独で有効な遺言を行うことができない。

□□□**問 4**　民法上、被補助人の遺言能力は認められるが、被保佐人は判断能力が著しく不十分であるため、単独で有効な遺言を行うことができない。

□□□**問 5**　遺留分権利者は、法定相続人のうち配偶者、子、孫などの直系卑属および父母等の直系尊属に限られている。

□□□**問 6**　共同相続人がいる場合、相続の放棄は各相続人が単独で行うことはできない。

正解　1 ×　2 ○　3 ×　4 ×　5 ○　6 ×

1：被相続人 A の死亡以前に子 C が死亡していた場合、子 C に代わって D（被相続人の孫にあたる）が**代襲相続**する（民法 887 条 2 項）。よって、D が相続人となることは**ある**。

2：相続においては、不動産、動産、預金のようなプラス財産（積極財産）だけではなく、金銭債務のようなマイナス財産（消極財産）も**引き継がれる**。

3：満 15 歳に達すれば、遺言を行う能力が認められる（民法 961 条）。

4：遺言を行うには行為能力までは**不要**であるため、被保佐人であっても単独で有効な遺言を行うことが**できる**。

5：遺留分権利者については、**兄弟姉妹**が除外されている点は注意すること。

6：相続の放棄は、各相続人が単独で行うことが**できる**。

予想問題にチャレンジ！

問題　相続に関する次のア〜エの記述のうち、その内容が適切なものの組み合わせを①〜⑥の中から１つだけ選びなさい。

ア　Aが死亡し、Aの子BがAの相続人となった。Bは所定の期間内に単純承認、限定承認または放棄の意思表示をしなかった場合には、限定承認したとみなされる。

イ　Aの死亡後にAが書いた遺言書が発見された。この場合、家庭裁判所に遺言を提出し検認を受けなければならないが、これを怠っても遺言は無効にはならない。

ウ　Aが死亡し、その遺言によりAの子Bにすべての財産を相続させる旨が記載されていても、Aの弟Cは、Aの遺産の一部を受け取る権利を有する。

エ　相続をする場合に、非嫡出子の法定相続分は嫡出子と同じである。

①　アイ　　②　アウ　　③　アエ

④　イウ　　⑤　イエ　　⑥　ウエ

解答

正解　⑤

ア　×　相続人が所定の期間内に限定承認または相続放棄をしなかったときは、相続人は、**単純承認**をしたものとみなされる（民法 921 条２号）。

イ　○　遺言の検認手続を怠ったとしても、遺言は**無効にはならない**。ただし、怠った者には過料の制裁が科される（民法 1005 条）。

ウ　×　遺留分権利者は、法定相続人のうち、配偶者、子・孫などの直系卑属、父母などの直系尊属に限られ、**兄弟姉妹は含まない**（民法 1042 条１項）。

エ　○　かつては、非嫡出子の法定相続分は嫡出子の半分だったが、2013 年の民法改正によりこの**区別は撤廃**された。

予想模試

解答用紙

問 1		問 18		問 35	
問 2		問 19		問 36	
問 3		問 20		問 37	
問 4		問 21		問 38	
問 5		問 22		問 39	
問 6		問 23		問 40	
問 7		問 24		問 41	
問 8		問 25		問 42	
問 9		問 26		問 43	
問 10		問 27		問 44	
問 11		問 28		問 45	
問 12		問 29		問 46	
問 13		問 30		問 47	
問 14		問 31		問 48	
問 15		問 32		問 49	
問 16		問 33		問 50	
問 17		問 34			

※この解答用紙はコピーしてお使いください。

問 1

コンプライアンスに関する次の①および②の記述のうち、その内容が適切なものを選びなさい。

① コンプライアンスとは、日本語で「法令等の遵守」と訳されるもので、現在では、企業がその活動を適切に行うために不可欠なものとなっている。

② 法令違反を行った個人に罰則が科されることはあるが、企業が法令違反を行ったとしても、企業自身に罰則は科されない。

問 2

リスクに関する次のアおよびイの文についての①〜④の記述のうち、その内容が最も適切なものを選びなさい。

ア リスクとは、一般に、何らかの事態等が発生する可能性のある不確定な要素のことをいい、企業活動においてはあらゆるリスクを完全に除去することが必要不可欠である。

イ リスクの予防対策と事後処理対策を効率的に行う経営手法のことをリスクマネジメントという。

① アおよびイのいずれも適切である。

② アのみが適切である。

③ イのみが適切である。

④ アおよびイのいずれも適切でない。

問3

契約に関する次の①および②の記述のうち、その内容が適切なものを選びなさい。

① 契約には、当事者双方の経済的な負担を内容とする「有償契約」と、取引当事者の一方だけが経済的な負担を負うことを内容とする「無償契約」があり、企業間の取引はほとんどが「無償契約」である。

② 契約は、通常は取引当事者の意思が合致したときに成立する。

予想模試

問4

私法の基本原理に関する次のアおよびイの文についての①～④の記述のうち、その内容が最も適切なものを選びなさい。

ア 権利主体（個人・法人）は、私法上の法律関係を自己の意思に基づいて自由に形成することができるとする原則のことを「私的自治の原則」というが、この原則が法律によって修正されることはない。

イ 他人に損害を与えても、故意・過失がなければ損害賠償責任を負わないという考え方を「過失責任主義」といい、この考え方はあらゆる場面において普遍的に通用するものといえる。

① アおよびイのいずれも適切である。

② アのみが適切である。

③ イのみが適切である。

④ アおよびイのいずれも適切でない。

問５

財産権に関する次のアおよびイの記述についての①～④の記述のうち、その内容が最も適切なものを選びなさい。

ア　知的財産権は、個人や企業活動により創造される財産権である。

イ　債権とは、任意の人に対して、何らかの行為を行うことを請求できる権利である。

- ①　アおよびイのいずれも適切である。
- ②　アのみが適切である。
- ③　イのみが適切である。
- ④　アおよびイのいずれも適切でない。

問６

権利・義務の主体に関する次の①および②の記述のうち、その内容が適切なものを選びなさい。

- ①　意思能力は、自分の行った行為の法的結果を判断することができる精神的能力のことで、この意思能力を持たない者を意思無能力者という。法律行為の当事者が意思表示をしたときに意思無能力者であった場合には、当該法律行為は取り消すことができる。
- ②　未成年者とは、満 18 歳未満の者をいい、未成年者が法律行為をするときは、原則として法定代理人（親権者・未成年後見人等）の同意を得る必要がある。

問7

無権代理に関する次のアおよびイの記述についての①〜④の記述のうち、その内容が最も適切なものを選びなさい。

ア　Aの代理人であると称したBが、A所有の土地をCに売却する旨の売買契約を締結したが、実際にはBに代理権はなかった。この場合、Cが売買契約の締結前からBに代理権がなかったことを知っていたとしても、CはAに対して相当の期間を定めて、Bの行為を追認するか否かを催告することができ、Aから期間内に確答がなかった場合には、追認を拒絶したものとみなされる。

イ　Dの代理人であると称したEが、D所有の土地をFに賃貸する旨の賃貸借契約を締結したが、実際にはEに代理権はなかった。この場合、Fは、無権代理行為について過失があったとしても善意であった場合には、Dが追認をしない間、行為を取り消すことができる。

① アおよびイのいずれも適切である。

② アのみが適切である。

③ イのみが適切である。

④ アおよびイのいずれも適切でない。

問８

不法行為に関する次のアおよびイの文についての①～④の記述のうち、その内容が最も適切なものを選びなさい。

ア　不法行為責任を追及する場合、原則として被害者側が主張・立証責任を負うこととなる。

イ　不法行為における損害賠償は、金銭による解決のみが認められている。

① アおよびイのいずれも適切である。

② アのみが適切である。

③ イのみが適切である。

④ アおよびイのいずれも適切でない。

問９

債権の消滅に関する次の①および②の記述のうち、その内容が適切なものを選びなさい。

① 債務者は、弁済と引換えに、弁済を受領する者に対して受取証書の交付を請求することができる。

② 債権者から債務者へ免除の意思表示がなされた場合、債務者が承諾をした時点で免除の効力が生じる。

問 10

担保物権に関する次のアおよびイの文についての①～④の記述のうち、その内容が最も適切なものを選びなさい。

ア　留置権には優先弁済的効力はないが、競売権は認められている。

イ　債権質の場合には、質権者が直接その債権を取り立てることが認められている。

① アおよびイのいずれも適切である。

② アのみが適切である。

③ イのみが適切である。

④ アおよびイのいずれも適切でない。

問 11

保証契約に関する次のアおよびイの文についての①～④の記述のうち、その内容が最も適切なものを選びなさい。

ア　保証契約は、口頭による契約では成立しない。

イ　連帯保証には、補充性が認められていない。

① アおよびイのいずれも適切である。

② アのみが適切である。

③ イのみが適切である。

④ アおよびイのいずれも適切でない。

問 12

物権変動に関する次のアおよびイの文についての①～④の記述のうち、その内容が最も適切なものを選びなさい。

ア　目的物が不動産の場合の対抗要件は登記であり、動産の場合の対抗要件は原則として引渡しである。

イ　売買などの取引行為により不動産を取得した者が、取得の際に平穏・公然・善意・無過失であった場合、原則として当該不動産を即時取得することができる。

- ①　アおよびイのいずれも適切である。
- ②　アのみが適切である。
- ③　イのみが適切である。
- ④　アおよびイのいずれも適切でない。

問 13

不動産登記制度に関する次の①および②の記述のうち、その内容が適切なものを選びなさい。

- ①　不動産の登記記録は表題部と権利部に区分されており、さらに権利部は甲区と乙区に区分されている。
- ②　不動産の登記事項証明書は、当該不動産の所有者・一般承継人・特定承継人のみが取得を請求できる。

問 14

特許権に関する次のアおよびイの文についての①～④の記述のうち、その内容が最も適切なものを選びなさい。

ア　職務発明についての特許権は発明者である従業員に帰属するが、企業にはその発明を実施する権利が認められる。

イ　特許権の存続期間は、原則として特許出願の日から20年をもって終了する。

① アおよびイのいずれも適切である。

② アのみが適切である。

③ イのみが適切である。

④ アおよびイのいずれも適切でない。

問 15

著作権に関する次のアおよびイの文についての①～④の記述のうち、その内容が最も適切なものを選びなさい。

ア　職務著作の著作者は、原則として、創作に携わった全従業員である。

イ　著作権は、原則として著作者の死後 70 年を経過するまで存続する。

① アおよびイのいずれも適切である。

② アのみが適切である。

③ イのみが適切である。

④ アおよびイのいずれも適切でない。

問 16

独占禁止法に関する次のアおよびイの文についての①～④の記述のうち、その内容が最も適切なものを選びなさい。

ア 「不当顧客誘引」とは、取引の相手方に対して、自己の競争者と取引しないことを条件として取引を行い、競争者の取引の機会を不当に減少させるおそれをもたらす行為のことである。

イ 「拘束条件付取引」とは、取引の相手方の事業活動を拘束する条件を付けて、当該相手方と取引をする行為のことである。

- ① アおよびイのいずれも適切である。
- ② アのみが適切である。
- ③ イのみが適切である。
- ④ アおよびイのいずれも適切でない。

問 17

消費者契約法に関する次の①および②の記述のうち、その内容が適切なものを選びなさい。

- ① 消費者契約法の「消費者」には法人が含まれる。
- ② 消費者契約法による取消権は、追認をすることができるときから1年間（霊感等による知見を用いた告知については、3年間）、または契約から5年間（霊感等による知見を用いた告知については、10年）を経過したときに消滅する。

問 18

特定商取引法に関する次の①および②の記述のうち、その内容が適切なものを選びなさい。

- ① 訪問販売においてクーリング・オフを行使するには、書面または電磁的記録による解約の通知を発することが必要である。
- ② 通信販売においても、クーリング・オフの制度が設けられている。

問 19

個人情報保護法に関する次のアおよびイの文についての①～④の記述のうち、その内容が最も適切なものを選びなさい。

ア 個人情報保護法における「個人情報」には、生存する外国人に関する情報が含まれる。

イ 個人情報取扱事業者に該当するのは、個人情報データベース等を事業の用に供しており、取り扱う個人情報の数が 5,000 を超える者である。

- ① アおよびイのいずれも適切である。
- ② アのみが適切である。
- ③ イのみが適切である。
- ④ アおよびイのいずれも適切でない。

問20

ビジネスと犯罪に関する次のアおよびイの文についての①〜④の記述のうち、その内容が最も適切なものを選びなさい。

ア　企業の役員・従業員などが、公務員に対して多額の金品を贈った場合、金品を受け取った公務員は罰せられることがあるが、金品を贈った役員・従業員が罰せられることはない。

イ　会社の秘密文書を保管する権限を有する者が、その秘密文書を持ち出した場合、業務上横領罪が成立する場合がある。

- ①　アおよびイのいずれも適切である。
- ②　アのみが適切である。
- ③　イのみが適切である。
- ④　アおよびイのいずれも適切でない。

問21

企業の取引活動と商法に関する次の①および②の記述のうち、その内容が適切なものを選びなさい。

- ①　企業活動・取引などの領域では商法が民法に優先して適用される。
- ②　原則として、一方的商行為については当事者の一方にのみ商法が適用される。

問22

商業登記制度に関する次のアおよびイの文についての①～④の記述のうち、その内容が最も適切なものを選びなさい。

ア　商業登記がされていても、善意の第三者に対しては、登記した事項の存在を対抗することができない。

イ　故意または過失により不実の事項を登記した者は、その事項が不実であることをもって善意の第三者に対抗することができる。

① アおよびイのいずれも適切である。

② アのみが適切である。

③ イのみが適切である。

④ アおよびイのいずれも適切でない。

問23

会社の種類に関する次の①および②の記述のうち、その内容が適切なものを選びなさい。

① 株式会社では、株主は会社に対して間接有限責任を負うにとどまる。

② 合同会社は無限責任社員と有限責任社員から構成される会社である。

問24

株式会社に関する次のアおよびイの文についての①～④の記述のうち、その内容が最も適切なものを選びなさい。

ア　株主には、原則として株式を自由に譲渡することが認められている。

イ　株式会社においては、株主が経営を行わないのが通常である。

① アおよびイのいずれも適切である。

② アのみが適切である。

③ イのみが適切である。

④ アおよびイのいずれも適切でない。

問25

株式会社の機関に関する次の①および②の記述のうち、その内容が適切なものを選びなさい。

① 株式会社においては、株主総会を設置しないことができる。

② 取締役会設置会社では、3名以上の取締役を置く必要がある。

問 26

労働基準法に関する次のアおよびイの文についての①～④の記述のうち、その内容が最も適切なものを選びなさい。

ア　使用者は、労働契約の不履行について違約金を定め、または損害賠償額を予定する契約をしてはならない。

イ　常時 30 人以上労働者を使用する使用者は、就業規則を作成しなければならない。

① アおよびイのいずれも適切である。

② アのみが適切である。

③ イのみが適切である。

④ アおよびイのいずれも適切でない。

問 27

労働組合に関する次のアおよびイの文についての①～④の記述のうち、その内容が最も適切なものを選びなさい。

ア　労働者が 3 人以上集まれば、労働組合の結成ができる。

イ　労働組合は、使用者と労働条件等の待遇について労働協約を定めることができる。

① アおよびイのいずれも適切である。

② アのみが適切である。

③ イのみが適切である。

④ アおよびイのいずれも適切でない。

問 28

男女雇用機会均等法に関する次の①および②の記述のうち、その内容が適切なものを選びなさい。

① 事業主は、女性労働者が婚姻したことを理由として解雇してはならない。

② セクシュアル・ハラスメントは、女性労働者に対する行為のみが対象とされている。

問 29

相続の承認と放棄に関する次のアおよびイの文についての①〜④の記述のうち、その内容が最も適切なものを選びなさい。

ア　A が死亡し、相続人が妻 B、長男 C、長女 D である場合、限定承認をする場合には B、C、D の全員が一致して行わなければならない。

イ　E が死亡し、相続人は夫 F のみである場合、F が相続放棄をするには、自己のために相続の開始があったことを知ったときから 6 か月以内に家庭裁判所へ申述する必要がある。

① アおよびイのいずれも適切である。

② アのみが適切である。

③ イのみが適切である。

④ アおよびイのいずれも適切でない。

問 30

遺言に関する次の①および②の記述のうち、その内容が適切なものを選びなさい。

① 法務局に保管されている自筆証書遺言についても、検認が必要である。

② 遺言者は、理由のいかんを問わず自由に遺言を撤回することができる。

問 31

裁判による権利の実現に関する次のア～エの記述のうち、その内容が適切なものの組み合わせを①～⑥の中から 1 つだけ選びなさい。

ア 支払督促の申立先裁判所は、簡易裁判所に限られる。

イ 即決和解の申立先裁判所は、簡易裁判所に限られる。

ウ 調停とは、原則として紛争当事者が裁判所に出頭せず、代理人による話し合いを行う手続のことである。

エ 強制執行の目的となる財産は、不動産と動産に限定されている。

① アイ

② アウ

③ アエ

④ イウ

⑤ イエ

⑥ ウエ

問 32

制限行為能力者に関する次の①～④の記述のうち、その内容が最も適切なものを 1 つだけ選びなさい。

① 成年被後見人は、日用品の購入その他日常生活に関する行為を含めて、単独で有効な法律行為を行うことができない。

② 成年後見人には、同意権・取消権・代理権・追認権等が与えられている。

③ 被保佐人が借金や重要な財産の処分等をするには、保佐人の同意が必要となる。

④ 特定の行為につき補助人に同意権が付与されている場合において、当該行為を被補助人が補助人の同意を得ずに行った場合、当該行為を取り消すことができるのは補助人のみである。

問 33

意思表示に関する次の①～④の記述のうち、その内容が最も適切でないものを 1 つだけ選びなさい。

① 心裡留保による意思表示は、原則として有効である。

② 表意者が相手方と通謀して行った虚偽の意思表示は無効である。

③ 詐欺による意思表示をした表意者がその意思表示を取り消した場合であっても、取消し前の善意無過失の第三者に対しては、当該取消しを対抗することができない。

④ 強迫による意思表示をした表意者がその意思表示を取り消した場合であっても、取消し前の善意無過失の第三者に対しては、当該取消しを対抗することができない。

問34

代理に関する次のア～エの記述のうち、その内容が適切なものを○、適切でないものを×とした場合の組み合わせを①～⑧の中から1つだけ選びなさい。

ア　代理人が、本人のためにすることを相手方に示さないで法律行為を行った場合、原則として、その行為は代理人自身のために行ったものとされる。

イ　商行為の代理の場合であっても、代理が成立するためには、原則として代理人の顕名が必要となる。

ウ　任意代理が有効に成立するには、本人が代理人に代理権を与える必要がある。

エ　自己契約・双方代理は原則として、無権代理行為とみなされる。

① ア－○　イ－○　ウ－○　エ－○

② ア－○　イ－○　ウ－○　エ－×

③ ア－○　イ－○　ウ－×　エ－×

④ ア－○　イ－×　ウ－○　エ－○

⑤ ア－×　イ－○　ウ－○　エ－○

⑥ ア－×　イ－○　ウ－×　エ－×

⑦ ア－×　イ－×　ウ－○　エ－×

⑧ ア－×　イ－×　ウ－×　エ－×

問35

債務不履行責任に関する次のア～エの記述のうち、その内容が適切なものの組み合わせを①～⑥の中から1つだけ選びなさい。

ア　債権者が損害を被ると同時に利益を受けた場合、損害額から利益額を控除して損害額を算定することとなる。これを「過失相殺」という。

イ　契約の解除をした場合には、債務不履行を理由とする損害賠償請求ができない。

ウ　履行期前に不完全な履行がなされても、その後履行期までに完全な履行がなされれば不完全履行とはならない。

エ　同時履行の抗弁権を主張できる場合、自らの債務を履行しなくても、履行遅滞にはあたらない。

- ①　アイ
- ②　アウ
- ③　アエ
- ④　イウ
- ⑤　イエ
- ⑥　ウエ

問 36

A を賃貸人、B を賃借人とする賃貸借契約に関する次の①〜④の記述のうち、その内容が最も適切なものを 1 つだけ選びなさい。

① 民法上、賃貸目的物の修繕義務を負うのは、原則として B である。

② AとBとの賃貸借契約が満了したときに、Aから更新を拒絶する場合は、正当の事由が必要である。

③ B の A に対する造作買取請求権は、特約によっても排除することができない。

④ B による賃借権の譲渡・転貸が A に対する背信行為とならないような特段の事情がある場合であっても、A の承諾を得ずに行われた譲渡・転貸は無効となり、A は賃貸借契約を解除できる。

問 37

労務型の契約に関する次の①〜④の記述のうち、その内容が最も適切でないものを 1 つだけ選びなさい。

① 請負契約において、請負人が報酬を受ける権利は、契約成立時に発生するのが原則である。

② 請負契約においては、注文者は請負人が仕事を完成する前であれば、いつでも損害を賠償して契約を解除することができる。

③ 委任契約において、受任者は善管注意義務を負う。

④ 商人が寄託を受ける寄託契約の場合、受寄者は有償であれば善管注意義務を負い、無償であれば自己の財産に対するのと同一の注意義務を負う。

問 38

不法行為に関する次のア～エの記述のうち、その内容が適切なものを○、適切でないものを×とした場合の組み合わせを①～⑥の中から１つだけ選びなさい。

ア　判例は、未成年者について、概ね 15 ～ 16 歳以上であれば責任能力があると判断している。

イ　任意加入の生命保険金についても損益相殺の対象となる。

ウ　使用者責任が問題となる事案において、加害者である被用者が被害者に損害賠償金を支払った場合、原則として、被用者は使用者に求償することができる。

エ　土地工作物責任においては、第一次的に土地工作物の占有者が責任を負い、第二次的に土地工作物の所有者が責任を負う。

① ア－○　イ－○　ウ－○　エ－○

② ア－○　イ－○　ウ－×　エ－×

③ ア－○　イ－×　ウ－○　エ－○

④ ア－×　イ－○　ウ－○　エ－×

⑤ ア－×　イ－×　ウ－×　エ－○

⑥ ア－×　イ－×　ウ－×　エ－×

問 39

AとBが互いに債権債務を有している場合における、AB間での相殺に関する次のア～エの記述のうち、その内容が適切なものの組み合わせを①～⑥の中から1つだけ選びなさい。

ア　相殺をするには、原則として、当事者双方の債権が同種の目的を有する債権であることが必要である。

イ　AがBに対して2,000万円の貸金債権を有しており、BはAに対して1,000万円の貸金債権を有している場合、AとBは、1,000万円の範囲で互いの貸金債権を相殺することができる。

ウ　受働債権の弁済期が到来していれば、自働債権の弁済期が未到来であっても相殺をすることが可能である。

エ　自働債権が、悪意による不法行為によって生じた損害賠償債権である場合、被害者側からの相殺は禁止されている。

① アイ

② アウ

③ アエ

④ イウ

⑤ イエ

⑥ ウエ

予想模試

問 40

時効に関する次の①～④の記述のうち、その内容が最も適切なものを 1 つだけ選びなさい。

① 時効の援用は、裁判上において行われる必要がある。

② 債権または所有権以外の財産権は、権利を行使できるときから 20 年間行使しないときは、時効によって消滅する。

③ 時効の完成猶予または更新の効果は、原則として、当事者間においてのみ生じる。

④ 権利の承認があった場合、時効の完成は、承認のときから 6 か月間猶予される。

問 41

手形・小切手に関する次のア～エの記述のうち、その内容が適切なものの個数を①～⑤の中から 1 つだけ選びなさい。

ア 一覧払い以外の約束手形の場合、所持人は、満期か、それに続く 2 取引日内に振出人に対して手形を呈示しなければならない。

イ 特定線引がされた線引小切手の場合、支払銀行は、「線内に記載された銀行」に対してのみ支払うことができる。

ウ 手形の不渡りを出した者が、それから 1 年以内に 2 回目の不渡りを出すと、銀行取引停止処分を受ける。

エ 手形訴訟においては、被告からの反訴提起が認められていない。

① 0 個

② 1 個

③　2個

④　3個

⑤　4個

問 42

A を抵当権者、B を抵当権設定者とする抵当権が設定された場合に関する次のア～エの記述のうち、その内容が適切なものを○、適切でないものを×とした場合の組み合わせを①～⑥の中から 1 つだけ選びなさい。

ア　抵当権を設定した場合であっても、B は、引き続き目的物を利用することができる。

イ　A は、B に対し、満期の到来した「最後の 2 年分」の利息についてのみ抵当権を実行することができる。

ウ　B 所有の建物に抵当権が設定された場合、その効力は、敷地の利用権にも及ぶ。

エ　A が物上代位権を行使するためには、B の受けるべき金銭その他の物を、その払渡しまたは引渡しの前に差し押さえなければならない。

①　ア－○　イ－○　ウ－○　エ－○

②　ア－○　イ－○　ウ－×　エ－×

③　ア－○　イ－×　ウ－×　エ－×

④　ア－×　イ－○　ウ－○　エ－×

⑤　ア－×　イ－×　ウ－×　エ－○

⑥　ア－×　イ－×　ウ－×　エ－×

問 43

意匠権と商標権に関する次のア～エの記述のうち、その内容が適切なものの個数を①～⑤の中から 1 つだけ選びなさい。

ア　物品、建築物、画像等の一部分を意匠登録の対象とすることができる。

イ　意匠権の存続期間は、設定の登録出願の日から 25 年である。

ウ　商標権の存続期間には、更新の制度が設けられている。

エ　継続して 3 年以上使用していない登録商標は、取り消されることがある。

① 0 個

② 1 個

③ 2 個

④ 3 個

⑤ 4 個

問 44

独占禁止法に関する次の①～④の記述のうち、その内容が最も適切なものを 1 つだけ選びなさい。

① 事業者が正常な事業活動の結果、高い占拠率を実現した場合、当該行為は直ちに私的独占に該当する。

② 不当な取引制限は、一般に「トラスト」と呼ばれる。

③ 2 つ以上の商品を組み合わせた販売は、いかなる要件の下であっても抱き合わせ販売に該当する。

④　独占禁止法に違反した企業には、公正取引委員会より課徴金納付命令が出されることがある。

問 45

会社の商号に関する次のア～エの記述のうち、その内容が適切なものを○、適切でないものを×とした場合の組み合わせを①～⑥の中から 1 つだけ選びなさい。

ア　商号は、1 個の営業については、原則として 1 個の商号しか使用することができない。

イ　個人企業・会社の別を問わず、商号は必ず登記しなければならない。

ウ　商法の規定に違反する名称や商号使用によって、営業上の利益を侵害され、または、そのおそれがある商人は、その営業上の利益を侵害する（またはしそうな）者に対し、その侵害の停止または予防を請求することができる。

エ　商人 X が自己の商号αを使用して、営業または事業を行うことを商人 Y に許諾した場合において、商人 X がその営業を行うものと誤認して、商人 Y と取引をした者に対し、商人 X は商人 Y と連帯して、取引によって生じた債務を弁済する責任を負う。

①　ア－○　イ－○　ウ－○　エ－○

②　ア－○　イ－○　ウ－×　エ－×

③　ア－○　イ－×　ウ－○　エ－○

④　ア－×　イ－○　ウ－○　エ－×

⑤　ア－×　イ－×　ウ－×　エ－○

⑥　ア－×　イ－×　ウ－×　エ－×

問 46

A 株式会社の機関に関する次のア～エの記述のうち、その内容が適切なものの組み合わせを①～⑥の中から 1 つだけ選びなさい。

ア　取締役 B が A 株式会社から金銭等を借り入れる場合には、株主総会または取締役会において、当該取引に関する重要な事実を開示し、承認を受けることが必要である。

イ　取締役 C がその任務を怠り、会社に損害を与えた場合であっても、C が A 株式会社に対して損害賠償責任を負うことはない。

ウ　会計監査人 D は、会社の役員にはあたらない。

エ　支配人 E の代理権に制限を加えた場合、その旨を善意の第三者に対抗することができる。

- ①　アイ
- ②　アウ
- ③　アエ
- ④　イウ
- ⑤　イエ
- ⑥　ウエ

問 47

労働基準法に関する次の①～④の記述のうち、その内容が最も適切なものを 1 つだけ選びなさい。

- ① 労働基準法は、労働組合の構成員である労働者に対してのみ適用される。
- ② 不法就労の外国人は、労働基準法上の保護を受けない。
- ③ 労働者が未成年の場合、賃金をその親権者や未成年後見人等に支払うことができる。
- ④ 就業規則で定める基準に達しない労働条件を定める労働契約は、その部分については無効となる。

問 48

労働者派遣事業に関する次の①～④の記述のうち、その内容が最も適切でないものを 1 つだけ選びなさい。

- ① 労働者派遣事業を行おうとする者は、厚生労働大臣の許可が必要である。
- ② 労働者派遣法においては、原則として日雇派遣が禁止されている。
- ③ 派遣先は、当該派遣先を離職した労働者について、離職後 3 年以内に派遣労働者として受け入れることは禁止されている。
- ④ 派遣先は、原則として、その事業所その他派遣就業の場所ごとの業務について、派遣元事業主から 3 年を超える期間継続して労働者派遣の役務の提供を受けることができない。

問49

夫婦間の法律・財産関係に関する次のア～エの記述のうち、その内容が適切なものを○、適切でないものを×とした場合の組み合わせを①～⑧の中から１つだけ選びなさい。

ア　婚姻届の提出・受理という法律で定める形式をととのえなければ、婚姻は成立しない。

イ　離婚した場合、婚姻に際して改氏した配偶者は、婚姻前の氏に復する。

ウ　夫婦いずれの所有に属するか明らかでない財産は、その共有に属するものとみなされる。

エ　取引の相手方である第三者において、一方配偶者の行為が夫婦の日常家事の範囲に属すると信じるにつき正当な理由があると認められた場合、民法110条の趣旨を類推適用して第三者は保護されることとなる。

- ①　ア－○　イ－○　ウ　○　エ－○
- ②　ア－○　イ－○　ウ－×　エ－○
- ③　ア－○　イ－×　ウ－○　エ－×
- ④　ア－○　イ－×　ウ－×　エ－×
- ⑤　ア－×　イ－○　ウ－○　エ－○
- ⑥　ア－×　イ－○　ウ－○　エ－×
- ⑦　ア－×　イ－×　ウ－×　エ－○
- ⑧　ア－×　イ－×　ウ－×　エ－×

問 50

相続に関する次の①～④の記述のうち、その内容が適切なものを 2 つ選びなさい。

□ ①　被相続人 A の相続人として配偶者 B と兄 C がいる場合、B の相続分は 2/3、C の相続分は 1/3 である。

□ ②　被相続人の財産を形成し、あるいは維持するうえで特別な貢献をした相続人は、相続財産の配分にあたり、寄与分を得ることができる。

□ ③　満 16 歳の者は、単独で有効な遺言書を作成することができない。

□ ④　兄弟姉妹には、遺留分が認められていない。

解答解説

問1　正解 ①

check ☑☑☑

① ○　コンプライアンスとは、日本語で「**法令等の遵守**」と訳されるもので、法令や各業界内の自主ルールなどの社会規範に反することなく、公正・公平に業務を遂行することを意味する。現在では、企業がその活動を適切に行うために不可欠な考え方となっている。

② ×　法令違反を行った個人に罰則が科されることがあるのはもちろんであるが、罰則が「**両罰規定**」であった場合、法令違反を行った**企業**自身にも罰金等の罰則が科されることとなる。

問2　正解 ③

check ☑☑☑

ア ×　**リスク**とは、一般に、何らかの事態等が発生する可能性のある不確定な要素のことをいう。企業活動においては、リスクとビジネスチャンスとを比較考量した結果、リスクの存在を認識しつつ活動をするという経営判断もありうる。また、企業活動において、その活動に伴うあらゆるリスクを**完全に除去**することは困難である。

イ ○　企業活動において、リスクの予防対策と事後処理対策を効率的に行う経営手法のことを**リスクマネジメント**という。リスクマネジメントは、継続的・安定的に企業活動をするうえで不可欠の要素である。

問3　正解 ②

check ☑☑☑

① ×　契約には、当事者双方の経済的な負担を内容とする「**有償契約**」と、取引当事者の一方だけが経済的な負担を負うことを内容とする「**無償契約**」があり、企業間の取引はほとんどが「**有償契約**」である。なお、経済的な負担は、一方が他方に比べて極端に大きいというような不均衡な関係ではなく、均衡した関係（対価的関係）にあるのが通常である。

② ○　契約は、通常は取引当事者の**意思**が合致したときに成立する。ただし、企業活動においては、意思の合致を証拠として残しておくために、契約書が交わされるのが通常である。

問4　正解 ④

ア ×　権利主体（個人・法人）は、私法上の法律関係を自己の意思に基づいて自由に形成することができるとする原則のことを「**私的自治の原則**」というが、この原則は、当事者の合意によっても修正できない**強行法規**等によって修正されることがある。

イ ×　他人に損害を与えても、故意・過失がなければ損害賠償責任を負わないという考え方を「**過失責任主義**」というが、この考え方を貫くと被害者にとって不利益が生じる場合もあることから、現在では無過失でも責任を負わねばならないとする法律も増えてきている。

問5　正解 ②

ア ○　個人や企業活動の知的な活動により創造された財産を対象とした権利を**知的財産権**といい、知的財産権は**財産権**である。代表的なものに、特許権、実用新案権、意匠権、商標権、著作権などがある。

イ ×　債権とは、**特定の人**に対して、**特定の行為**を行うことを**請求**できる権利である。例えば、自動車事故が発生した場合、被害者が加害者に対して損害賠償を請求する権利は債権である。

問6　正解 ②

① ×　意思能力は、自分の行った行為の法的結果を判断することができる精神的能力のことで、この意思能力を持たない者を**意思無能力者**という。法律行為の当事者が意思表示をしたときに意思無能力者であった場合には、当該法律行為は**無効**となる。

② ○　未成年者とは、**満 18 歳未満**の者をいい、未成年者が法律行為をするときは、原則として法定代理人（親権者・未成年後見人等）の**同意**を得る必要がある。なお、同意を得ていない契約は原則として**取り消す**ことが可能である。ただし、未成年者が単に権利を取得する行為（例：贈与契約の受贈者となる場合）等、一定の場合には、未成年者が単独で契約を締結することが可能である。

問7　正解 ①

check ☑☑☑

ア　○　相手方（本問ではC）の善意・悪意にかかわらず、相手方は本人（本問ではA）に対して相当の期間を定めて、その者の行為を追認するか否かを**催告**することができ、本人から期間内に確答がなかった場合には、**追認を拒絶**したものとみなされる（民法114条）。

イ　○　相手方（本問ではF）は、無権代理行為について**善意**であった場合には、本人（本問ではD）が追認をしない間、行為を**取り消す**ことができる（民法115条）。取消権は、相手方が有過失であっても行使できることに注意。

問8　正解 ②

check ☑☑☑

ア　○　不法行為責任を追及する場合、原則として**被害者**側が主張・立証責任を負うこととなる。なお、使用者責任の追及など一定の場合には、加害者側が主張・立証責任を負うこともある。これを「**証明責任の転換**」という。

イ　×　不法行為における損害賠償は金銭によるのが原則である（民法722条1項）。ただし、**名誉毀損**の事例のように、お金をもらっても損害が回復できない場合には、被害者の請求によって、新聞に**謝罪広告**を掲載する（**原状回復**）ことが裁判所から命じられることもある。

問9　正解 ①

check ☑☑☑

①　○　債務者は、弁済と引換えに、弁済を受領する者に対して**受取証書**の交付を請求することができる（民法486条1項）。なお、ここでいう「受取証書」とは領収証のことである。

②　×　免除は、債権者から債務者に対する一方的な意思表示（単独行為）であり、債務者の承諾は必要とされて**いない**。

問10　正解 ①

check ☑☑☑

ア　○　留置権には優先弁済的効力は認められていないが、**競売権**は認められている。なお、競売手続は担保権実行の例によるとされている（民事執行法195条）。

イ　○　**質権**は設定する目的物により、動産質・不動産質・権利質に分けられる。また、権利質の目的となる権利が債権であるものを特に**債権質**といい、債権質の場合には、質権者が**直接**その債権を取り立てることが認められている。そのため、債権質は被担保債権を満足する手段として有益であるとされている（民法 366 条 1 項）。

問 11 正解 ①

check

ア ○　保証契約は要式契約であるため、**書面**でしなければその効力を生じない。なお、保証契約がその内容を記録した**電磁的記録**によってされたときは、その保証契約は、書面によってされたものとみなされる（民法 446 条 2 項、3 項）。

イ ○　通常の保証債務には、**補充性**（主たる債務が履行されない場合に行使される二次的な債務であるという性質）がある。具体的には、(i) **催告の抗弁権**（債権者が保証人に債務の履行を請求したときは、保証人は、まず主たる債務者に催告をすべき旨を請求することができるという権利：民法 452 条）と (ii) **検索の抗弁権**（債権者が主たる債務者に催告をした後であっても、保証人が主たる債務者に弁済をする資力があり、かつ、執行が容易であることを証明したときは、債権者は、まず主たる債務者の財産について執行をしなければならない旨を要求できる権利：民法 453 条）である。しかし、連帯保証においては、これらの権利が認められて**いない**（民法 454 条）。

問 12 正解 ②

check

ア ○　目的物が不動産の場合の対抗要件（第三者に対して自己の権利を主張するために必要とされる要件）は**登記**であり、動産の場合の対抗要件は原則として**引渡し**である（民法 177 条、178 条）。なお、法人が譲渡人である動産の譲渡の場合には、これを登記することができる（動産及び債権の譲渡の対抗要件に関する民法の特例等に関する法律 3 条）。

イ ×　売買などの取引行為により**動産**を取得した者が、取得の際に**平穏・公然・善意・無過失**であった場合、原則として当該動産を**即時取得**することができる（民法 192 条）。一方、取引行為の目的物が不動産である場合、当該不動産を即時取得することは**できない**。

問 13 正解 ①

check

① ○ 不動産の登記記録は**表題部**と**権利部**に区分されており、さらに権利部は**甲区**（所有権に関する権利）と**乙区**（所有権以外に関する権利）に区分されている（不動産登記法 12 条、不動産登記規則 4 条 4 項)。

② × 不動産の登記事項証明書は、所定の手数料を支払えば**誰でも**取得を請求することができる。

問 14 正解 ①

check

ア ○ 企業の従業員が、企業の業務範囲に属し、企業の設備等を利用して現在または過去の職務として実現した発明を**職務発明**という。そして、職務発明についての特許権は発明者である**従業員**に帰属するが、**企業**にはその発明を実施する権利（**通常実施権**）が認められる（特許法 35 条 1 項)。

イ ○ 特許権は、設定登録により効力を生じ、存続期間は、原則として特許出願の日から **20** 年をもって終了する（特許法 67 条 1 項)。

問 15 正解 ③

check

ア × 企業の従業員がその職務に関連して著作物を創作する場合において、一定の条件を満たしたものを**職務著作**という。職務著作の場合、創作に携わった全員の共有としてしまうと著作物の利用に支障をきたすおそれがあるため、職務著作の著作者は、原則として、**法人その他の使用者**であるとされている（著作権法 15 条 1 項)。

イ ○ 著作権は著作物の創作の時に成立し、特許権等と異なり権利として保護されるために登録を受ける必要はない。また、著作権は、原則として著作者の死後 **70** 年を経過するまで存続する（著作権法 51 条)。

問 16　正解 ③

check ☑ ☑ ☑

ア　×　「**不当顧客誘引**」とは、虚偽や誇大な広告によって顧客を誘引したり、過大な景品を付けて商品を販売したりするような行為のことである。設問文の行為は、「**排他条件付取引**」である。

イ　○　「**拘束条件付取引**」とは、取引の相手方の事業活動を拘束する条件を付けて、当該相手方と取引をする行為のことであり、不当性を有する場合に違法とされる。

問 17　正解 ②

check ☑ ☑ ☑

①　×　消費者契約法において「消費者」とは、**個人**（事業としてまたは事業のために契約の当事者となる場合におけるものを除く）をいうとされている（消費者契約法２条１項）。つまり、「消費者」に法人は含まれて**いない**。

②　○　消費者契約法による**取消権**は、追認をすることができるとき（誤認に気づいたときや、困惑状態を脱したとき）から**1**年間（霊感等による知見を用いた告知については、３年間）、または契約から**5**年間（霊感等による知見を用いた告知については、10年間）を経過したときに時効により消滅する。

問 18　正解 ①

check ☑ ☑ ☑

①　○　訪問販売においてクーリング・オフを行使するには、口頭での解約の意思表示では**足りず**、**書面**または**電磁的記録**により解約の**通知**を発することが必要である（特定商取引法９条）。

②　×　通信販売は、訪問販売とは異なり、不意打ち性がないため**クーリング・オフ**の制度が設けられて**いない**。

問 19　正解 ②

check ☑ ☑ ☑

ア　○　個人情報保護法における「個人情報」は、「**生存する個人**」に関する情報とされている（個人情報保護法 2 条 1 項柱書）。そのため、生存する**外国人**に関する情報も「個人情報」に**含まれる**。

イ　×　個人情報取扱事業者に該当するのは、**個人情報データベース等**を事業の用に供している者である（個人情報保護法 16 条 2 項：ただし、国の機関など一定の者を除く）。よって、当該条件を満たしていれば、取り扱う個人情報の数が 5,000 に満たなくとも個人情報取扱事業者に**該当する**。

問 20　正解 ③

check ☑ ☑ ☑

ア　×　企業の役員・従業員などが、公務員に対して多額の金品を贈った場合、金品を受け取った**公務員**には**収賄罪**等が成立する場合があり、金品を贈った**役員・従業員**には**贈賄罪**が成立する場合がある（刑法 197 条、198 条）。

イ　○　会社の秘密文書を保管する**権限**を有する者が、その秘密文書を持ち出した場合、**業務上横領罪**が成立して **10** 年以下の懲役に処せられる場合がある（刑法 253 条）。

問 21　正解 ①

check ☑ ☑ ☑

①　○　商法は、民法の特別法として定められている。そして、特別法は一般法に優先するため、企業活動・取引などの領域では**商法**が**民法**に優先して適用される（商法 1 条参照）。

②　×　一方の当事者にとってのみ商行為となるものを**一方的商行為**という。そして、一方的商行為については、原則として当事者**双方**に商法が適用される（商法 3 条）。

問22　正解 ④

ア ×　商業登記がされていれば、正当な事由（交通途絶など）により知らなかった者を除き、善意の第三者に対しても、登記した事項の存在を対抗することが**できる**（商法9条1項、会社法908条1項）。

イ ×　わが国の商業登記制度において、不実の登記は**無効**となる。しかし、不実の登記がなされた場合、その登記を信じて取引を行う者が現れる可能性もあるため、そうした者を保護する必要がある。そこで、**故意**または**過失**により**不実**の事項を登記した者は、その事項が不実であることをもって善意の第三者に対抗することが**できない**とされている（商法9条2項、会社法908条2項）。

問23　正解 ①

① ○　株式会社では、株主は会社に対して株式の引受価額を限度とした出資義務を負うのみであり、会社債権者に対して直接の責任を**負わない**（会社法104条）。このような株主の責任は、株主の「**間接有限責任**」と呼ばれる。

② ×　合同会社は、**有限責任社員**のみから構成される会社である（会社法576条4項、580条2項）。無限責任社員と有限責任社員から構成される会社は、**合資会社**である（会社法576条3項）。

問24　正解 ①

ア ○　株主には、原則として株式を**自由**に**譲渡**することが認められている。これを「株式譲渡自由の原則」という（会社法127条）。

イ ○　株式会社では不特定多数の出資者を集めるため、株主の個性が問題とならず、また人数も多くなりがちであるため、株主は必ずしも会社経営を担当することに適しているとは限らない。そこで、株式会社では、**取締役**等に経営を一任することで機動的な活動を可能にしている。これを「**所有と経営の分離**」という。

問25　正解 ②

check ☑☑☑

① ×　会社法上、**すべて**の株式会社は、**株主総会**と**取締役**を設置しなければならない。

② ○　取締役会を置く株式会社または会社法の規定により取締役会を置かなければならない株式会社を**取締役会設置会社**という（会社法2条7号）。そして、取締役会設置会社では、**3**名以上の取締役を置く必要がある（会社法331条5項）。

問26　正解 ②

check ☑☑☑

ア　○　使用者は、労働契約の不履行について違約金を定め、または損害賠償額を予定する契約をしては**ならない**とされている（労働基準法16条）。ただし、この規定は、金額を予定することを禁止するものであり、現実に生じた損害について賠償を請求することを禁止するものでは**ない**（昭22.9.13発基17号）。

イ　×　常時**10**人以上労働者を使用する使用者は、就業規則を作成し、行政官庁に届け出なければならない。なお、作成にあたり、使用者は、当該事業場の労働者の**過半数**で組織する**労働組合**（労働者の過半数で組織する労働組合がない場合においては労働者の過半数を代表する者）の意見を聴かなければならない（労働基準法89条、90条）。

問27　正解 ③

check ☑☑☑

ア　×　労働者が**2**人以上集まれば、労働組合の結成ができる。

イ　○　設問のとおり。**労働組合**と**使用者**等との間で結ばれた労働条件などに関する取り決めのうち、労働組合法に従って締結されたものを**労働協約**という。

問28　正解 ①

check ☑☑☑

① ○　事業主は、女性労働者が婚姻し、妊娠し、または出産したことを退職理由として予定する定めをしては**ならず**、また、女性労働者が婚姻したことを理由として、**解雇**してはならない（男女雇用機会均等法９条１項､2 項）。

② ×　セクシュアル・ハラスメントは、**女性**労働者に対する行為だけでなく、**男性**労働者に対する行為も対象となる。

問29　正解 ②

check ☑☑☑

ア ○　債務の支払の責任を遺産（積極財産）の限度にとどめ、相続人固有の財産にまで支払の責任は及ばないと定めるのが「**限定承認**」の制度である（民法 922 条）。そして、相続人が複数人いる場合、限定承認は**全員**が一致して行わなければならない（民法 923 条）。本問では、相続人がＢ、Ｃ、Ｄの３人なので、３人全員が一致して行うこととなる。

イ ×　相続放棄は、自己のために相続の開始があったことを知ったときから**３か月**以内に、相続を開始した地の家庭裁判所（家事事件手続法 201 条）へ申述する必要がある（民法 938 条）。なお、相続の放棄をした者（本問ではＦ）は、その相続に関しては、初めから相続人とならなかったものとみなされる（民法 939 条）。

問30　正解 ②

check ☑☑☑

① ×　公正証書遺言以外の遺言には、遺言書の偽造・変造を防止するため、家庭裁判所による「検認」の制度が設けられている（民法 1004 条１項）。しかし、**法務局**に保管されている自筆証書遺言については、検認は**不要**である（遺言書保管法２条、11 条）。

② ○　遺言は遺言者の最終の意思を尊重することを目的としているため、遺言者は、理由のいかんを問わず**自由**に遺言を**撤回**することができる（民法 1022 条、1024 条）。

問31 正解 ①

check ☑☑☑

ア ○　設問のとおり。支払督促とは、**金銭**の支払請求権等について、**簡易裁判所**に申立てを行い、債務者に対する督促を行ってもらう手続のことである。なお、実際に支払督促を行うのは、簡易裁判所の裁判所書記官であることに注意。

イ ○　設問のとおり。即決和解とは、民事上の紛争当事者が解決に向けた**合意**を行うことを前提として**簡易裁判所**に申立てを行い、その関与の下で、和解を行う手続のことである。

ウ ×　調停とは、原則として**紛争当事者**が裁判所に**出頭**して、話し合いを行う手続のことである。調停が成立すると、調停調書が作成され、この調停調書は確定判決と同じ効力を有する。

エ ×　強制執行の目的となる財産は、不動産や動産に**限られない**。そのため、例えば、債務者が有する第三者への**債権**に対しても、強制執行を申し立てることが**できる**。

問32 正解 ③

check ☑☑☑

① ×　成年被後見人は、**日用品の購入**その他**日常生活**に関する行為を**除いて**、単独で有効な法律行為を行うことができない（民法9条）。

② ×　成年後見人には、取消権・代理権・追認権等が与えられているが、**同意権**は与えられて**いない**。

③ ○　被保佐人が特定の**重要**な行為（例：借金や重要な財産の処分等）をするには、**保佐人**の**同意**が必要となる（民法13条）。

④ ×　特定の行為につき**補助人**に**同意権**が付与されている場合において、当該行為を被補助人が補助人の同意を得ずに行った場合、当該行為を**取り消す**ことができるのは**補助人**または**被補助人**である（民法17条4項、120条1項）。

問33 正解 ④

check

① ○　心裡留保（表意者の真意と、外部に表示された意思とが異なっていることを、表意者が知っていること）による意思表示は、原則として**有効**である。ただし、相手方が悪意または有過失であった場合、当該意思表示は**無効**となる（民法93条1項）。

② ○　表意者が相手方と通謀して行った虚偽の意思表示は**無効**である（民法94条1項）。ただし、善意の第三者に対しては、意思表示が無効であることを対抗**できない**（同条2項）。

③ ○　他人にだまされて意思表示をした表意者（詐欺による意思表示をした者）がその意思表示を**取り消した**場合であっても、取消し前の善意無過失の第三者に対しては、当該取消しを対抗することが**できない**（民法96条）。詐欺による意思表示をした者にも、多少の落ち度はあると考えられるからである。

④ ×　他人に脅されて意思表示をした表意者（強迫による意思表示をした者）がその意思表示を取り消した場合、取消し前の善意無過失の第三者に対しても、当該取消しを対抗することが**できる**。詐欺の場合とは違い、強迫による意思表示をした者には落ち度がないからである。

問34 正解 ④

check

ア ○　代理人が、本人のためにすることを相手方に**示さない**で法律行為を行った場合、原則として、その行為は代理人**自身**のために行ったものとされる。ただし、相手方が、当該行為が本人のためにするものであることを知り、または知ることができたときは、**本人**に効果が帰属する（民法100条）。

イ ×　商行為の代理の場合、代理人が顕名（代理人が代理行為の相手方に、自分のためではなく本人のために行う行為であると示すこと）をしなくても、原則として代理が**成立する**（商法504条）。

ウ ○　任意代理が成立するためには、本人が代理人に代理権を**与えている**こと、**顕名**をしていること、**代理行為**が有効に行われていることが必要である（民法99条1項）。

エ ○　自己契約・双方代理は原則として、**無権代理行為**とみなされる。ただし、債務の履行および本人があらかじめ許諾した行為については、無権代理行為と**みなされない**（民法108条1項）。

問35　正解 ⑥

check ☑☑☑

ア　×　**債権者**が損害を被ると同時に**利益**を受けた場合、損害額から利益額を**控除**して損害額を算定することとなる。これを「**損益相殺**」という。なお、「過失相殺」とは、債務不履行について債権者にも過失があり、これが損害の発生や拡大の一因となった場合において、損害額から債権者の過失割合に相当する額を差し引いて賠償額を決定することである（民法418条）。

イ　×　契約の解除をした場合であっても、債務不履行を理由として**損害賠償請求**をすることが**できる**（民法545条4項、415条）。

ウ　○　不完全履行とは、履行期に債務は履行されたが**不完全**であり、債務の本旨に従った履行ではないことをいう。よって、履行期前に不完全な履行がなされても、その後履行期までに完全な履行がなされれば不完全履行とは**ならない**。

エ　○　同時履行の抗弁権は、売買契約のような双務契約において、お互いの債務の履行期が同時の場合、当事者の一方が、相手方が債務の履行を提供するまで、自己の**債務の履行**を**拒絶**することができる権利である。同時履行の抗弁権を主張できる場合、自らの債務を履行しなくても、債務を履行しなかったことが違法とはいえないので、履行遅滞には**あたらない**。

問36　正解 ②

check ☑☑☑

①　×　民法上、賃貸目的物の修繕義務を負うのは、原則として**賃貸人**である（民法606条1項）。よって、本問では原則としてAが修繕義務を負う。

②　○　賃貸人からの更新の拒絶については、賃借人の保護のため、**正当の事由**がある場合でなければ認められない。

③　×　造作買取請求権は**強行規定**ではないため、特約によって**排除**することが**できる**。

④　×　賃借権の譲渡・転貸が賃貸人に対する**背信行為**とならないような**特段の事情**がある場合には、賃貸人の承諾を得ずに行われた譲渡・転貸は無効とならず、賃貸人は賃貸借契約を解除**できない**とされている。

問37 正解 ④

check ☑ ☑ ☑

① ○ 請負契約において、請負人が報酬を受ける権利は、契約**成立**時に発生するのが原則である。なお、報酬の支払時期は、原則として仕事の目的物の**引渡しと同時**（引渡しを要しない場合には、仕事の完了後）である（民法632条、633条、624条1項）。

② ○ 請負契約においては、**注文者**は請負人が仕事を完成する前であれば、いつでも損害を**賠償**して契約を**解除**することができる（民法641条）。なお、注文者が破産手続開始の決定を受けたときは、請負人は、仕事の完成前であれば、契約の解除をすることが**できる**（民法642条）。

③ ○ 委任契約において、受任者は**善管注意義務**を負う（民法644条）。なお、この規定は、委任契約の**有償・無償**を問わず適用される。

④ × 商人が寄託を受ける寄託契約の場合、受寄者は**有償・無償**を問わず**善管注意義務**を負う（商法595条、民法400条）。なお、受寄者が**商人**以外の者である寄託契約の場合、無償であれば、受寄者は自己の財産に対するのと同一の注意をもって、寄託物を保管する義務を負う（民法659条）。

問38 正解 ⑤

check ☑ ☑ ☑

ア × 判例は、未成年者について、概ね**11～12**歳より上であれば責任能力があると判断している。

イ × 任意加入の**生命保険金**や**傷害保険金**は損益相殺の対象とは**ならず**、これらは損害額から控除**されない**。

ウ × 使用者責任が問題となる事案において、加害者である被用者が被害者に損害賠償金を支払った場合、原則として、被用者は使用者に求償することが**できない**。なお、同様の事案において、使用者が被害者に損害賠償金を支払った場合、原則として、使用者は被用者に一定限度まで求償することが**できる**（民法715条3項参照）。

エ ○ 土地工作物責任においては、第一次的に土地工作物の**占有者**が責任を負い、第二次的に土地工作物の**所有者**が責任を負う。なお、この場合、所有者の責任は**無過失**責任となることに注意（民法717条1項）。

問39 正解 ①

check ☑ ☑ ☑

ア ○ 相殺をするためには、自働債権と受働債権が**相殺適状**にあることが必要である（民法505条）。そして、両債権が相殺適状にあることの要件の1つとして、当事者双方の債権が**同種**の目的を有する債権であることが挙げられる。例えば、当事者双方が金銭債権を有する場合などがこれに該当する。

イ ○ 本問のように、AがBに対して2,000万円の貸金債権を有しており、BはAに対して1,000万円の貸金債権を有している場合、AとBは、**対当額**の範囲（**1,000**万円）で互いの貸金債権を相殺することができる（民法505条1項）。

ウ × 両債権が相殺適状にあることの要件の1つとして、双方の債務が弁済期にあることが挙げられる。ただし、**自働債権**（相殺の意思表示をした側の債権）の弁済期が到来していれば、期限の利益を放棄することができるため、**受働債権**（相殺すると言われた側の債権）の弁済期が未到来であっても相殺をすることが可能である。

エ × 受働債権が、悪意による不法行為によって生じた損害賠償債権である場合、被害者救済などの観点から、加害者側からの相殺は禁止され**ている**（民法509条）。一方、被害者側からの相殺は禁止され**ていない**。そのため、例えば、Aが加害者、Bが被害者である場合、Bからの相殺は**可能**である。

問40 正解 ②

check ☑ ☑ ☑

① × 時効の援用とは、時効の成立により利益を受ける者が、その利益を受ける旨の**意思を表示**することである。そして、時効の援用の意思表示は、裁判**外**で行っても構わないとされている。

② ○ 消滅時効が完成するまでの期間は、権利の種類によって異なる。債権または所有権以外の財産権については、権利を行使できるときから**20**年間行使しないときは、時効によって消滅する（民法166条2項）。

③ × 時効の完成猶予（一定期間、時効の完成を猶予させる制度）または更新（それまでの時効期間の経過がなかったものとして、新たに時効を完成させる制度）の効果は、原則として、**当事者**およびその**承継人**に対してのみ生じる（民法153条）。

④ × 権利の承認とは、時効により利益を受ける者が権利の存在等を認める旨を権利者に対して表示することである。権利について承認がなされると、そのときから時効は**更新**される（民法152条1項）。

問41　正解 ④

check ☑ ☑ ☑

ア　○　一覧払い以外の約束手形の場合、所持人は、**満期**か、それに続く２取引日内に振出人に対して手形を呈示しなければならない（手形法38条1項、77条1項）。なお、この呈示は、所持人の取引銀行を通じて行われるのが一般的である。

イ　○　特定線引とは、2本の平行線の間に特定の銀行名を記載する方法による線引である。特定線引がされた線引小切手の場合、支払銀行は、「**線内に記載された銀行**」に対してのみ支払うことができる。

ウ　×　手形の不渡り（当座預金の不足で引落しができないこと）を出した者が、それから６か月以内に２回目の不渡りを出すと、**銀行取引停止処分**を受ける。ちなみに、銀行取引停止処分とは、処分の通知の日から2年間、手形交換所に加盟しているすべての銀行で当座勘定取引と貸出しの取引を禁止する処分をいう。

エ　○　手形訴訟においては、被告からの反訴提起が認められて**いない**（民事訴訟法351条）。

問42　正解 ①

check ☑ ☑ ☑

ア　○　質権を設定した場合には、質権設定者は目的物を利用することが**できない**。一方、抵当権を設定した場合、抵当権設定者は、引き続き目的物を利用することが**できる**。したがって、本問の場合、Bは、引き続き目的物を利用することが**できる**。

イ　○　民法上、抵当権者は、満期の到来した「**最後の２年分**」の利息についてのみ抵当権を実行することが**できる**（民法375条）。

ウ　○　抵当権の効力は、抵当権の目的物となっている不動産（土地、建物）そのものだけではなく、抵当権設定の時点で抵当不動産上に存し、その経済的な効用を助けるために、継続してその不動産に備えられたものにも及ぶ（民法370条参照）。そのため、建物に抵当権が設定された場合、その効力は、敷地の**利用権**にも及ぶこととなる。

エ　○　抵当権は、本来の目的物だけでなく、目的物の売却・賃貸・滅失・損傷によって抵当権設定者が受けることのできる金銭その他の物に対しても行使することができる（民法372条､304条1項）。これを**物上代位**という。そして、物上代位権を行使するためには、抵当権設定者の受けるべき金銭その他の物を、その**払渡し**または**引渡し**の**前**に差し押さえなければならない（民法372条、304条1項但書）。

問43 正解 ⑤

check

ア ○ 物品、建築物、画像の全体に限らず、それらの一部分を意匠登録の対象とすることが**できる**。これを「**部分意匠**」の制度という。

イ ○ 意匠権の存続期間は、設定の登録出願の日から**25**年である。なお、関連意匠の意匠権の存続期間も、その本意匠の登録出願の日から**25**年である。

ウ ○ 商標権の存続期間は、設定の登録の日から**10**年である。そして、この存続期間は、商標権者の更新登録の申請により、**10**年ごとに**更新**できる。

エ ○ 登録商標は適切な方法で使用することが必要であり、継続して**3**年以上使用していない登録商標は、第三者からの**不使用商標取消審判請求**により**取り消される**ことがある（商標法50条）。

問44 正解 ④

check

① × 私的独占とは、ある事業者が他の事業者の事業活動を排除しまたは支配することにより、公共の利益に反して一定の取引分野における競争を実質的に制限することをいう（独占禁止法2条5項）。事業者が**正常**な事業活動の結果、高い占拠率を実現した場合、当該行為が直ちに私的独占に該当するわけでは**ない**。

② × 不当な取引制限は、一般に「**カルテル**」と呼ばれ、競争を制限する行為の典型である。

③ × ある商品やサービスを販売する際に、別の商品やサービスを同時に購入するよう義務付ける行為を「**抱き合わせ販売**」という。ただし、2つ以上の商品を組み合わせた販売であっても、(i) それによって、**別個**の特徴を持つ商品になる、(ii) 顧客がそれぞれ**単独**に購入することができる、(iii) 2つの商品、サービス間に機能上**補完**関係があるという場合には、抱き合わせ販売には該当しないとされている。

④ ○ 独占禁止法に違反した企業には、**公正取引委員会**より**課徴金納付命令**が出されることがある（独占禁止法7条の2、20条の2、20条の6）。なお、課徴金納付命令には、違反企業が自主的に違反を報告した場合に、課徴金の額を減免する制度（リニエンシー）がある（独占禁止法7条の4、7条の5）。

問45　正解　③

check

ア　○　商号はある商人を他の商人と識別・区別するための名称・符号なので、混乱を防止するために、1個の営業については、原則として1個の**商号**しか使用することができない。これを「**商号単一の原則**」という。

イ　×　会社は、必ず商号を**登記**しなければならない（会社法911条3項2号）。これに対して、個人企業の場合、商法は「商人は、その商号の登記をすることができる」と規定しているにとどまる（商法11条2項）。そのため、商号登記を**行わない**ことも可能である。

ウ　○　商法12条1項では「何人も、不正の目的をもって、他の商人であると誤認されるおそれのある名称又は商号を使用してはならない」として、**同一・類似の商号**の**使用**を**禁止**している。この規定に**違反**する名称や商号使用によって、営業上の利益を侵害され、または、そのおそれがある商人は、その営業上の利益を侵害する（またはしそうな）者に対し、その**侵害**の**停止**または**予防**を請求することができる。

エ　○　自己の商号を使用して、**営業**または**事業**を行うことを**他人**に**許諾**した商人は、その商人がその営業を行うものと**誤認**して、他人と取引をした者に対し、その他人と**連帯**して、取引によって生じた**債務**を**弁済**する責任を負う（商法14条、会社法9条）。なお、この「自己の商号を使用して、営業または事業を行うことを他人に許諾した商人」は名板貸人と呼ばれる。

問46　正解　②

check

ア　○　取締役が自ら会社と取引をする場合（例：取締役が会社から金銭等を借り入れる等）には、**株主総会**または**取締役会**において、当該取引に関する重要な事実を**開示**し、**承認**を受けることが必要である（会社法356条1項、365条1項）。

イ　×　取締役がその任務を怠り、会社に損害を与えた場合、当該取締役は会社に対して**損害賠償責任**を負う（会社法423条1項）。

ウ　○　会計参与は株式会社の**役員**であるが（会社法329条）、会計監査人は、会社の役員には**あたらない**。

エ　×　支配人の代理権に制限を加えたとしても、その旨を**善意**の第三者に対抗することは**できない**（会社法11条3項）。

問47 正解 ④

check ☑ ☑ ☑

① × 労働基準法は個別の労使関係を扱い、個々の労働者の保護を中心に定められた法律である。また、同法は**労働組合**を結成しているかどうかに**かかわらず**、ほとんどすべての労働者に対して**適用される**こととなる。

② × 労働基準法上の「労働者」とは、職業の種類を問わず、労働基準法の適用される事業・事務所に使用される者で、賃金を支払われる者をいう（労働基準法9条）。したがって、アルバイトやパートタイマー、日雇労働者や**不法就労の外国人**なども労働者に該当し、労働基準法上の保護を**受ける**こととなる。

③ × 賃金は労働者に**直接**支払わなければならない。たとえ労働者が未成年であっても、その親権者や未成年後見人等に支払うことは**禁止**されている。これは、賃金のピンハネ防止のための規制である。

④ ○ 就業規則で定める基準に達しない労働条件を定める**労働契約**は、その部分については**無効**となる。この場合において、無効となった部分は、**就業規則**で定める基準によることとなる（労働契約法12条）。

問48 正解 ③

check ☑ ☑ ☑

① ○ 労働者派遣事業を行おうとする者は、**厚生労働大臣**の**許可**が必要である（労働者派遣法5条）。

② ○ **日々**または**30**日以内の期間を定めて雇用する労働者を派遣すること（いわゆる**日雇派遣**）は、原則として**禁止**されている（労働者派遣法35条の4第1項）。

③ × 派遣先は、当該派遣先を離職した労働者について、離職後**1**年以内に派遣労働者として受け入れることは**禁止**されている（労働者派遣法40条の9）。

④ ○ 派遣先は、原則として、その事業所その他派遣就業の場所ごとの業務について、派遣元事業主から**3**年を超える期間**継続**して労働者派遣の役務の提供を受けることが**できない**（派遣先事業所単位の期間制限、労働者派遣法40条の2第1項、2項）。派遣先が3年を超えて派遣を受け入れようとする場合は、派遣先の事業所における過半数労働組合等から意見を聴く必要がある（同条4項）。

問49　正解 ②

check ☑☑☑

ア ○　婚姻意思があることや婚姻障害がないことなどの実質的要件を備えていても、**婚姻届**の提出・受理という法律で定める**形式**をととのえなければ、婚姻は成立**しない**。なお、婚姻届は提出していないが社会的に夫婦と認められる状況がある場合、内縁関係が認められる可能性がある。

イ ○　離婚した場合、婚姻に際して改氏した配偶者は、婚姻**前**の氏に復する（**復氏**）。ただし、離婚のときから3か月以内に本籍地または住所地の市町村役場に届け出ることによって、婚姻中に称していた氏をそのまま称することが**できる**（民法767条、戸籍法25条、77条の2）。

ウ ×　夫婦いずれの所有に属するか明らかでない財産は、その**共有**に属するものと**推定**される（民法762条2項）。なお、「みなす」と「推定する」の違いについては、69ページの右欄外に記載している用語「みなす」を参照のこと。

エ ○　取引の相手方である第三者において、**一方**配偶者の行為が夫婦の**日常家事**の範囲に属すると信じるにつき**正当な理由**があると認められた場合、民法**110**条の**趣旨**を類推適用して第三者は**保護**されることとなる（最判昭44.12.18民集23巻12号2476頁）。

問50　正解 ②④

check ☑☑☑

① ×　被相続人Aの相続人として配偶者Bと兄Cがいる場合、Bの相続分は**3/4**、Cの相続分は**1/4**である（民法900条3号）。

② ○　被相続人の財産を**形成**し、あるいは**維持**するうえで特別な**貢献**をした相続人は、相続財産の配分にあたり、別枠で**寄与分**を得ることができる。そして、当該寄与分を除いた相続財産を各相続人間で配分することとなる（民法904条の2第1項）。

③ ×　民法上、満**15**歳に達した者は**単独**で**遺言書**を作成することができる（民法961条）。

④ ○　遺留分権利者は、被相続人の法定相続人のうち、**配偶者**と**子・孫**など（直系卑属）および直系尊属に限られ、兄弟姉妹は**除外**されている（民法1042条1項）。

さくいん

■す

■せ

■そ

■た

■ち

■つ

■て

■と

■な

本書の正誤情報等は、下記のアドレスでご確認ください。
http://www.s-henshu.info/bj3tm2402/

上記掲載以外の箇所で正誤についてお気づきの場合は、**書名・発行日・質問事項（該当ページ・行数・問題番号**などと**誤りだと思う理由）・氏名・連絡先**を明記のうえ、お問い合わせください。

・web からのお問い合わせ：上記アドレス内【正誤情報】へ
・郵便または FAX でのお問い合わせ：下記住所または FAX 番号へ
※電話でのお問い合わせはお受けできません。

［宛先］ コンデックス情報研究所
『ビジネス実務法務検定試験® 3 級　テキスト＆問題集 2024 年度版』係
住　　所：〒 359-0042　所沢市並木 3-1-9
FAX 番号：04-2995-4362（10:00 ～ 17:00　土日祝日を除く）

※**本書の正誤以外に関するご質問にはお答えいたしかねます**。また、受験指導などは行っておりません。
※ご質問の受付期限は、2024 年の各試験期間の 10 日前必着といたします。
※回答日時の指定はできません。また、ご質問の内容によっては回答まで 10 日前後お時間をいただく場合があります。
あらかじめご了承ください。

マンガ・イラスト：ひらのんさ

編著：コンデックス情報研究所
1990 年 6 月設立。法律・福祉・技術・教育分野において、書籍の企画・執筆・編集、大学および通信教育機関との共同教材開発を行っている研究者・実務家・編集者のグループ。

企画・編集：成美堂出版編集部
＊ビジネス実務法務検定試験® は、東京商工会議所の登録商標です。

ビジネス実務法務検定試験®3級 テキスト&問題集 2024年度版

2024年 3 月20日発行

編　著　コンデックス情報《じょうほう》研究所《けんきゅうしょ》

発行者　深見公子

発行所　成美堂出版
〒162-8445　東京都新宿区新小川町1-7
電話(03)5206-8151 FAX(03)5206-8159

印　刷　広研印刷株式会社

ISBN978-4-415-23815-9
落丁･乱丁などの不良本はお取り替えします
定価はカバーに表示してあります